CB120831

COORDENAÇÃO DE COMPETÊNCIAS NA RECUPERAÇÃO JUDICIAL

Repensando a universalidade do juízo da recuperação pela cooperação judiciária nacional

abdr
ASSOCIAÇÃO BRASILEIRA DE DIREITOS REPROGRÁFICOS
Respeite o direito autoral

Fernanda Rocha David

COORDENAÇÃO DE COMPETÊNCIAS NA RECUPERAÇÃO JUDICIAL

Repensando a universalidade do juízo da recuperação pela cooperação judiciária nacional

Prefácio: Antonio do Passo Cabral

2.ª edição
Revista e atualizada

2025

EDITORA JusPODIVM
www.editorajuspodivm.com.br

EDITORA
*Jus*PODIVM
www.editorajuspodivm.com.br

Rua Canuto Saraiva, 131 – Mooca – CEP: 03113-010 – São Paulo – São Paulo
Tel: (11) 3582.5757
• Contato: https://www.editorajuspodivm.com.br/central-de-relacionamento

Copyright: Edições *Jus*PODIVM

Diagramação: Equipe *Jus*PODIVM

Capa: Ana Caquetti

D250c David, Fernanda Rocha
Coordenação de Competências na Recuperação Judicial: Repensando a Universalidade do Juízo da Recuperação pela Cooperação Judiciária Nacional / Fernanda Rocha David – 2.ed., rev. e atual. – São Paulo: Editora JusPodivm, 2025.

192 p.

ISBN: 978-85-442-5384-7.

1. Direito Processual Civil. I. David, Fernanda Rocha. II. Título.

CDD 341.46

BIBLIOTECÁRIA RESPONSÁVEL

Ana Carolina Ribeiro Mois – CRB7 – RJ 007348/0

Todos os direitos desta edição reservados a Edições *Jus*PODIVM.

É terminantemente proibida a reprodução total ou parcial desta obra, por qualquer meio ou processo, sem a expressa autorização do autor e das Edições *Jus*PODIVM. A violação dos direitos autorais caracteriza crime descrito na legislação em vigor, sem prejuízo das sanções civis cabíveis.

Aos meus pais, Maria Ignez e César,
por me ensinarem os valores mais elementares
da vida, que levo comigo em tudo que faço.

AGRADECIMENTOS

A presente obra corresponde à versão comercial da minha dissertação de mestrado em Direito Processual pela Universidade do Estado do Rio de Janeiro (UERJ), defendida em março de 2023.

A pesquisa, embora genuinamente solitária, não se conclui sem o apoio daqueles que acompanham o pesquisador. A todos que colaboraram, meus sinceros e profundos agradecimentos.

Em primeiro lugar, ao Prof. Dr. Antonio do Passo Cabral, pelas aulas durante o curso do mestrado, pela atenciosa e generosa orientação e também por ser incansável no objetivo de mostrar aos seus alunos a nossa capacidade de desenvolver novas (e desafiadoras) ideias.

Aos membros da banca examinadora da dissertação, Profs. Drs. Leonardo Schenk e Leonardo Carneiro da Cunha, pela leitura atenta e valiosas e instigantes contribuições.

A todos os Professores do Programa de Pós-Graduação em Direito da UERJ e aos colegas dos cursos de mestrado e doutorado, pelo compartilhamento de experiências durante as aulas e pelos relevantes debates acadêmicos, ainda que traçados à distância durante o árduo período pandêmico de isolamento social.

Ao Prof. Dr. Fredie Didier Jr. e, novamente, ao Prof. Dr. Leonardo Carneiro da Cunha, por me receberem gentilmente como ouvinte e aluna especial de suas disciplinas na UFBA e na UFPE, respectivamente, e por me colocarem diante de questionamentos e debates tão relevantes para o desenvolvimento da minha pesquisa.

A todos os amigos e colegas do Galdino e Coelho, Pimenta, Takemi, Ayoub Advogados, pelo apoio e parceria no dia a dia da advocacia. Em especial, ao Flavio Galdino, pela generosidade e constante incentivo no desenvolvimento da minha carreira acadêmica paralelamente à minha atuação como advogada. Ao valioso "Time FB" – nas pessoas de Felipe Brandão, Daniel Araújo e Luiza Valle –, por suprirem eficientemente a minha ausência nas horas em que não pude estar presente como de costume. Agradeço também a Rodrigo Garcia, pela troca de ideias sobre o tema do presente trabalho e indicações bibliográficas.

Aos novos e queridos amigos que o mestrado me deu por tornarem essa jornada ainda mais rica e divertida. Especialmente à Carolina Meireles e à Juliana Melazzi, não apenas por serem processualistas geniais e me proporcionarem grandes debates acadêmicos, mas também por terem se revelado grandes amigas para toda a vida.

A todos os meus amigos e familiares, por gentilmente compreenderem a minha ausência a alguns eventos sociais durante o desenvolvimento dessa obra e por seguirem presentes apesar das minhas faltas.

Aos meus pais, César e Maria Ignez, por tanto amor, dedicação e compreensão, e à minha irmã, Mariana, constante fonte de inspiração como pessoa e também brilhante pesquisadora.

Por fim, ao meu parceiro de todas as horas, Felipe Brandão, por ser meu amor, meu sócio e meu melhor amigo. Obrigada por compreender as minhas escolhas e pelo apoio incondicionado nos (vários) momentos de angústia e reflexão que permearam essa pesquisa.

NOTA DA AUTORA À 2ª EDIÇÃO

Nessa segunda edição, realizamos algumas mudanças para atualizar a jurisprudência relativamente a alguns temas controvertidos abordados no livro e acrescentar referências a textos mais recentes sobre cooperação judiciária nacional.

Além disso, apresentamos ao leitor algumas boas práticas cooperativas em matéria de recuperação judicial, com o intuito de demonstrar o desenvolvimento do tema na realidade dos tribunais brasileiros.

Ainda durante a elaboração da dissertação e após a publicação da primeira edição do livro, tive a oportunidade de palestrar em diversos eventos acadêmicos pelo Brasil sobre cooperação judiciária nacional, apresentando as minhas ideias sobre a necessidade de ampliação do diálogo entre o juízo da recuperação judicial e os demais juízos que estejam lidando com questões relacionadas ao devedor e ao estado de crise.

Posso afirmar que é muito gratificante assistir à receptividade do tema e ao seu desenvolvimento prático, o que revela um louvável engajamento dos tribunais e dos magistrados em ampliar a comunicação entre os órgãos julgadores e, em última análise, alça o consenso jurisdicional ao posto de melhor caminho para resolução de conflitos sobre competência.

Minha expectativa em relação a esse livro segue a mesma: espero que as suas ideias sigam contribuindo para o desenvolvimento doutrinário, jurisprudencial e prático da cooperação judiciária em matéria de recuperação judicial.

Rio de Janeiro, inverno de 2024.

PREFÁCIO

Há poucos anos, não se imaginava que o tema da cooperação processual fosse se desenvolver tanto. Muito menos que, ao pensarmos em cooperação, o foco fosse a colaboração entre juízes.

Com exceção de poucas hipóteses de cooperação internacional, magistrados sempre foram pensados como profissionais solitários. Ainda que trabalhassem em equipe, eram homens e mulheres que exerciam individualmente suas prerrogativas jurisdicionais, em especial seu poder decisório. Era impensável que juízes coordenassem suas atividades em vários processos, que repartissem ou realocassem competências, ou que atuassem em conjunto em um mesmo processo.

Todavia, com o advento do Código de Processo Civil, em 2015, esse cenário mudou completamente. Por meio das regras dos arts. 67 a 69 do CPC, a colaboração entre magistrados brasileiros, de diversos tribunais e de quaisquer instâncias, ganhou um universo de novas possibilidades.

De lá pra cá, o tema se desenvolveu muito na doutrina e na legislação de regência. O Conselho Nacional de Justiça percebeu o potencial revolucionário da cooperação judiciária e editou a Resolução n. 350/2020, um grande marco normativo, que tem propulsionado um sem-número de boas práticas em todo o país.

Posteriormente, a reforma da legislação de falência e recuperação judicial operada pela Lei nº 14.112/2020, ao inserir os §§ 7º-A e 7º-B ao art. 6º da Lei nº. 11.101/2005, positivou a cooperação judiciária como mecanismo para resolver problemas de coordenação entre o juízo da falência ou da recuperação judicial e outros juízos onde correm processos envolvendo o falido e a empresa em recuperação.

De fato, é enorme o potencial de dispersão de entendimentos e contradição de decisões entre esses procedimentos concursais e outros processos que tramitam em paralelo, em especial por conta da orientação jurisprudencial do Superior Tribunal de Justiça de implementar um "juízo universal" também na recuperação judicial, que deve atrair todos os processos judiciais pendentes mas ainda assim precisa conviver com outros centros decisórios, sobretudo o juízo trabalhista e o da execução fiscal, excepcionados da reunião de causas.

A despeito dessa concentração, inúmeros são ainda os conflitos de competência decorrentes desses litígios, que atrasam e por vezes fazem retroceder o trâmite dos processos. De fato, a divisibilidade do juízo da recuperação judicial e a dispersão da atividade jurisdicional em vários processos fazem com que outros órgãos julgadores – que não estão próximos do estado de crise como está o juízo da recuperação judicial – profiram decisões potencialmente capazes de impactar os objetivos gerais da recuperação judicial, a exemplo de ordens de bloqueio contra o patrimônio do devedor.

Contribuir para a solução desse problema foi o desafio a que se lançou Fernanda Rocha David no presente livro, investigando como as formas e mecanismos contemporâneos de cooperação judiciária podem operar, na prática, uma organização eficiente das atividades desses juízos.

O livro corresponde à versão comercial da dissertação pela qual a autora obteve o título de Mestre em Direito Processual pela Universidade do Estado do Rio de Janeiro (UERJ), em banca formada por mim (orientador) e pelos Professores Leonardo Carneiro da Cunha (UFPE) e Leonardo Schenk (UERJ).

A pesquisa faz um inventário das normas de cooperação judiciária, extraídas de dispositivos legais e regulamentares, e cataloga a evolução jurisprudencial das tentativas de implementar coerência e eficiência no tratamento das múltiplas demandas paralelas.

Fernanda enquadra os procedimentos concursais na categoria dos litígios estruturais. Considerando a multipolaridade desses processos, em que não raramente as discussões se espraiam para mais de um órgão julgador, envolvendo ainda entidades externas ao Poder Judiciário, o estabelecimento do diálogo entre os centros decisórios revela-se essencial para o adequado tratamento das questões que se apresentam, evitando-se provimentos conflitantes e garantindo-se que as questões sejam valoradas pelo órgão que está mais próximo do problema estrutural e das propostas estruturantes. A recuperação judicial se insere nesse contexto, porque o estado de crise é um problema estrutural, que depende da reorganização da atividade empresária, com a colaboração de todos os envolvidos (devedor, credores, trabalhadores, fisco, parceiros comerciais, acionistas etc.), e exige soluções criativas e elásticas do Poder Judiciário, capazes de sopesar os múltiplos interesses que se apresentam.

Além disso, o livro fornece inúmeros exemplos de questões e problemas que são transversais aos juízos da recuperação judicial, da execução fiscal e do trabalho, cuja solução necessita de uniformidade para que seja resolvida de maneira coerente e eficiente.

Quem deve decidir sobre questões como a forma de atualização dos créditos para fins de habilitação no quadro geral de credores, a satisfação de dívidas não submetidas aos efeitos do plano, ou o cabimento de atos de bloqueio contra o patrimônio do devedor? Em qual sede tais discussões poderiam ser equacionadas da melhor forma? Quais juízos detêm melhor capacidade institucional para processar e julgar esses e outros temas?

De quebra, o livro permite questionar um dogma: o juízo da recuperação judicial deve ser mesmo universal? Se a universalidade e a *vis attractiva* estão disciplinadas na lei apenas para a falência – mas não para a recuperação judicial –, e se hoje temos meios de implementar coordenação sem necessariamente reunir todos os procedimentos em um mesmo juízo, será que ainda faz sentido falar de um juízo recuperacional universal? A obra defende que, diferentemente da falência, a recuperação judicial não enseja o deslocamento de todos os processos para o juízo recuperacional. Com isso, relevantes questões envolvendo o devedor seguem submetidas à cognição de outros órgãos julgadores. O exemplo mais corriqueiro é a satisfação de dívidas não submetidas aos efeitos do plano de recuperação judicial, como é o caso da dívida fiscal.

Sem dúvida, a cooperação judiciária aparece como solução eficiente para o problema da descoordenação, sem necessariamente implicar na universalidade do juízo recuperacional, como a jurisprudência do STJ tem sugerido nos últimos anos. Nos arranjos cooperativos, os órgãos julgadores devem considerar as suas aptidões cognitivas de deliberar sobre as questões comuns, tendo em conta a visão de conjunto. O livro apresenta ainda diversas hipóteses-tipo em que os órgãos julgadores devem cooperar tanto para viabilizar o conhecimento pelo juízo recuperacional de questões que possam afetar os objetivos da recuperação, quanto para evitar a sua interferência em questões que devem permanecer submetidas a outros juízos.

Claro que o objeto do ato cooperado pode variar, conforme a complexidade da questão e o seu impacto nos objetivos da recuperação judicial, valendo mencionar as propostas de Fernanda David dos seguintes mecanismos colaborativos: (i) transferência ou compartilhamento da competência decisória via ato concertado entre juízes; (ii) a formulação, via auxílio direto, de consultas ao juízo recuperacional sobre questões técnicas envolvendo o processo de reestruturação (art. 6º, XXII, da Res. 350/2020 do CNJ); e (iii) a celebração de atos conjuntos para o tratamento de quaisquer questões burocráticas, mas igualmente relevantes ao trâmite eficiente do processo, como a já citada questão da atualização dos valores dos créditos para fins de habilitação.

Como se vê, são muitas ideias potentes, inovadoras e de grande aplicabilidade prática. A obra vem na linha de outros estudos do nosso grupo de pesquisa "Transformações nas Estruturas Fundamentais do Processo", certificado no CNPq e membro fundador da ProcNet – Rede Internacional de Pesquisa em Justiça Civil e Processo Contemporâneo. O mote é sempre este, de revisitar os institutos processuais com os olhos de perseguir melhorias no sistema de justiça. Fernanda David une sua experiência profissional como advogada especializada em falência e recuperação judicial ao seu talento acadêmico de pesquisadora nata.

O livro de Fernanda David é um repertório seguro de soluções para os problemas enfrentados no foro, além de propostas criativas, úteis e antenadas com o espírito do seu tempo. É, portanto, ferramenta imprescindível para todos os advogados, juízes, administradores judiciais e quaisquer outros profissionais que atuam no ramo da recuperação judicial e que enfrentam, no cotidiano do Judiciário, essas intrincadas questões.

Reflexões como esta, ora transformadas em livro, podem impactar positivamente a realidade forense, prevenindo conflitos de competência, reduzindo custos e incrementando a tramitação dos processos paralelos em termos de eficiência. Por isso, é leitura não só essencial, mas altamente recomendada.

Rio de Janeiro, inverno de 2023.

Antonio do Passo Cabral

Professor Titular de Direito Processual Civil da UERJ.

LISTA DE ABREVIATURAS E SIGLAS

CNJ	Conselho Nacional de Justiça
CPC	Código de Processo Civil
CRFB	Constituição da República Federativa do Brasil de 1988
CNJ	Conselho Nacional de Justiça
CTN	Código Tributário Nacional
FPPC	Fórum Permanente de Processualistas Civis
LINDB	Lei de Introdução às Normas de Direito Brasileiro
LREF	Lei de Recuperação de Empresas e Falência
RNCJ	Rede Nacional de Cooperação Judiciária
STF	Supremo Tribunal Federal
STJ	Superior Tribunal de Justiça
TJ/PE	Tribunal de Justiça do Estado de Pernambuco
TJ/RJ	Tribunal de Justiça do Estado do Rio de Janeiro
TJ/SP	Tribunal de Justiça do Estado de São Paulo
TRT-1	Tribunal Regional do Trabalho da 1ª Região
TRT 6	Tribunal Regional do Trabalho da 6ª Região
TRF-2	Tribunal Regional Federal da 2ª Região
TRF-5	Tribunal Regional Federal da 5ª Região

SUMÁRIO

INTRODUÇÃO

Considerando a relevância social da empresa, o legislador previu o procedimento especial de recuperação judicial, que se destina a reestruturar a atividade empresarial acometida, transitoriamente, por uma crise econômico-financeira, caracterizada pela insuficiência de recursos financeiros disponíveis para satisfazer as obrigações vencidas e vincendas[1].

Na corrida individual dos credores pelos bens do devedor, a desapropriação de bens específicos destrói o valor decorrente da organização desses bens, justificando-se a estruturação de uma ação coletiva em que se busca maximizar o valor do conjunto dos ativos da empresa e, com isso, satisfazer os interesses de todos aqueles afetados pela crise[2] – o próprio devedor, o fisco, os trabalhadores, os credores (alguns submetidos e outros excluídos dos efeitos do plano de recuperação judicial), os parceiros comerciais, os acionistas ou sócios etc.

A aprovação e o cumprimento do plano de recuperação judicial dependem da confluência desses múltiplos interesses. Com efeito, os processos de recuperação judicial são, geralmente, marcados por conflitos de diversas ordens, entre o devedor e seus credores, o devedor e seus parceiros comerciais, o devedor e seus sócios e até mesmo entre os próprios credores.

---

1. "O Direito da Empresa em Crise alicerça-se no valor da empresa: a) em funcionamento; b) como entidade produtora e distribuidora de bens e de serviços; c) como mola propulsora do progresso econômico e social do país; d) como fonte geradora de empregos, de riquezas e de impostos, e, ainda, lastreia-se: 1) na função social da empresa e dos múltiplos interesses que gravitam em torno dela; 2) na premissa de que é melhor conservar (as empresas viáveis) do que extingui-las; 3) nos custos financeiros e sociais de constituir e desenvolver uma nova empresa para ocupar o lugar da dissolvida; 4) no impacto sobre os agentes econômicos, nacionais e estrangeiros, da quebras de uma unidade produtiva etc." (LOBO, Jorge. Recuperação judicial. *In*: TOLEDO, Paulo F. C. Salles de; ABRÃO, Carlos Henrique de (Coord.). *Comentários à lei de recuperação de empresas e falência*. São Paulo: Saraiva, 2005. p. 139).
2. "As crises econômicas, financeiras e patrimoniais são mais preocupantes, na medida em que podem representar a inadimplência e o aumento do risco dos credores, bem como a redução de empregos. Em outras palavras, elas podem prejudicar empregados, credores, comunidade e fisco que estão ligados à atividade desempenhada, não afetando apenas o próprio empresário. Em razão disso, há uma grande preocupação tanto do mercado quanto do Estado, havendo inclusive uma série de respostas colocadas à disposição pelo nosso ordenamento jurídico." (TOMAZZETE, Marlon. *Curso de direito empresarial:* falência e recuperação de empresas. 5. Ed. São Paulo: Atlas, 2017. V. 3, p. 36).

Afinal, a depender do valor e dos privilégios inerentes a cada um dos créditos, das condições financeiras do credor e do tipo de relação mantida com o devedor, os credores e demais interessados enxergarão a crise de formas diversas e buscarão soluções que podem ser incompatíveis entre si.

Ainda que muitas dessas questões sejam submetidas e solucionadas pelo juízo da recuperação judicial, outras seguem sendo tratadas paralelamente por órgãos julgadores individuais[3], judiciais e arbitrais, ressalvada a necessidade de suspensão de determinados atos e processos na forma das hipóteses previstas na Lei nº. 11.101/2005, a Lei de Recuperação de Empresas e Falência (LREF)[4].

Nesse sentido, e não raras as vezes, os conflitos materializam-se fora do processo de recuperação judicial a partir da atuação simultânea de mais de um juízo sobre questões das mais diversas ordens, relacionadas à disponibilidade do patrimônio do devedor para satisfação dos créditos (em especial daqueles excluídos dos efeitos da recuperação judicial), à influência do estado de crise nas relações jurídicas do devedor e ao cumprimento do plano de recuperação judicial, dentre outras hipóteses.

Em vista do risco concreto de agravamento da situação da empresa e prejuízo à coletividade de credores, essas decisões colocam em lados opostos o juízo da recuperação judicial e o juízo individual, culminando em diversos conflitos positivos de competência, suscitados na forma do art. 66, I, do Código de Processo Civil (CPC)[5], geralmente, perante o Superior Tribunal de Justiça (STJ), por envolverem órgãos julgadores de tribunais distintos[6].

Ao longo dos anos, o STJ consolidou sua jurisprudência pela existência de uma *universalidade* do juízo da recuperação judicial, que atrairia para a sua cognição o conhecimento de causas em que estejam envolvidos interesses e bens do devedor, em proteção ao resultado útil do processo de soerguimento[7]. Assim, os conflitos positivos de competência são costumeiramente solucionados com a declaração da competência do juízo da recuperação judicial, salvo se demonstrado que a situação não guarda relação direta com a recuperação judicial ou com o patrimônio do devedor.

A despeito da concepção teórica de universalidade para o juízo da recuperação judicial, são diversos e complexos os problemas de interação entre

3. A expressão "órgãos julgadores individuais" é adotada em contraposição a "juízo da recuperação judicial", considerando-se sua natureza de processo coletivo, conforme defende-se no tópico 1.2 deste livro.
4. BRASIL. *Lei nº 11.101, de 9 de fevereiro de 2005*. Brasília, DF: Presidência da República, 2005.
5. BRASIL. *Lei nº 13.105, de 16 de março de 2015*. Brasília, DF: Presidência da República, 2015.
6. A título exemplificativo, remetemos o leitor aos conflitos positivos de competência suscitados na forma do art. 66, I, do CPC/2015, citados ao longo desta obra, a partir do tópico 1.5.
7. A questão é abordada com detalhes no tópico 1.6 deste livro.

o juízo da recuperação judicial e outros juízos e as dificuldades de centralizar impositivamente as questões no juízo recuperacional, o que compromete a efetividade e a eficiência da reestruturação. Afora os conflitos propriamente ditos, a parca interação entre os órgãos julgadores compromete o tratamento eficiente de questões operacionais, que dependem da colaboração dos juízos, a exemplo da célere habilitação de crédito na recuperação judicial após a sua liquidação no juízo competente.

Nesse cenário, o presente livro tem como objetivo imergir na origem do problema, identificar os tipos de conflituosidade existentes e propor soluções que visem a ampliar o diálogo e a coordenação entre os órgãos jurisdicionais envolvidos.

Há de se observar que, buscando sanar parte da conflituosidade, a Lei nº. 14.112/2020[8], que alterou a LREF, inseriu, no art. 6º, os §§ 7º-A e 7º-B[9] para consagrar a interpretação jurisprudencial que já atribuía ao juízo recuperacional a competência para decidir sobre a essencialidade de bens de capital do devedor e, consequentemente, o cabimento de atos constritivos ordenados por outros juízos, objetivando a satisfação de créditos excluídos dos efeitos do plano.

Mais do que isso, os referidos §§ 7º-A e 7º-B preveem que tal controle – ora para suspender atos de bloqueio, ora para substituir bens penhorados – será implementado por ato de cooperação jurisdicional[10], na forma do art. 69 do CPC. O CPC dedicou um de seus capítulos à cooperação judiciária nacional, ampliando as ferramentas de diálogo e interação entre os juízos dos diversos ramos do Poder Judiciário, de forma a conferir maior racionalidade e eficiência à prestação jurisdicional.

---

8. BRASIL. *Lei nº 14.112, de 24 de dezembro de 2020*. Brasília, DF: Presidência da República, 2020.

9. "Art. 6º. A decretação da falência ou o deferimento do processamento da recuperação judicial implica:
[...]
§ 7º-A. O disposto nos incisos I, II e III do *caput* deste artigo não se aplica aos créditos referidos nos §§ 3º e 4º do art. 49 desta Lei, admitida, todavia, a competência do juízo da recuperação judicial para determinar a suspensão dos atos de constrição que recaiam sobre bens de capital essenciais à manutenção da atividade empresarial durante o prazo de suspensão a que se refere o § 4º deste artigo, a qual será implementada mediante a cooperação jurisdicional, na forma do art. 69 da Lei nº 13.105, de 16 de março de 2015 (Código de Processo Civil), observado o disposto no art. 805 do referido Código.
§ 7º-B. O disposto nos incisos I, II e III do *caput* deste artigo não se aplica às execuções fiscais, admitida, todavia, a competência do juízo da recuperação judicial para determinar a substituição dos atos de constrição que recaiam sobre bens de capital essenciais à manutenção da atividade empresarial até o encerramento da recuperação judicial, a qual será implementada mediante a cooperação jurisdicional, na forma do art. 69 da Lei nº 13.105, de 16 de março de 2015 (Código de Processo Civil), observado o disposto no art. 805 do referido Código."

10. O termo correto é "cooperação judiciária", tendo em vista que o uso da cooperação também pode ter como objeto a prática de atos administrativos e não jurisdicionais. Por conta disso, passaremos a usar o termo "cooperação judiciária" nas próximas referências aos §§ 7º-A e 7º-B do art. 6º da LREF.

Em 2020, o Conselho Nacional de Justiça (CNJ) editou a Resolução nº. 350[11], complementando a base normativa dos atos de cooperação judiciária e ampliando o seu cabimento para incluir as interações entre órgãos do Poder Judiciário e entidades e instituições externas (cooperação interinstitucional).

Não se desconhece que o art. 69, § 2º, do CPC já previa, dentre as hipóteses exemplificativamente arroladas, o cabimento da cooperação para "efetivação de medidas e providências para recuperação e preservação de empresas" e "facilitação de habilitação de créditos na falência e na recuperação judicial", conforme incisos IV e V, respectivamente.

Por outro lado, apesar da multiplicidade de interesses que gravitam em torno do processo recuperacional e dos diversos conflitos que surgem a partir da (tentativa de) centralização de questões sensíveis no juízo recuperacional, a utilização das ferramentas de cooperação em processos recuperacionais ainda é incipiente, possivelmente em razão da novidade da matéria, positivada apenas no Código atual, e do isolacionismo que sempre ditou a atuação dos julgadores e o sistema de competências jurisdicionais.

À luz de tudo isso, a primeira proposta desta obra consiste em comprovar que o tratamento adequado dos bens e interesses do devedor exige uma maior interação jurisdicional entre os órgãos envolvidos, considerando que há mais de um juízo exercendo cognição, simultaneamente, sobre questões envolvendo o devedor, que podem impactar a consecução dos objetivos gerais da recuperação judicial.

Nesse contexto, apresentaremos a cooperação judiciária como técnica que permite o exercício coordenado de competências pelo juízo da recuperação judicial e por juízos que estejam, simultaneamente, gerenciando interesses do devedor, da comunidade de credores e de demais interessados, garantindo-se, com isso, a interação que, a nosso sentir, é indispensável ao tratamento adequado e eficiente das questões mais simples às mais complexas no contexto recuperacional.

Considerando os objetivos e os limites da pesquisa, abordamos, na primeira parte deste livro, as principais características do procedimento da recuperação judicial com foco nas questões sobre competência. Tendo em vista, ainda, que nossa proposta envolve o exercício coordenado de competências exclusivamente no contexto recuperacional e em território nacional, eventuais menções a procedimentos e regras aplicáveis à falência, à recuperação extrajudicial e à insolvência transnacional, igualmente regulados pela LREF, são meramente complementares e referenciais, tendo como

11. BRASIL. *Resolução Nº 350, de 27 de outubro de 2020.* Brasília, DF: Conselho Nacional de Justiça, 2020.

objetivo contextualizar o leitor para melhor compreensão das questões sobre o exercício da competência no âmbito da recuperação judicial.

Na segunda parte da obra, abordamos os fundamentos normativos e as principais características do sistema nacional de cooperação judiciária para, ao final, concluir pela afinidade das técnicas cooperativas com a recuperação judicial.

Chegando à última parte, cuidamos de apresentar nossa segunda proposta: informada pela visão cooperativa de processo, a universalidade do juízo recuperacional deve ser pensada sob um prisma colaborativo a partir da articulação e da coordenação das competências dos órgãos julgadores para o adequado tratamento das mais diversas questões que envolvem o devedor e a superação do estado de crise.

É importante mencionar que sob nenhum ângulo as soluções teóricas aqui propostas ignoram as questões práticas evolvendo a efetividade do sistema de insolvência brasileiro, em especial do processo falimentar.

Objetivamente, a escolha entre os caminhos da reorganização ou da falência passa pela análise do menor custo para os envolvidos[12]. Ocorre que, no Brasil, os déficits procedimentais da falência não a tornam uma real alternativa à recuperação judicial, o que, na prática, tem levado à aprovação de planos de recuperação judicial de empresas verdadeiramente inviáveis e que, em teoria, não justificariam a atuação estatal e o sacrifício dos credores em prol de sua manutenção[13].

---

12. "A quebra de uma empresa gera custos não somente a seus participantes diretos, mas também para a sociedade como um todo. A falência de uma empresa gera perda de empregos, de arrecadação de tributos, redução de oferta de produtos e serviços. Em relação à recuperação, tem-se o risco de conceder esse benefício legal a uma empresa inviável e, assim, apenas postergar sua liquidação pela falência (efeito procrastinador). Isso poderia trazer perdas maiores se comparadas às perdas de uma falência que poderia ter sido antecipada". (JUPETIPE, Fernanda Karoliny Nascimento; MARTINS, Eliseu; MÁRIO, Poueri do Carmo; CARVALHO, Luiz Nelson Guedes de. Custos de falência no Brasil comparativamente aos estudos norte-americanos. *Revista Direito GV*, São Paulo, v. 13, n. 1, p. 20-48, jan./abril, 2017. p. 22).

13. Discorrendo sobre o tema a partir de recentes dados empíricos sobre os procedimentos de recuperação judicial e falência, Eduardo Mattos argumenta que a realidade do sistema de insolvência brasileiro vive um fenômeno análogo ao *too big to fail* norte-americano: "sob o fundamento do princípio da preservação da empresa, parece que quase a totalidade das atividades econômicas teria se tornado localmente importante (por mais que não necessariamente grande) demais para quebrar, equivocadamente justificando uma atuação estatal (nesse caso específico, via Judiciário) para forçar o seu salvamento". O autor reconhece que as ressalvas ao uso da falência se devem aos próprios déficits do procedimento falimentar, no qual a taxa de recuperação dos créditos é basicamente nula, há dificuldade na realocação de ativos e o processo prolonga-se por tempo indeterminado. Nesse sentido, enquanto não são verificados, na prática, os avanços propostos pela Lei nº. 14.112/2020 para aprimoramento da falência, o que se constata é que boa parte dos planos de recuperação judicial são aprovados "antes por desesperança do que por uma crença na recuperação e viabilidade do devedor". É dessa noção que nasce o título do trabalho do autor: enquanto a falência não for uma possibilidade real, será mais uma condição de efetividade do principal procedimento alternativo à quebra, no caso, a recuperação judicial. (MATTOS, Eduardo da Silva. A falência como

Nesse ponto, ressalva-se que as soluções propostas na presente publicação partem do ideal, ainda que hipotético, de que as empresas submetidas à recuperação judicial sob a égide da LREF atendem aos requisitos propostos pelo legislador, justificando a concessão do benefício legal em vista da relevância social da manutenção da atividade para todos os interessados.

Justifica-se, consequentemente, o incentivo à atuação coordenada dos órgãos julgadores na gestão das mais diversas questões que envolvem o estado de crise, maximizando-se a eficiência e a efetividade do processo em prol da otimização da prestação jurisdicional.

Por fim, destaca-se que o presente livro, conduzido mediante a utilização do método dedutivo e da pesquisa bibliográfica, é relevante do ponto de vista teórico e prático, na medida em que busca fornecer soluções para os embates inerentes à multipolaridade que normalmente marca o contexto da recuperação judicial, a partir da flexibilização do sistema de competências e da utilização da cooperação judiciária para ampliação do diálogo jurisdicional.

---

condição de efetividade da recuperação judicial: problemas econômicos e processuais de toda empresa ser (localmente) importante demais para quebrar. *In*: DIDIER JR., Fredie; NUNES, Dierle; MAZZOLA, Marcelo; LIMA, Sérgio Mourão Corrêa (Coord.). *Falência e recuperação empresarial*. São Paulo: Ed. JusPodivm, 2022. p. 355-378). Sobre o tema, ver também: (i) JUPETIPE, Fernanda Karoliny Nascimento; MARTINS, Eliseu; MÁRIO, Poueri do Carmo; CARVALHO, Luiz Nelson Guedes de, loc. cit.; (ii) ASSOCIAÇÃO BRASILEIRA DE JURIMETRIA (ABJ). Fase 3: Falências no Estado de São Paulo. *Observatório da Insolvência*, São Paulo, 18 de outubro de 2020. Disponível em: https://abjur.github.io/obsFase3/. Acesso em: 25 fev. 2023.

Capítulo 1

ASPECTOS GERAIS DO PROCEDIMENTO DE RECUPERAÇÃO JUDICIAL PARA COMPREENSÃO DAS QUESTÕES SOBRE COMPETÊNCIA

1.1. A PRESERVAÇÃO DA EMPRESA COMO UM DOS ESCOPOS DA RECUPERAÇÃO JUDICIAL

Pelas mais diversas razões, a atividade empresarial pode entrar em crise de natureza econômica, financeira ou patrimonial. A crise econômica pode ter origem na retração do negócio por causas alheias à vontade do gestor, por exemplo, o desuso de um insumo que leve à queda das vendas. Na crise financeira, a seu turno, há um descompasso entre a receita e a despesa, no qual aquela se torna, ainda que temporariamente, insuficiente para fazer frente aos compromissos assumidos. A crise patrimonial certamente é a mais grave de todas as crises, caracterizando-se pela existência de um passivo que supera o valor do ativo[1].

A inaptidão econômica para adimplir os débitos nas devidas datas de vencimento é denominada *insolvabilidade*. Trata-se do estado de impossibilidade de adimplemento que interessa à generalidade de credores do devedor[2], indo além da impontualidade de uma obrigação específica para caracterizar-se como um estado de desequilíbrio. Tal inaptidão pode decorrer tanto de uma insuficiência de ativos (estado clássico de *insolvência*) quanto da falta ocasional de liquidez imediata (por exemplo, capital imobilizado ou de difícil disposição)[3].

---

1. SALOMÃO, Luis Felipe; SANTOS, Paulo Penalva. *Recuperação judicial, extrajudicial e falência:* teoria e prática. Rio de Janeiro: Forense, 2012. p. 30.
2. Conforme definido no art. 1º da LREF, o termo "devedor" refere-se ao empresário e à sociedade empresária, seja ela limitada ou anônima.
3. Conforme lições de Fabio Konder Comparato, insolvente seria aquele que não solve as suas obrigações, mas nem todo inadimplemento caracteriza insolvência, já que o devedor pode ter sérias razões jurídicas para deixar de adimplir. Portanto, insolvente é aquele que não solve sem escusa

Por evidente, alguns caminhos são possíveis para solucionar a inaptidão econômica e variam desde a adoção de uma solução eficiente de mercado – por exemplo, a absorção da operação por outra sociedade mais saudável –, até o encerramento abrupto da sociedade com a demissão de todos os funcionários e a liquidação de ativos para pagamento das dívidas. Nas situações em que buscar uma solução mercadológica ou operacional não é simples, faz-se necessário recorrer ao Poder Judiciário para adequado tratamento da crise e proteção de todos os direitos e interesses envolvidos.

No Brasil, a LREF confere ao devedor empresário um tratamento diferenciado em relação aos devedores não empresários[4], invocando para isso uma razão muito simples, que vem sendo desenvolvida desde a primeira metade do século XX: há um interesse social e coletivo na manutenção da fonte produtora organizada, materializado em um dos princípios básicos norteadores do Direito Falimentar, o princípio da preservação da empresa[5].

---

jurídica, seja porque não quer, seja porque não pode. Já a inaptidão econômica para adimplir é denominada *insolvabilidade*, um estado de impossibilidade de adimplemento que interessa a todos os credores do devedor. Assim, é possível haver inadimplemento sem insolvência, insolvência sem insolvabilidade e insolvabilidade sem inadimplemento. Esta ocorre na hipótese de o devedor adotar medidas desesperadas com vistas a cumprir suas obrigações a despeito da inaptidão econômica. (COMPARATO, Fábio Konder. *O seguro de crédito*: estudo jurídico. São Paulo: Editora Revista dos Tribunais, 1968. p. 46-47).

4. Menciona-se que há entendimento doutrinário e jurisprudencial que reconhece a legitimidade de agentes econômicos não empresariais para requererem recuperação judicial e falência, caso exista atividade econômica a ser preservada. Veja-se: (i) AYOUB, Luiz Roberto; CAVALLI, Cássio. *A construção jurisprudencial da recuperação judicial de empresas*. 3. ed. Rio de Janeiro: Forense, 2017. p. 3-4; (ii) GUERRA, Luiz. Sociedades simples e o direito à recuperação judicial e extrajudicial: o equívoco da Súmula 49 do TJSP. *Revista de Direito Bancário e do Mercado de Capitais*, São Paulo, v. 15, n. 55, p. 177–191, jan./mar., 2012; (iii) PROENÇA, José Marcelo Martins. Os novos horizontes do Direito Concursal. *In*: LUCCA, Newton de; DOMINGUES, Alessandra de Azevedo; ANTONIO, Nilva M. Leonardi (Coord.). *Direito recuperacional:* aspectos teóricos e práticos. São Paulo: Quartier Latin, 2012. p. 199-200; (iv) COSTA, Juliana Hinterlang dos Santos. É possível a recuperação judicial ou extrajudicial para as sociedades em comum? *Revista de Direito Empresarial*, São Paulo, v. 3, n. 8, p. 111-132, mar.-abr. 2015. Na jurisprudência, admitindo a aplicação da LREF a agentes não empresários: (i) Casa de Portugal (BRASIL. Superior Tribunal de Justiça (4. Turma). REsp. nº 1.004.910/RJ. Relator: Min. Fernando Gonçalves, 18 de março de 2008. *Diário da Justiça*: Brasília, DF, 4 ago. 2008); (ii) Universidade Cândido Mendes (RIO DE JANEIRO (Estado). Tribunal de Justiça do Estado do Rio de Janeiro. *AI nº 0031515-53.2020.8.19.0000*. 6. Câmara Cível. Relator: Des. Nagib Slaibi Filho, 2 de setembro de 2020); (iii) Hospital Evangélico da Bahia (BAHIA. Tribunal de Justiça do Estado da Bahia. *AI nº 8027646-33.2020.8.05.0000*. 1. Câmara Cível. Relatora: Des. Pilar Célia Tobio de Claro, 25 de setembro de 2020); e (iv) Figueirense Futebol Clube (SANTA CATARINA. Tribunal de Justiça de Santa Catarina. *AC nº 5024222-97.2021.8.24.0023*. 4. Câmara de Direito Comercial. Relator: Des. Torres Marques, 18 de março de 2021). Especificamente sobre os clubes de futebol, destaca-se que a Lei nº 14.193/2021 passou a expressamente conferir legitimidade aos clubes para requererem recuperação judicial, ainda que optem por manter a estrutura tradicional de associação civil (art. 1º, §1º, I, e art. 25). (BRASIL. *Lei nº 14.193, de 6 de agosto de 2021*. Brasília, DF: Presidência da República, 2021).

5. "[...] o instituto da recuperação vem desenhado justamente com o objetivo de promover a viabilização da superação [do] estado de crise, motivado por um interesse na preservação da empresa desenvolvida pelo devedor. Enfatize-se a figura da empresa sob a ótica de uma unidade econômica que interessa manter, como um centro de equilíbrio econômico-social. É, reconhecidamente, fonte produtora de bens, serviços, empregos e tributos que garantem o desenvolvimento econômico e

Em qualquer caso, a incidência do princípio é indissociável da demonstração da efetiva viabilidade da atividade e de seu relevante interesse social, justificando-se a atuação do Estado em prol de sua preservação[6].

Para compreender a opção do legislador pela inserção da preservação da empresa dentre os escopos da recuperação judicial, são necessárias breves considerações sobre a evolução do direito falimentar no Brasil.

1.1.1. A evolução do Direito da empresa em crise no Brasil

Rememorando as origens do Direito da empresa em crise no Brasil, os diplomas nacionais anteriores à LREF já previam instrumentos de prevenção ou suspensão da falência, muito embora ausente qualquer tentativa efetivamente recuperatória da empresa.

O primeiro diploma brasileiro a regular a matéria foi o Código Comercial de 1850[7], que trazia, em seus arts. 842 e seguintes, a figura da concordata incidental ao pedido de falência já apresentado[8]. Destinada tão somente ao

---

social de um país. A sua manutenção consiste em conservar o 'ativo social' por ela gerado. A empresa não interessa apenas a seu titular – o empresário –, mas a diversos outros atores do palco econômico, como os trabalhadores, investidores, fornecedores, instituições de crédito, ao Estado, e, em suma aos agentes econômicos em geral. Por isso é que a solução para a crise da empresa passa por um estágio de equilíbrio dos interesses públicos, coletivos e privados que nela convivem". (CAMPINHO, Sérgio. *Falência e recuperação de empresa*. 5. ed. Rio de Janeiro: Renovar, 2010. p. 124). No mesmo sentido, confira-se Fabio Ulhoa Coelho: "Deste modo, quando se assenta, juridicamente, o princípio da preservação da empresa, o que se tem em mira é a proteção da atividade econômica, como objeto de direito cuja existência e desenvolvimento interessam não somente ao empresário, ou aos sócios da sociedade empresária, mas a um conjunto bem maior de sujeitos – trabalhadores em geral (interessados na geração de postos de trabalho), empregados na empresa em questão (interessados na manutenção de seus empregos e perspectivas de crescimento profissional), fisco (interessado nos tributos incidentes sobre a atividade empresarial), consumidores (que são atendidos, em suas necessidade ou querências, pelos produtos ou serviços oferecidos pela atividade), investidores no mercado de capital (quando captados recursos neste ambiente de negócios), outros empresários (fornecedores de insumos ou serviços) e a própria comunidade em que se insere a atividade (interessada nos benefícios associados ao desenvolvimento econômico)". (COELHO, Fábio Ulhoa. O princípio da preservação da empresa na interpretação da lei de recuperação de empresas. *Revista Electrónica de Direito*, Portugal, n. 2, jun., 2014. p. 8).

6. DEZEM, Renata Mota Maciel Madeira. *A universalidade do juízo da recuperação judicial*. São Paulo: Quartier Latin, 2017. p. 163.

7. Até o advento do Código Comercial, menciona-se, sem pretensão de aprofundamento nestas páginas, que o Brasil se valia da legislação portuguesa (Ordenações Afonsinas, Manuelinas e Filipinas) para regular questões referentes ao Direito Falimentar. Após a Proclamação da Independência, em 1822, a legislação portuguesa continuou sendo aplicada até ser substituída, aos poucos, pelas leis brasileiras. Como a lei portuguesa ordenava a aplicação subsidiária de "leis das nações civilizadas", as questões passaram a ser reguladas pelo Código Comercial Napoleônico, o que explica a influência do direito francês na posterior definição das regras aplicáveis ao falido. ((i) BRASIL. *Lei nº 556, de 25 de junho de 1850*. Código Comercial. Rio de Janeiro: Chancelaria do Império, 1850. (ii) TELLECHEA, Rodrigo; SCALZILLI, João Pedro; SPINELLI, Luis Felipe. *História do direito falimentar*: da execução pessoal à preservação da empresa. São Paulo: Almedina, 2018. p. 156-166).

8. NEGRÃO, Ricardo. *A eficiência do processo judicial na recuperação de empresa*. São Paulo: Saraiva, 2010. p. 21-22.

equacionamento das dívidas dos credores simples ou quirografários, somente poderia ser proposta pelo falido que não houvesse quebrado com culpa ou fraude ou se valido do benefício anteriormente.

Nesse regime, o destino do devedor em crise estava inteiramente nas mãos de seus credores, cabendo a estes até mesmo a verificação dos créditos em assembleia[9]. Caso a maioria absoluta dos credores, em número representativo de dois terços do valor de todos os créditos sujeitos, aprovasse a concordata em assembleia, o devedor retomava a administração do negócio (cf. art. 847 do Código Comercial de 1850).

Após a reforma de 1882, o Código Comercial de 1850 passou a prever, dentre outras alterações, a figura da moratória, um instrumento de caráter unicamente dilatório destinado a prevenir a falência[10]. Fazia jus ao benefício o devedor que comprovasse que a impontualidade dos pagamentos decorria de fatores imprevisíveis, bem como possuir fundos suficientes para pagamento da integralidade da dívida "mediante alguma espera" (cf. art. 898).

Caso o devedor não requeresse ou não fizesse jus à concordata ou à moratória, prosseguia-se com o processo falimentar, tendo como objetivo liquidar o patrimônio do devedor falido e retirá-lo do mercado[11], além de puni-lo rigorosamente de acordo com o seu grau de culpabilidade[12].

Após mudanças no cenário político brasileiro, com a Proclamação da República em 15 de novembro de 1889, sobreveio o Decreto nº. 917, de 1890[13], derrogando toda a terceira parte do Código Comercial de 1850 e iniciando a segunda fase do direito falimentar brasileiro[14]. Em suma, passaram a ser possíveis cinco modalidades de recuperação do devedor, preventivas e incidentais ao pedido de falência.

Preventivamente, poderia o devedor, desde que não possuísse títulos protestados por falta de pagamento, obstar a falência por meio da moratória e, ainda, do acordo extrajudicial, a ser celebrado com credores que representassem três quartos da totalidade do passivo e sujeito à homologação judicial (cf. art. 120 do Decreto nº. 917/1890). Em caso de protesto, poderia o devedor, dentro das 48 (quarenta e oito) horas seguintes, adotar a modalidade preventiva de cessão de bens, com vistas a desonerá-lo de todas as responsabilidades pela quebra (cf. art. 131 do Decreto nº. 917/1890).

---

9. TELLECHEA, Rodrigo; SCALZILLI, João Pedro; SPINELLI, Luis Felipe, op. cit., p. 169-170.
10. Ibid., p. 172-173.
11. NEGRÃO, Ricardo, loc. cit.
12. TELLECHEA, Rodrigo; SCALZILLI, João Pedro; SPINELLI, Luis Felipe, loc. cit.
13. BRASIL. *Decreto nº 917, de 24 de outubro de 1890*. Rio de Janeiro: Governo Provisório, 1890.
14. TELLECHEA, Rodrigo; SCALZILLI; João Pedro, SPINELLI, Luis Felipe, op. cit., p. 176 *et seq*.

Incidentalmente ao pedido, restava ao falido seguir com a concordata por pagamento ou com a concordata por abandono. Enquanto a primeira previa a manutenção do devedor na posse da massa pelo tempo acordado para o pagamento dos credores, a quem cabia aceitar a proposta do devedor, a segunda determinava que os bens da massa, no todo ou em parte, fossem adjudicados em benefício dos credores para solução do passivo, exonerando e liberando o devedor de todos os efeitos da falência[15].

Ainda com o Decreto nº. 917/1890, surgiu, em seu art. 37, a figura da "continuação do negócio do falido", que se caracterizava como uma autorização judicial destinada a viabilizar o pedido de concordata, que cessava imediatamente em caso de não obtenção da suspensão da falência por ocasião da primeira reunião com os credores[16].

Ao argumento de que conferia excessiva autonomia aos credores e estabelecia inúmeros meios preventivos da quebra – facilitando, sobretudo, a perpetração de fraudes empresariais por meio da cessão de bens e a celebração de acordos extrajudiciais questionáveis –, rapidamente o Decreto nº. 917/1890 caiu em descrédito, ensejando uma nova reforma legislativa[17], iniciada pelo advento da Lei nº. 859, de 1902, e do Decreto nº. 4.885, de 1903[18].

Foi por meio desses diplomas que sobreveio a figura do "síndico das massas falidas", a ser escolhido fora do quadro de credores, alegadamente para evitar conluios e fraudes. As tentativas iniciais de reforma, no entanto, soaram mais danosas do que a lei anterior, surgindo diversos escândalos envolvendo a atuação controversa dos síndicos registrados[19].

Após as tentativas fracassadas de 1902 e 1903, sobreveio uma nova lei falimentar: a Lei nº. 2.024, de 1908[20], marcando o início da terceira fase do direito falimentar brasileiro. Em suma, a falência passou a ser aplicável às sociedades anônimas, as hipóteses de presunção de insolvência foram ampliadas para incluir a prática de certos atos (além da impontualidade de pagamentos), e manteve-se a figura do síndico (responsável pela verificação dos créditos e débitos e arrecadação de bens), agora a ser nomeado entre os credores.

---

15. TELLECHEA, Rodrigo; SCALZILLI; João Pedro, SPINELLI, Luis Felipe, op. cit., p. 179.
16. Esse instrumento foi reproduzido nos diplomas legais posteriores e desapareceu apenas com a Lei nº 11.101/2005, que não mais prevê formas de recuperação incidentais à falência. (NEGRÃO, Ricardo, op. cit., p. 30).
17. TELLECHEA; Rodrigo; SCALZILLI; João Pedro; SPINELLI, Luis Felipe, op. cit., p. 180-181.
18. (i) BRASIL. *Lei nº 859, de 16 de agosto de 1902*. Rio de Janeiro: Presidência da República, 1902; (ii) BRASIL. *Decreto nº 4.885, de 13 de julho de 1903*. Rio de Janeiro: Presidência da República, 1903.
19. TELLECHEA; Rodrigo; SCALZILLI; João Pedro; SPINELLI, Luis Felipe, op. cit., p. 183.
20. BRASIL. *Lei nº 2.024, de 17 de dezembro de 1908*. Rio de Janeiro: Presidência da República, 1908.

A Lei nº. 2.024/1908 manteve as concordatas preventiva e suspensiva, as quais poderiam prever a remissão de parte da dívida para pagamentos à vista (variando os quóruns de aprovação conforme as porcentagens de remissão propostas) ou a dilação do prazo para pagamento da dívida em até dois anos. Por outro lado, foram extintos o acordo extrajudicial e a possibilidade de cessão de bens, de modo a evitar os abusos que, até então, eram perpetrados nessas modalidades.

Nada obstante, permaneciam frequentes as fraudes praticadas pelo devedor em conluio com uma parte dos credores. Em troca de votos pela aprovação da proposta de concordata, o devedor combinava com determinados credores a realização de pagamentos extras, fora dos termos da proposta[21].

Foi nesse cenário que sobreveio, em 1929, o Decreto nº. 5.746[22], o qual passou a regular possibilidades de remissão da dívida, mesmo mediante pagamento a prazo, e a prever quóruns de aprovação da concordata tanto maiores quanto menores os dividendos a serem pagos aos credores[23].

No entanto, mesmo com a alteração dos quóruns de aprovação, ainda se criticava a submissão dos dissidentes à deliberação da maioria[24], o que levou o Ministério da Justiça a nomear Trajano de Miranda Valverde para elaborar um anteprojeto de lei falimentar, "cuja principal inovação era tirar das mãos dos credores o poder de decidir sobre a concessão da concordata ao devedor"[25].

Nesse contexto, sobreveio o Decreto-Lei nº. 7.661, de 1945, um resultado de anteprojetos capitaneados por Trajano de Miranda Valverde e Alexandre Marcondes Filho, marcando a quarta fase do direito falimentar brasileiro[26]. Fruto da filosofia política marcada pelo aumento dos poderes do Estado, o Decreto-Lei nº. 7.661/1945 enfraqueceu a participação dos credores, restringindo o papel da assembleia à deliberação sobre os meios de realização do ativo. A concordata perdeu o caráter de *contrato especial* com os credores para assumir a feição de um *favor legal* concedido pelo Poder Judiciário, passando a ser denominada pela doutrina de concordata-processo[27].

---

21. ESTEVEZ, André Fernandes. A Assembleia-Geral de Credores no Direito Brasileiro: Razões para a criação da concordata-sentença no Decreto-Lei nº 7.661/1945. *Revista Síntese: Direito Empresarial*, Porto Alegre, v. 7, n. 36, p. 64–77, jan./fev., 2014. p. 70-71.
22. BRASIL. *Decreto nº 5.746, de 9 de dezembro de 1929.* Rio de Janeiro: Presidência da República, 1929.
23. NEGRÃO, Ricardo, op. cit., p. 31.
24. ESTEVEZ, André Fernandes, op. cit., p. 73.
25. TELLECHEA, Rodrigo; SCALZILLI, João Pedro; SPINELLI, Luis Felipe, op. cit., p. 190.
26. TELLECHEA, Rodrigo; SCALZILLI, João Pedro; SPINELLI, Luis Felipe, loc. cit.
27. "A palavra 'concordata', por sua vez, não tem, nos dias atuais, qualquer vinculação com natureza do instituto. 'Concordata', como se sabe, significa 'acordo', 'convenção', presumindo, como ocorria no passado, vontades convergentes do devedor e dos credores. Todavia, a concordata como tal já não existia, pois de 'concordata', 'acordo', 'convenção', tornara-se um 'favor legal', independentemente da

Com vistas a frear a sobreposição do interesse da maioria dos credores (que, não raramente, sufocava os interesses das minorias, até mesmo mediante conluios com devedores desonestos), o poder de (não) concessão da concordata foi retirado da assembleia, perdendo seu caráter negocial, para ser conferido ao juiz, que passou a ser o responsável por definir o futuro da empresa em crise mediante provimento jurisdicional[28].

Como o juiz poderia deferir a concordata mesmo diante da maciça oposição dos credores, o Decreto-Lei nº. 7.661/1945 ficou marcado – e bem por isso criticável –, especialmente, pela forte intervenção do Estado na economia[29]. Ainda assim, não se pode deixar de mencionar que significou um importante passo na evolução do Direito Falimentar brasileiro, já que o magistrado não estava adstrito exclusivamente à vontade dos credores ao decidir sobre o destino da empresa[30].

---

vontade dos credores." ((i) ALMEIDA, Amador Paes de. *Curso de falência e recuperação de empresa*. 26. ed. São Paulo: Saraiva, 2012. p. 319; (ii) PENTEADO, Mauro Rodrigues. Capítulo 1: Disposições preliminares. *In*: SOUZA JUNIOR, Francisco Satiro de; PITOMBO, Antônio Sérgio A. de Moraes (Coord.). *Comentários à Lei de recuperação de empresas e falência*: Lei 11.101/2005. São Paulo: Revista dos Tribunais, 2007. p. 84).

28. "Destarte, nesse período consolida-se a concepção de que o benefício da concordata deveria ser concedido pelo juiz mediante a satisfação, pelo devedor, de todos os requisitos legais, afastando-se a participação dos credores quando da avaliação do pedido do devedor. Esse aspecto contribuiu para que a concordata passasse a ser vista como favor legal. Como justificativa a essa mudança radical alega-se que ao juiz foi creditada essa relevante função pois se acreditava que ele seria capaz de resolver com honestidade o conflito de interesses individuais e de preservar a empresa. Note-se que pela primeira vez se fala em preservação da empresa, muito embora se busque alcançar esse objetivo por meio de instituto que não se mostrou suficientemente estruturado para tal fim. Décadas depois o legislador brasileiro atenta a esse tema, afastando a concordata do sistema concursal brasileiro e nele introduzindo institutos expressamente destinados a permitir a recuperação da empresa em crise. Note-se que essa providência já era clamada pela doutrina há tempos, lembrando-se que a matéria da concordata deveria ser atualizada, em vista da concepção da empresa como ente que congrega inúmeros interesses e cuja preservação deveria ser almejada pelo ordenamento jurídico." (CEREZETTI, Sheila Christina Neder. *A recuperação judicial de sociedade por ações*: o Princípio da Preservação da Empresa na Lei de Recuperação e Falência. São Paulo: Malheiros, 2012. p. 78-79).

29. "O atual Decreto-lei n. 7.661, de 1945, acentuando o caráter judiciário do processo falimentar, restringiu os direitos dos credores perante o devedor comum. Eliminaram-se as tradicionais assembléias de credores para verificação dos créditos, substituídas por tantos processos sumários quantos sejam os créditos impugnados. Mas sobretudo, a atual Lei de Falências introduziu, pela primeira vez ao que parece na legislação universal, a ação de concordata, que pode ser julgada procedente pelo magistrado sem, e até mesmo contra, a vontade manifesta dos credores, o que provocou as iras de Waldemar Ferreira ('concordata fascista')." ((i) BRASIL. *Decreto-lei nº 7.661, de 21 de junho de 1945*. Rio de Janeiro: Presidência da República, 1945; (ii) COMPARATO, Fabio Konder. *Aspectos jurídicos da macro empresa*. São Paulo: Editora Revista dos Tribunais, 1970. p. 99).

30. "Sem dúvida, a admissão da ação de concordata em nosso direito já representou considerável progresso neste sentido, porque o magistrado não está legalmente adstrito à vontade dos credores para determinar a subsistência ou não da emprêsa em situação de insolvência." (COMPARATO, Fabio Konder, op. cit., p. 102. No mesmo sentido, consultar: LUCCA, Newton de. A reforma do direito falimentar no Brasil. *Revista do Tribunal Regional Federal da 3ª Região*, São Paulo, v. 40, p. 26–99, out./dez., 1999).

Conquanto ora buscassem satisfazer os interesses dos credores, ora proteger o devedor, as legislações falimentares brasileiras até o Decreto-Lei nº. 7.661/1945 seguramente não se preocupavam em manter a atividade produtiva[31]. Como bem aponta Ricardo Negrão a partir do entendimento doutrinário que predominava na época sobre os objetivos da concordata, conferia-se "unânime proeminência aos interesses do devedor e apenas secundariamente ao do credor, nada cogitando quanto aos demais aspectos da realidade empresarial: as relações de trabalho e a preservação da atividade"[32]. A rigor, portanto, em nenhum cenário o foco do legislador e daqueles que interpretavam o texto normativo era a manutenção da empresa como atividade social relevante[33].

Não se ignora que, na época da promulgação do Decreto-Lei nº. 7.661/1945 e das alterações legislativas que o seguiram[34], o mundo já vivenciava mudanças políticas e sociais que impulsionaram uma releitura das normas falimentares, fazendo surgir, ao lado do propósito de pagamento dos credores e de proteção da pessoa do devedor, a necessidade de preservação da empresa como instrumento de promoção social[35].

No entanto, foi apenas em 2005, com o advento da Lei nº. 11.101, que o Brasil, com relevante atraso[36], inaugurou uma sistemática falimentar mais consentânea com os anseios da sociedade contemporânea, transcendendo o antagonismo entre os interesses do devedor e do credor[37] e, ainda, desape-

---

31. "O mínimo que se pode dizer nessa matéria é que o dualismo no qual se encerrou o nosso direito falimentar – proteger o interesse pessoal do devedor ou o interesse dos credores – não é de molde a propiciar soluções harmoniosas no plano geral da econômica. O legislador parece desconhecer totalmente a realidade da empresa, como centro de múltiplos interesses – do empresário, dos empregados, dos sócios capitalistas, dos credores, do fisco, da região, do mercado em geral – desvinculando-se da pessoa do empresário." (COMPARATO, Fabio Konder, loc. cit.).
32. NEGRÃO, Ricardo, op. cit., p. 38.
33. COMPARATO, Fabio Konder, op. cit., p. 103.
34. Vale lembrar que o Decreto-Lei nº. 7.661/1945 sofreu algumas alterações legislativas, a exemplo daquelas promovidas pela Lei nº. 4.983, de 1966, e pelo Decreto-Lei nº. 669, de 1969, citadas por Fabio Konder Comparato (Ibid., p. 99-101).
35. "No último quartel do século XX, em sequência à acentuada evolução que já se esboçara, desde o final da Segunda Guerra Mundial, com a reforma da Lei de falências dos Estados Unidos (Bankruptcy Reform Act, de 1979), deu-se ênfase a possibilitar que, diante da insolvência técnica ou financeira da empresa, houvesse soluções, com o objetivo principal de salvá-las da crise, mantendo-as como unidade produtiva de riquezas, conservando o emprego, ensejando novas opções e viabilizando novas formas de satisfação dos credores, com a minoração de suas perdas. [...] Em todos os demais países movimentaram-se os círculos jurídicos a perscrutar e projetar instrumentos mais adequados, aos novos tempos, para propiciar a recuperação da empresa em dificuldade". (PACHECO, José da Silva. *Processo de recuperação judicial, extrajudicial e falência*. 4. ed. Rio de Janeiro: Forense, 2013. p. 1-2).
36. A LREF é fruto do Projeto de Lei nº 4.376, de 1993, que tramitou por longos 10 (dez) anos, passando por uma remodelação nos anos 2000 até ser convertido em lei e sancionado em 2005. (TELLECHEA, Rodrigo; SCALZILLI, João Pedro; SPINELLI, Luis Felipe. *História do direito falimentar*: da execução pessoal à preservação da empresa. São Paulo: Almedina, 2018. p. 196-199).
37. Ibid., p. 193.

gando-se do objetivo anterior de tutelar a situação jurídica da pessoa que exerce a atividade negocial[38].

A LREF é marcada, em primeiro lugar, pela segregação dos conceitos de empresa (atividade) e empresário (devedor), garantindo-se que aquela seja preservada ainda que o devedor seja retirado do mercado. Em tempo, destaca-se a ampliação da participação dos credores no procedimento (não mais limitados aos quirografários), como maiores interessados na eficiência do instituto, bem como a proteção do trabalhador, não apenas para lhe garantir a preferência no recebimento, mas para viabilizar a manutenção dos postos de trabalho.

O legislador de 2005 também buscou conferir ampla proteção ao crédito, já que a LREF expressamente preserva as garantias conferidas, protegendo os chamados "credores proprietários", nos termos do art. 49, § 3º. Por fim, destaca-se a ampliação dos meios recuperatórios da fonte produtiva viável e a maximização do valor dos ativos, garantindo-se a produção e a circulação de bens e serviços[39].

Nos termos do art. 47 da LREF, isso significa que o tratamento da insolvabilidade está fundado no princípio da preservação da empresa em cumprimento à sua função social[40] como relevante peça da sociedade, mesmo em caso de falência.

Após a alteração promovida pela Lei nº. 14.112/2020, o processo falimentar ganhou nova roupagem, indo além da execução concursal e paritária dos créditos. A nova redação do art. 75 da LREF incentiva a rápida liquidação das empresas inviáveis e a realocação de seus recursos na economia e fomenta o empreendedorismo por meio do célere retorno do falido à atividade econômica. É seguro afirmar, portanto, que o princípio da preservação da empresa também se manifesta na falência[41].

Enquanto o processo falimentar serve ao encerramento organizado da empresa que se tornou inviável, o processo de recuperação judicial destina-se

---

38. NEGRÃO, Ricardo. A eficiência do processo judicial na recuperação de empresa. São Paulo: Saraiva, 2010. p. 44.

39. Essas observações resumem objetivamente os 12 (doze) "princípios" que orientaram a redação dos artigos da Lei nº 11.101/2005, citados pelo Senador Ramez Tebet em seu relatório apresentado à Comissão de Assuntos Econômicos. (SACRAMONE, Marcelo Barbosa. *Comentários à lei de recuperação de empresas e falência*. 2. ed., São Paulo: Saraiva, 2021. p. 55-57).

40. "[...] o princípio da preservação da empresa deve ser visto ao lado do princípio da função social da empresa (derivado da função social da propriedade), que considera o fato de a atividade empresarial ser fonte produtora de bens para a sociedade como um todo, pela geração de empregos; pelo desenvolvimento da comunidade que está à sua volta; pela arrecadação de tributos; pelo respeito ao meio ambiente e aos consumidores; pela proteção ao direito dos acionistas minoritários etc.". (TEIXEIRA, Tarcísio. *Direito Empresarial Sistematizado*. Saraiva: São Paulo, 2011. p. 186).

41. SACRAMONE, Marcelo, op. cit., p. 401-402.

à reestruturação da atividade empresarial transitoriamente acometida por uma crise econômico-financeira, caracterizada pela insuficiência de recursos financeiros disponíveis para satisfazer as obrigações vencidas e vincendas. Dito de forma simples, o objetivo do processo recuperacional é proporcionar ao empresário a retomada do fôlego necessário à manutenção de sua atividade.

Esse panorama histórico sobre o Direito da empresa em crise no Brasil permite concluir que, hoje, há forte preocupação de cunho econômico-social no processamento dos processos recuperacionais e falimentares. Mais do que uma disputa entre o devedor e os seus credores, o tratamento da insolvabilidade é de interesse de toda a sociedade, considerando-se a necessidade de proteção da fonte geradora de serviços, produtos, empregos e tributos, bem como de estabelecer meios confiáveis de monitoramento e solução de situações de crise.

Do ponto de vista processual, não restam dúvidas de que o tratamento da insolvabilidade demanda do legislador a construção (e o constante aprimoramento) de um procedimento especial capaz de garantir a adequada tutela dos direitos e a precisa racionalidade das decisões em matéria de insolvência[42], até sob o prisma da consequência prática dos provimentos jurisdicionais, consoante dispõe o art. 20 da LINDB[43].

1.1.2. Principais aspectos procedimentais da recuperação judicial

Como visto acima, de acordo com a lógica inaugurada pela LREF, a superação da crise da empresa é relevante não apenas para o devedor e seus credores, mas para o Poder Público e a coletividade, que se beneficia diretamente da manutenção da fonte produtora – verdadeiro ponto focal ao redor

42. "Mudanças na legislação de falência devem, portanto, ser realizadas levando em consideração seus impactos não apenas nas empresas que venham a se tornar insolventes. O mecanismo de incentivos que a lei gera é fundamental para definir o comportamento dos agentes e o funcionamento de toda a economia, pois afeta os resultados (*pay offs*) esperados em caso de insucesso. A elaboração da nova Lei de Falências e Recuperação de Empresas brasileira procurou alinhar esses incentivos de modo a oferecer ao país um sistema de insolvências equilibrado e eficiente." (LISBOA, Marcos de Barros; DAMASO, Otávio Ribeiro; SANTOS, Bruno Carazza dos; COSTA, Ana Carla Abrão. A Racionalidade econômica da nova lei de falências e de recuperação de empresas. *In*: PAIVA, Luiz Fernando Valente de (coord.). *Direito falimentar e a nova lei de falências e recuperação de empresas*. São Paulo: Quartier Latin, 2005. p. 32).

43. "A previsão dos efeitos práticos da decisão a ser adotada, para fins de ponderar os valores escolhidos, consiste num processo mental de natureza lógica, fundado no conhecimento técnico e na experiência. O dispositivo exige que a autoridade competente formule uma projeção quanto aos possíveis cenários resultantes da decisão adotada. Essa projeção é uma atividade fundada no raciocínio lógico como um evento apto a produzir efeitos. Esses efeitos são identificados segundo juízos mentais que projetam relações de causalidade. Esses juízos fundam-se no conhecimento técnico-científico e na experiência da vida social." (JUSTEN FILHO, Marçal. Art. 20 da LINDB: Dever de transparência, concretude e proporcionalidade nas decisões públicas. *Revista de Direito Administrativo*, Rio de Janeiro, Edição Especial: Direito Público na Lei de Introdução às Normas de Direito Brasileiro – LINDB (Lei nº 13.655/2018), p. 13-41, nov., 2018. p. 29).

do qual transitam diversos outros interesses: dos empregados, dos sócios, do fisco, das instituições financiadoras, dos consumidores etc.[44]

Para que seja possível a adoção de uma solução eficiente e capaz de, a um só tempo, superar a crise e proteger os interesses envolvidos, a LREF estabelece um ambiente institucionalizado e cooperativo, desde o deferimento do pedido até a concessão da recuperação judicial[45]. Em outras palavras, uma vez apresentado o pedido de recuperação judicial, devidamente instruído nos termos exigidos pelo art. 51 da LREF, deverá o órgão julgador analisar se é o caso de deferimento do *processamento* do pedido, que não se confunde com a *concessão* da recuperação judicial.

Na forma do recém-introduzido art. 51-A, poderá o juiz nomear profissional capacitado com vistas a analisar tecnicamente as reais condições de funcionamento da empresa requerente, bem como a completude da documentação apresentada com a petição inicial.

Na decisão de deferimento do processamento, a ser proferida na forma do art. 52 da LREF, o juiz deverá adotar algumas providências, dentre as quais: (i) nomear profissional de sua confiança para funcionar como administrador judicial, (ii) ordenar a intimação do Ministério Público para que se manifeste e acompanhe o processo, (iii) ordenar a intimação das Fazendas Públicas federal e de todos os Estados, Distrito Federal e Municípios em que o devedor tiver estabelecimento, para que tomem conhecimento da recuperação judicial e informem eventuais créditos existentes, e (iv) determinar a suspensão de todas as ações ou execuções em curso contra o devedor que demandem o pagamento de quantias líquidas pelo prazo inicial de 180 (cento e oitenta) dias (*stay period*), assim como o curso da prescrição, na forma do art. 6º da LREF[46].

Excetuam-se da ordem de suspensão as ações e pretensões que tenham como objetivo o pagamento de créditos que não se submetem aos efeitos do plano – precisamente aqueles titulados pelo fisco, nos termos do art. 187 do CTN, e pelos credores listados no art. 49, §§ 3º e 4º, da LREF, bem como

---

44. PACHECO, José da Silva. *Processo de recuperação judicial, extrajudicial e falência*. 4. ed. Rio de Janeiro: Forense, 2013. p. 2.

45. Conforme destacado por Eduardo S. Munhoz: "os §§ 2º. e 3º. do art. 56 (além de outros dispositivos) revelam [ter] a Lei [...] claramente se filiado ao sistema da negociação entre devedor e credores (*structured bargaining*), afastando-se do modelo de índole fortemente processualista adotado pelo Dec.-Lei de 1.945". (MUNHOZ, Eduardo S. Artigo 56. *In*: SOUZA JUNIOR, Francisco Satiro de; PITOMBO, Antônio Sérgio A. de Moraes (coord.). *Comentários à Lei de Recuperação de Empresas e Falência*. São Paulo: Revista dos Tribunais, 2005. p. 275).

46. Na praxe forense, o período em que as execuções em curso contra o devedor ficam suspensas é denominado de *stay period*, inspirado no efeito equivalente previsto no Capítulo 11 do Código de Falência Norte-Americano. (COELHO, Fábio Ulhoa. *Comentários à Lei de Falências e de Recuperação de Empresas*. 14. ed., rev., atual. e ampl. São Paulo: Thomson Reuters, 2021. p. 66).

os créditos constituídos após o ajuizamento do pedido[47]. Ainda assim, com vistas a proteger o devedor no deliciado período em que negocia com os seus credores os termos do plano de recuperação judicial a ser votado, a LREF veda a constrição, a expropriação e a retirada de bens de capital essenciais do devedor durante o *stay period*, conforme parte final do § 3º do art. 49 e § 7º-A do art. 6º.

Com a publicação do edital de que trata o art. 52, § 1º, da LREF, todos os credores listados pela empresa requerente tomarão conhecimento dos respectivos créditos que lhe foram atribuídos, iniciando-se o prazo para apresentação dos pedidos de habilitação e divergência de créditos perante o administrador judicial, nos termos do art. 7º, § 1º.

Consoante adverte o art. 53 da LREF, no prazo improrrogável de 60 (sessenta) dias contados da publicação da decisão que deferir o processamento da recuperação judicial, deverá o devedor apresentar o plano de recuperação judicial, sob pena de convolação em falência, o qual poderá ser objetado por qualquer credor no prazo previsto no art. 55. Sendo esse o caso, deverá o juiz convocar a assembleia-geral de credores para deliberação e votação do plano[48] em data que não poderá exceder 150 (cento e cinquenta) dias contados do deferimento do pedido, consoante dispõe o art. 56, § 1º, da LREF.

Paralelamente, na forma do art. 7º, ao administrador judicial competirá a verificação administrativa dos créditos listados, com base nos livros contábeis e documentos comerciais e fiscais do devedor e nos documentos que lhe forem apresentados pelos credores. Uma vez concluída a análise – que não deverá exceder 45 (quarenta e cinco) dias contados do término do prazo de 15 (quinze) dias conferido aos credores para apresentar ao administrador judicial as suas habilitações ou divergências quanto aos créditos relacionados –, um novo edital será publicado, contendo a relação de credores devidamente ajustada.

---

47. Ibid., p. 177. Os credores titulares das verbas são, genericamente, chamados "credores extraconcursais", enquanto aqueles sujeitos aos efeitos do plano se denominam "credores concursais".

48. Sobre a natureza de negócio jurídico do plano de recuperação judicial: "Em outras palavras, o processo de recuperação judicial é, na verdade, simplesmente um meio, uma ferramenta de construção de uma solução negociada entre o devedor e seus credores, e, obviamente, de preservação das premissas contratadas. Isso significa que o plano de recuperação judicial, não obstante construído no âmbito de um processo judicial, tem natureza de negócio jurídico celebrado entre devedor e seus credores." (SOUZA JÚNIOR, Francisco Satiro de. Autonomia dos credores na aprovação do plano de recuperação judicial. *In*: CASTRO, Rodrigo R. Monteiro; WARDE JÚNIOR, Walfrido Jorge; TAVARES GUERREIRO, Carolina Dias (Coord.). *Direito empresarial e outros estudos em homenagem ao Professor José Alexandre Tavares Guerreiro*. São Paulo: Quartier Latin, 2013. p. 104). No mesmo sentido, consultar: (i) DIDIER JR., Fredie; BRAGA, Paula Sarno; BATISTA, Felipe Vieira. A recuperação judicial como jurisdição voluntária: um ponto de partida para estruturação do procedimento. *Revista do Ministério Público do Estado do Rio de Janeiro*, Rio de Janeiro, n. 79, p. 119-142, jan./mar., 2021. p. 131; e (ii) BATISTA, Felipe Vieira. *A recuperação judicial como processo coletivo*. 2021. Dissertação (Mestrado em Direito) – Faculdade de Direito, Universidade Federal da Bahia, Salvador, 2021. p. 66.

Com a aprovação do plano de recuperação judicial pela assembleia geral de credores, nos termos do art. 45 da LREF, e após o controle de legalidade judicial[49], o juiz deverá homologar o plano e conceder a recuperação judicial ao devedor. O § 1º do art. 58 autoriza, ainda, a concessão da recuperação judicial com base em plano não aprovado, desde que este tenha, cumulativamente, atendido às hipóteses dos incisos I, II e III[50].

Na forma do art. 59 da LREF, todos os créditos sujeitos à recuperação judicial são novados pelo plano de recuperação judicial. Trata-se, pois, de novação sob condição resolutiva[51], na medida em que, em caso de descumprimento das obrigações previstas no plano durante o período de fiscalização de que trata o *caput* do art. 61 e consequente convolação da recuperação judicial em falência, os direitos e garantias dos credores são restituídos nas condições originalmente contratadas, deduzidos os valores eventualmente

---

49. "[...] o controle judicial se apresenta como peça fundamental para a garantia do verdadeiro tratamento isonômico e equitativo na composição dos interesses da massa de credores. O magistrado atua como um guardião da legalidade do plano. O controle judicial permite, assim, se possam excluir eventuais defeitos quanto à sua validade e eficácia e se realiza tanto em relação à sua legalidade formal, bem como em relação à sua legalidade material ou substancial, podendo desembocar, dependendo do caso concreto, em um controle de mérito da vontade dos credores (decisão da assembleia geral de credores), de maneira a garantir a sua legitimidade e desejada higidez, notadamente na formação das maiorias em cada classe de votação do plano." (CAMPINHO, Sérgio Murilo Santos. *Temas relevantes e controvertidos decorrentes da reforma da Lei de Falências e Recuperação de Empresas* (Lei n. 14.112/2020). São Paulo: Expressa, 2021. *Kindle Edition*, p. 77).

50. LREF, Art. 58.: "[...] § 1º O juiz poderá conceder a recuperação judicial com base em plano que não obteve aprovação na forma do art. 45 desta Lei, desde que, na mesma assembléia, tenha obtido, de forma cumulativa: I – o voto favorável de credores que representem mais da metade do valor de todos os créditos presentes à assembléia, independentemente de classes; II – a aprovação de 2 (duas) das classes de credores nos termos do art. 45 desta Lei ou, caso haja somente 2 (duas) classes com credores votantes, a aprovação de pelo menos 1 (uma) delas; II – a aprovação de 3 (três) das classes de credores ou, caso haja somente 3 (três) classes com credores votantes, a aprovação de pelo menos 2 (duas) das classes ou, caso haja somente 2 (duas) classes com credores votantes, a aprovação de pelo menos 1 (uma) delas, sempre nos termos do art. 45 desta Lei; III – na classe que o houver rejeitado, o voto favorável de mais de 1/3 (um terço) dos credores, computados na forma dos §§ 1º e 2º do art. 45 desta Lei. § 2º A recuperação judicial somente poderá ser concedida com base no § 1º deste artigo se o plano não implicar tratamento diferenciado entre os credores da classe que o houver rejeitado. [...]".

51. "A novação de que trata o art. 59 da LREF apresenta características peculiares se comparada com a novação disciplinada no Código Civil. Por distinguir-se da novação disciplinada pelo art. 360 do CC/2002, a novação disciplinada na Lei 11.101/2005 é denominada novação recuperacional. É que esta novação está subordinada a uma condição resolutiva, consistente no cumprimento de todas as obrigações dentro do prazo do art. 61 da LREF e o consequente encerramento da recuperação judicial. Conforme prevê o art. 61, § 2º, da LREF, em caso da convolação da recuperação judicial em falência, 'os credores terão reconstituídos seus direitos e garantias nas condições originalmente contratadas, deduzidos os valores eventualmente pagos e ressalvados os atos validamente praticados no âmbito da recuperação judicial'. Portanto, a cristalização da novação recuperacional somente ocorrerá com o encerramento da recuperação judicial. Nesse sentido, há o Enunciado 11 da Secretaria de jurisprudência do STJ, a dispor: '[a] homologação do plano de recuperação judicial opera novação sui generis dos créditos por ele abrangidos, visto que se submete à condição resolutiva'." (AYOUB, Luiz Roberto; CAVALLI, Cássio. *A construção jurisprudencial da recuperação judicial de empresas*. 3. Ed. Rio de Janeiro: Forense, 2017. p. 516).

pagos e ressalvados os atos validamente praticados no âmbito da recuperação judicial, consoante a literalidade do art. 61, §§ 1º e 2º.

Tendo em vista que a decisão judicial que conceder a recuperação judicial constituirá título executivo judicial (art. 59, § 1º, da LREF), deverão os credores, em caso de descumprimento do plano após o transcurso do período de fiscalização, requerer a sua execução específica ou a falência do devedor, com base no art. 94 da LREF.

À luz dos aspectos gerais do procedimento da recuperação judicial, vê-se que o processamento do pedido, por um lado, limita a atuação do empresário, que fica momentaneamente impedido de dispor ou onerar livremente seus bens, dependendo de autorização judicial para tanto (cf. art. 66 da LREF).

De outro lado, com a suspensão *ope legis* das execuções e ações que demandem o pagamento de quantias líquidas (cf. art. 6º, II, da LREF), os credores submetidos aos efeitos da recuperação judicial ficam provisoriamente impedidos de satisfazer as suas obrigações individuais em prejuízo de toda a coletividade e da própria preservação da empresa.

Portanto, mediante mútua limitação dos comportamentos dos credores concursais e do devedor, a LREF busca incentivar os envolvidos a negociar uma solução que acomode da melhor forma possível todos os interesses[52]. Dentro desse ambiente, cabe ao devedor rediscutir com os seus credores a viabilidade econômica da empresa e o cumprimento de suas obrigações. Caso a negociação seja bem-sucedida, resultará na aprovação e na homologação do plano de recuperação judicial.

Nesse cenário, embora o processo recuperacional seja, de certo modo, sacrificante, dependendo da colaboração de todos os envolvidos, o que inclui renúncia parcial de interesses e direitos, o resultado obtido é certamente menos prejudicial do ponto de vista social e econômico, justificando-se, pois, que tal estímulo seja regulamentado em lei[53].

Com a reforma proporcionada pela Lei nº. 14.112/2020, a LREF passou a dialogar com importantes inovações trazidas pelo CPC. A título de exemplo, menciona-se, primeiramente, que, em linha com a Resolução nº. 125/2010

52. SACRAMONE, Marcelo Barbosa. *Comentários à lei de recuperação de empresas e falência*. 2. ed., São Paulo: Saraiva, 2021. p. 238.

53. CEREZETTI, Sheila Christina Neder. *A recuperação judicial de sociedade por ações:* o princípio da preservação da empresa na Lei de Recuperação e Falência. São Paulo: Malheiros, 2012. p. 205-206.

do CNJ[54], o CPC[55] e a Lei nº. 13.140/2015 (Lei de Mediação)[56], a Lei nº. 14.112/2020 incluiu na LREF a Seção II-A (consoante arts. 20-A a 20-D), que fomenta a adoção de métodos autocompositivos para a solução de impasses que possam resultar no ajuizamento de um pedido de recuperação judicial.

Além de incentivar o uso dos métodos autocompositivos durante os processos recuperacionais em qualquer grau de jurisdição (cf. art. 20-A), o art. 20-B da LREF passou a prever expressamente o cabimento das conciliações e mediações antecedentes aos processos de recuperação, com vistas a evitar o ajuizamento do pedido de recuperação – alternativa que comumente gera perdas para todos os envolvidos, além de onerar, em termos de tempo e recursos, o Poder Judiciário.

A LREF não apenas passou a incentivar o uso dos métodos autocompositivos previamente ao ajuizamento do pedido de recuperação, como estabeleceu a possibilidade de suspensão cautelar dos atos constritivos contra o devedor que esteja em negociação com os seus credores, na forma do art. 20-B, § 1º, funcionando a suspensão como antecipação parcial do *stay period* se o pedido de recuperação judicial vier a ser ajuizado.

Isto é, buscou o legislador viabilizar as condições necessárias à construção de um ambiente controlado (em que o devedor fica momentaneamente protegido contra as investidas dos credores)[57], necessário ao alcance de uma solução negociada entre o devedor e os seus credores, evitando-se, com isso, o próprio ajuizamento do pedido.

Menciona-se, em tempo – por ser bastante relevante nesta obra –, a expressa inclusão da cooperação judiciária nacional pela Lei nº. 14.112/2020 no art. 6º, §§ 7º-A e 7º-B, da LREF, em linha com as disposições dos arts. 67 a 69 do CPC e da Resolução nº. 350/2020 do CNJ. Para ser breve, já que a questão está tratada com riqueza de detalhes adiante, pode se asseverar que a reforma é expressa ao determinar que o controle de atos constritivos praticados por outros juízos será exercido pelo juízo da recuperação mediante cooperação judiciária. Nesse ponto, fica clara a intenção do legislador

---

54. A Resolução instituiu a Política Judiciária Nacional, destinada a assegurar o tratamento de conflitos por meios adequados à sua natureza e à sua peculiaridade. (BRASIL. *Resolução nº 125, de 29 de novembro de 2010*. Brasília, DF: Conselho Nacional de Justiça, 2010).
55. São diversas as passagens em que o CPC incentiva a adoção de métodos adequados à resolução dos conflitos. Nesse sentido, dispõe o art. 3º, § 2º que "o Estado promoverá, sempre que possível, a solução consensual dos conflitos". De igual modo, o art. 139, V do CPC impõe ao juiz o dever de "promover, a qualquer tempo, a autocomposição, preferencialmente com auxílio de conciliadores e mediadores judiciais". A conciliação e a mediação estão previstas em diversos outros dispositivos do CPC, a exemplo dos arts. 165 e seguintes (Seção V), 334, 359 e 487, III.
56. BRASIL. *Lei nº 13.140, de 26 de junho de 2015*. Brasília, DF: Presidência da República, 2015.
57. SACRAMONE, Marcelo Barbosa. *Comentários à lei de recuperação de empresas e falência*. 2. ed., São Paulo: Saraiva, 2021. p. 153.

de 2020 de conferir racionalidade ao tratamento de questões envolvendo a empresa em crise, ainda que submetidas a outros juízos.

Essas inovações, ao lado de tantas outras cuja abordagem não cabe neste livro, evidenciam a preocupação do legislador atual em garantir o contínuo aprimoramento do procedimento destinado ao tratamento da insolvabilidade.

1.2. A NATUREZA COLETIVA E ESTRUTURAL DO PROCESSO DE RECUPERAÇÃO JUDICIAL: FOMENTO DE UM AMBIENTE COOPERATIVO E GESTÃO COMPLEXA DE MÚLTIPLOS INTERESSES

Em termos gerais, o conceito de processo estrutural remonta à necessidade de intervenção do Poder Judiciário para solucionar questões complexas, que atingem múltiplos interesses (muitas vezes, conflitantes entre si) e demandam uma reestruturação de determinada entidade, política pública ou, em sentido mais amplo, de um estado inconforme de coisas.

Neste tópico, pretendemos demonstrar que as principais características do procedimento de recuperação judicial permitem constatar a sua semelhança com os processos que lidam com problemas estruturais.

As primeiras noções de problema e processo estrutural surgiram na década de 1950 nos Estados Unidos, precisamente quando a Suprema Corte se debruçou sobre o caso *Brown vs. Board of Education of Topeka* e reconheceu a inconstitucionalidade da política de admissão de estudantes em escolas públicas americanas com base em um sistema de segregação racial[58].

A partir do julgamento desse caso, o Poder Judiciário Estadunidense iniciou uma verdadeira reforma estrutural no sistema público de educação daquele país com um claro objetivo: garantir a observância de importantes valores constitucionais, o que somente poderia ser alcançado mediante essa intervenção enfática e ativista da Corte Suprema[59].

No entanto, declarar a ilegalidade da lei segregacionista não foi suficiente para cessar a política do *separate but equal*. Isso levou a Corte Suprema Estadunidense, em segundo julgamento, a reconhecer que a complexidade da questão e, consequentemente, as limitações, dos mais variados aspectos (culturais, políticos, orçamentários etc.), impostas pela realidade material exigiam o implemento de diversas providências necessárias à efetivação do resultado.

58. ARENHART, Sérgio Cruz; OSNA, Gustavo; JOBIM, Marco Félix. *Curso de Processo Estrutural*. São Paulo: Thomson Reuters, 2021. p. 20.

59. "O Caso Brown abriu uma série de precedentes para que outros casos envolvendo discriminação racial fossem julgados, em especial entre 1954 e 1962." (Ibid., p. 25).

Conhecidas como *ordens estruturantes*[60], essas providências complementares tinham como objetivo (re)estabelecer a conformidade mediante a reforma da estrutura anterior, a qual sustentava políticas segregacionistas e continuavam sendo aplicadas pelos servidores nas escolas[61].

No Brasil, o mesmo fenômeno começou a surgir, especialmente, com a expansão dos direitos da terceira geração, de natureza metaindividual, e com a releitura da dimensão dos direitos individuais, tendo em vista o reconhecimento de potencial homogeneidade.

Sob a perspectiva normativa, o movimento teve início com a promulgação da Lei da Ação Popular (Lei nº. 4.717/1965), a qual passou a possibilitar, em linhas gerais, que o cidadão questionasse atos da administração pública, fazendo surgir um espaço propício para a intervenção judicial em políticas públicas[62]. Na sequência, esse espaço foi ampliado com o advento da Lei da Ação Civil Pública (Lei nº. 7.347/1985) e do Código de Defesa do Consumidor (Lei nº. 8.078/1990), formando, junto com a Lei da Ação Popular, o *microssistema do processo coletivo*[63].

Com a ampliação das formas de tutela dos direitos coletivos e individuais "de massa", cada vez mais o Poder Judiciário passou a ser chamado para solucionar questões que dificilmente se encerrariam na concessão de um provimento imediato, muitas vezes apresentando contraposição de valores sensíveis à coletividade, como as situações envolvendo a tutela do meio-ambiente. Assim, o tratamento dessas questões pelo processo civil tradicional logo se revelou um desafio, tornando fundamental o desenvolvimento de um novo modelo de atuação jurisdicional, dotado de elasticidade de técnicas capazes de lidar com a complexidade e a sensibilidade advindos da necessidade de tutela simultânea de múltiplos interesses.

Por certo, nem todos os processos coletivos envolvem um problema em nível estrutural. Partindo da reformulação conceitual proposta por Edilson Vitorelli, o primeiro passo é identificar o tipo de litígio coletivo para conferi-lo adequado tratamento. Isso porque, quanto maiores forem

---

60. "Quando há necessidade de, para atingir o objetivo de tutela de um direito fundamental, reformar instituições inteiras, as ordens judiciais respectivas ficaram conhecidas como *structural injunctions.*" (VITORELLI, Edilson. *O devido processo legal coletivo:* dos direitos ao litígio coletivo. 2. ed. rev., atual. e ampl. São Paulo: Thomson Reuters, 2020. Livro eletrônico).
61. Conforme descrito por Edilson Vitorelli, os juízos valeram-se das *injunctions*, ordens judiciais que estabelecem obrigações de fazer ou não fazer, que se tornaram a principal ferramenta para determinar aos servidores a adoção de medidas que efetivamente levassem à dessegregação escolar, mesmo diante de forte resistência política e popular. (VITORELLI, Edilson. *O devido processo legal coletivo:* dos direitos ao litígio coletivo, loc. cit.).
62. ARENHART, Sérgio Cruz; OSNA, Gustavo; JOBIM, Marco Félix, op. cit., p. 30-33.
63. DIDIER JR., Fredie; ZANETI JR., Hermes. *Curso de direito processual civil*: processo coletivo. 15. ed., rev., atual. e ampl. São Paulo: Juspodivm, 2021. p. 72 *et seq*.

os impactos pessoalmente suportados pelos membros do grupo titular do direito violado, maior será a necessidade de garantir a participação ou a representação adequada de todos os interesses, o que deve condicionar, em alguma medida, a atuação do legitimado coletivo. Da mesma forma, mais complexo e conflituoso será o litígio se presentes múltiplos interesses envolvidos, levando a uma gama de soluções possíveis, cujos resultados são, normalmente, imprevisíveis[64].

É relevante neste livro o tipo de litígio que Edilson Vitorelli denominou de coletivo de *difusão irradiada*, que pressupõe "um vasto grupo de pessoas, afetadas de modos distintos pela controvérsia, com visões diferentes sobre como ela deveria terminar e, por isso mesmo, com interesses diversos, a serem representados no processo"[65]. É em tal categoria que se inserem os processos estruturais, caracterizados, via de regra, pela complexidade da questão, pela multipolaridade gerada pelos diversos interesses envolvidos e pela necessidade de recomposição institucional em atuação prospectiva[66].

A complexidade do problema estrutural pode surgir a partir de uma "dúvida científica em relação à efetividade de várias soluções disponíveis", considerando-se, ainda, a relação de custo-benefício entre as opções[67], ou da "indeterminação das consequências advindas de certo estímulo"[68]. Isto é, mais do que analisar as dificuldades na compreensão dos fatos da causa ou da questão jurídica envolvida, a complexidade estará configurada se houver considerável dificuldade em definir a melhor medida considerando-se todos os aspectos envolvidos, o que exige do magistrado uma atuação mais cautelosa e coordenada com as partes e, eventualmente, outras instituições.

A multipolaridade, a seu turno, contrapõe-se à clássica noção de bilateralidade dos processos tradicionais. O processo estrutural é marcado pela coexistência de diversos interesses, que ora convergem, ora polarizam-se[69].

64. Em resumo, o autor propõe a superação da tradicional vinculação da legitimidade coletiva à natureza dos direitos litigiosos (coletivos, difusos e individuais homogêneos) a fim de que esta seja definida a partir de sua adequada representação, considerando a "perspectiva do litígio concretamente verificado", tudo em atenção à garantia do devido processo legal. Para tanto, deve o legitimado coletivo analisar, *a priori*, a complexidade e a conflituosidade do litígio, para que, em seguida, o classifique como global (que pode ser simples ou complexo), local, ou irradiado, sendo certo que os dois últimos são marcados por elevada complexidade em vista do maior peso dos interesses pessoais dos indivíduos que compõem o grupo titular do direito. Uma vez realizada a classificação, a conduta do legitimado coletivo deverá estar condicionada à maior ou menor necessidade de garantir a participação ou a adequada representação dos interesses envolvidos. (VITORELLI, Edilson. *O devido processo legal coletivo:* dos direitos ao litígio coletivo, loc. cit.).
65. VITORELLI, Edilson. *O devido processo legal coletivo:* dos direitos ao litígio coletivo, loc. cit.
66. ARENHART, Sérgio Cruz; OSNA, Gustavo; JOBIM, Marco Félix, op. cit., p. 59 e ss.
67. VITORELLI, Edilson. *O devido processo legal coletivo:* dos direitos ao litígio coletivo, loc. cit.
68. ARENHART, Sérgio Cruz; OSNA, Gustavo; JOBIM, Marco Félix, op. cit., p. 68.
69. "[...] a conflituosidade nos litígios irradiados é elevada, porque os membros da sociedade são atingidos de modo significativo pelo litígio, mas de formas qualitativa e quantitativamente distintas, o

Essa controvérsia policêntrica e multifocal exige a adoção de uma solução que tenha, como ponto de partida, o balanceamento dos interesses imbricados[70].

Como defende Felipe Barreto Marçal[71], identificar a multiplicidade de interesses envolvidos é essencial ao adequado tratamento da questão, evitando-se uma decisão individual e imediatista que, ao invés de corrigir o sistema, acaba por piorá-lo, criando graves distorções[72].

Já a recomposição institucional remonta à ideia de que não basta a decisão judicial que reconheça a necessidade de reestruturação. Para que a intervenção seja efetiva, é preciso superar os entraves materiais e "readequar elementos em alguma medida consolidados ou arraigados no mundo dos fatos"[73].

Na prática, isso significa uma imersão do Poder Judiciário nas estruturas não visíveis; uma investigação nas "causas materiais do problema e o estabelecimento de alternativas idôneas para combater a sua origem"[74]. Essa atuação é essencialmente prospectiva, voltada para o futuro com vistas a mudar comportamentos continuados[75].

---

que gera propensão à formação de subgrupos, com interesses total ou parcialmente conflitantes." (VITORELLI, Edilson. *O devido processo legal coletivo:* dos direitos ao litígio coletivo, loc. cit.).

70. FERRARO, Marcella Pereira. *Do processo bipolar a um processo coletivo-estrutural*. 2015. Dissertação (Mestrado em Direito das Relações Sociais) – Faculdade de Direito, Universidade Federal do Paraná, Curitiba, 2015. p. 27-30). Sobre o ponto, veja-se o exemplo de Sérgio Cruz Arenhart, Gustavo Osna e Marco Félix Jobim: "O cenário pode ser percebido ao colocar-se em perspectiva questões de cariz ambiental que usualmente podem se inserir nesse campo. E isso porque, nessa espécie de debate, é usual que interesses legítimos e dinâmicos sejam trazidos à mesa. Questões como o desenvolvimento social ou econômico podem, por exemplo, assumir especial importância para a comunidade em circunstâncias nas quais são pleiteados provimentos como a cessação de atividades de uma empresa já instalada – dado o potencial desemprego que a ordem poderia ocasionar. Forma-se, com isso, um palco ambíguo, marcado por uma gama de interesses legítimos e potencialmente conflitantes". (ARENHART, Sérgio Cruz; OSNA, Gustavo; JOBIM, Marco Félix, op. cit., p. 78).

71. MARÇAL, Felipe Barreto. Processos estruturantes (multipolares, policêntricos ou multifocais): gerenciamento processual e modificação da estrutura judiciária. *Revista de Processo*, São Paulo, vol. 44, n. 289, p. 423-448, mar., 2019.

72. É o caso da situação envolvendo as ordens de matricular crianças em creches no Município de Campinas, recordado por Edilson Vitorelli ao tratar da necessidade de adoção de um modelo processual diferenciado para os litígios irradiados: "Há vários casos que exemplificam a necessidade de adoção de um novo modelo processual para os litígios irradiados. Por exemplo, apenas em 2014, o Município de Campinas matriculou em creches 3.068 crianças em cumprimento de determinações judiciais proferidas em ações individuais. Esses milhares de ordens são apenas a continuidade de um fenômeno que já dura anos, sendo registradas 1.692 liminares em 2013, 1.547 em 2012 e 1.742 em 2011. Em quatro anos, portanto, o Poder Judiciário do estado de São Paulo foi sobrecarregado com mais de 8 mil processos idênticos e proferiu decisões para que crianças fossem matriculadas em estabelecimentos educacionais, independentemente de avaliação das estruturas disponíveis. O resultado, ao final do período, é a superlotação das salas de aula e a redução da qualidade do serviço prestado". (VITORELLI, Edilson. *O devido processo legal coletivo:* dos direitos ao litígio coletivo, loc. cit.).

73. ARENHART, Sérgio Cruz; OSNA, Gustavo; JOBIM, Marco Félix, op. cit., p. 78.

74. Ibid., p. 85.

75. "Em resumo, por mais que em determinado momento se reconhecesse a ilegalidade do ato e fossem extraídas eventuais consequências dessa ilicitude (administrativa ou civilmente), a ausência de

Ainda que a necessidade de intervenção (re)estruturante surja de um ilícito, a ilicitude em si é irrelevante para o tratamento da questão, cujo foco é garantir o retorno ou o estabelecimento de um estado ideal de coisas[76]. Com efeito, o problema estrutural também pode ser vivenciado além da esfera pública e de suas políticas, bastando que esteja presente o estado inconforme de coisas que exige uma intervenção[77].

Nesse sentido, Edilson Vitorelli destaca que os processos estruturais também podem objetivar a mudança de comportamentos de estruturas privadas essenciais para a sociedade que as circundam – a exemplo das sociedades empresárias –, o que impede que sejam apenas substituídas ou eliminadas por outras de acordo com as regras do livre mercado. De fato, a depender da relevância de um ente privado para determinada comunidade, não é difícil imaginar que a sua presença pode ser mais importante para as pessoas do que a atuação do próprio Estado. Por essas razões, sancionar eventuais ilícitos praticados mediante a retirada de estruturas privadas do mercado pode não ser a melhor saída, exigindo-se, como alternativa mais adequada, a reestruturação de comportamentos futuros[78].

Em termos procedimentais, o processo estrutural é necessariamente bifásico: em um primeiro momento, há o reconhecimento judicial e a definição do problema estrutural a ser solucionado e, no segundo estágio, acontece a implementação de um programa de providências concretas, destinadas a efetivar a reestruturação almejada[79].

Fica claro, pois, que essa forma de atuar não se amolda à função tradicional da jurisdição, comumente chamada para resolver um conflito de forma retrospectiva entre dois sujeitos com interesses antagônicos e precisamente identificáveis. No processo estrutural, o papel jurisdicional é outro: parte-se da premissa de que a decisão judicial não basta e de que é preciso reestruturar prospectivamente determinado estado de coisas.

Nesse sentido, a decisão judicial é o primeiro marco do processo estrutural, que prossegue com o implemento de uma série de providências destinadas a garantir a reestruturação almejada. A identificação desse problema estrutural e de todas as suas nuances e reflexos exige do magistrado

---

enfrentamento prospectivo poderia fazer com que, pouco tempo após, o mesmo cenário voltasse a se repetir". (Ibid., p. 93).

76. DIDIER JR., Fredie; ZANETI JR., Hermes; OLIVEIRA, Rafael Alexandria de. Elementos para uma teoria do processo estrutural aplicada ao processo civil brasileiro. *Revista do Ministério Público do Estado do Rio de Janeiro*, Rio de Janeiro, n. 75, p. 101-136, jan./mar., 2020. p. 105.

77. MARÇAL, Felipe Barreto, loc. cit. No mesmo sentido, ver: DIDIER JR., Fredie; ZANETI JR., Hermes; OLIVEIRA, Rafael Alexandria de, loc. cit.

78. VITORELLI, Edilson. *Processo civil estrutural* – teoria e prática. 5. ed. rev., atual. e ampl. São Paulo: Juspodivm, 2024. p. 66.

79. DIDIER JR., Fredie; ZANETI JR., Hermes; OLIVEIRA, Rafael Alexandria de, op. cit., p. 116-117.

um engajamento que, aos olhos dos mais conservadores, pode ser entendido como um ativismo desnecessário e uma interferência desmedida em outras esferas federativas[80].

A nosso sentir, o processo de recuperação judicial também se caracteriza por ter como principal objetivo a reestruturação de um estado inconforme de coisas – a crise econômico-financeira da empresa viável –, impondo a adoção de uma solução global capaz de proteger os interesses dos credores (principalmente, daqueles que titulam verbas de natureza alimentar), do devedor e da própria sociedade[81]. Aliás, é precisamente esse o motivo que levou à criação de um sistema de tratamento da insolvência.

Considerando-se que os efeitos deletérios que assolam o patrimônio do devedor se estendem a todos que gravitam no seu entorno, é possível dizer que o tratamento adequado da insolvência tem três principais objetivos: (i) preservar ou aumentar o valor da empresa, garantindo a sua manutenção, ainda que nas mãos de outros empresários, (ii) internalizar e repartir os custos decorrentes do fracasso com aqueles que negociam com o devedor, distribuindo valores de acordo com as regras legais aplicáveis, e (iii) criar confiança na sociedade em formas de monitoramento e solução de situações de crise[82].

Com a formação de um ambiente controlado, evitam-se distorções materiais que, certamente, viriam a ocorrer caso os credores pudessem buscar individualmente a satisfação preferencial de suas pretensões, bem como a perda de valor agregado da empresa, cuja manutenção interessa a toda sociedade.

Tendo em conta esse enfoque, é certo que os objetivos almejados com o processamento da recuperação judicial não se confundem com a clássica função jurisdicional de pacificação do conflito. O objetivo do procedimento é claramente prospectivo: pretende-se chegar a uma solução (o plano de recuperação judicial) capaz de reestruturar adequadamente as obrigações do devedor, proporcionando, a um só tempo, o cumprimento das obrigações e a conservação do valor agregado da empresa.

---

80. Sobre a crítica envolvendo a ampliação da função jurisdicional e os alegados limites impostos pelo pacto federalista norte-americano, consultar: CHAYES, Abram. The Role of the Judge in Public Law Litigation. *Harvard Law Review*, Massachusetts, EUA, vol. 89, p. 1281-1316, maio, 1976.

81. Essa também é a percepção de Sérgio Arenhart, Gustavo Osna e Marco Félix Jobim, os quais afirmam que os procedimentos de recuperação judicial e falência apresentam desafios que podem ser comparados àqueles presentes nos processos estruturais. (ARENHART, Sérgio Cruz; OSNA, Gustavo; JOBIM, Marco Félix. *Curso de Processo Estrutural*. São Paulo: Thomson Reuters, 2021. p. 37).

82. Embora referindo-se ao sistema norte-americano, Elisabeth Warren adota esses mesmos parâmetros para sintetizar as funções do sistema norte-americano, os quais, a nosso sentir, também se aplicam aos objetivos do sistema brasileiro de insolvência. (WARREN, Elisabeth. Bankruptcy Policymaking in an Imperfect World. *Michigan Law Review*, Michigan, EUA, v. 92, n. 2, p. 336-387, 1993).

Assim como ocorre nas ações coletivas que têm como objeto um problema estrutural, eventual ilicitude é irrelevante para o tratamento adequado da questão, pois o principal foco do processo recuperacional não é atribuir ao devedor a responsabilidade pela crise (ainda que isso seja possível na forma da lei, perante outras esferas), mas comportar os múltiplos interesses em uma solução global que beneficie a coletividade[83].

Portanto, o que justifica o ajuizamento do pedido de recuperação judicial é a necessidade de buscar uma solução para a crise, independentemente de ela decorrer de ato ilícito do devedor ou de litígio acirrado entre duas partes precisamente identificadas[84].

O processo de recuperação judicial também apresenta duas fases bastante delineadas: a primeira, de natureza postulatória e deliberativa, é seguida de um segundo momento, de cumprimento e fiscalização do plano. Deferido o processamento do pedido, os atos executórios contra o patrimônio do devedor são imediatamente suspensos. Com isso, permite-se a formação de um ambiente deliberativo, no qual o devedor deverá buscar os seus credores para tratar dos termos e das condições de pagamento, que serão propostas no plano de recuperação judicial, a ser submetido à deliberação e à aprovação pela assembleia. É na primeira fase que se iniciam, com a publicação do edital de que trata o art. 7º da LREF, os procedimentos de verificação e habilitação dos créditos.

Uma vez deliberado, aprovado e homologado o plano de recuperação judicial, inicia-se a fase de cumprimento das obrigações, ficando o devedor submetido à fiscalização do juízo, do administrador judicial, do Ministério Público e dos próprios credores. Ressalvada a possibilidade de novas deliberações em caso de alteração das condições que atestavam a viabilidade econômica do plano, o seu descumprimento importará imediata convolação da recuperação judicial em falência[85].

Nessa ordem de ideias, assim como os processos estruturais que se iniciam com uma decisão judicial que determina o implemento de uma série de providências destinadas a garantir a reestruturação almejada, a concessão

---

83. BATISTA, Felipe Vieira. *A recuperação judicial como processo coletivo*. 2021. Dissertação (Mestrado em Direito) – Faculdade de Direito, Universidade Federal da Bahia, Salvador, 2021. p. 119.

84. "As crises econômicas, financeiras e patrimoniais são mais preocupantes, na medida em que podem representar a inadimplência e o aumento do risco dos credores, bem como a redução de empregos. Em outras palavras, elas podem prejudicar empregados, credores, comunidade e fisco que estão ligados à atividade desempenhada, não afetando apenas o próprio empresário. Em razão disso, há uma grande preocupação tanto do mercado quanto do Estado, havendo inclusive uma série de respostas colocadas à disposição pelo nosso ordenamento jurídico." (TOMAZZETE, Marlon. *Curso de direito empresarial*: Falência e recuperação de empresas. 5. ed. São Paulo: Atlas, 2017. v. 3, p. 36).

85. SACRAMONE, Marcelo Barbosa. *Comentários à Lei de Recuperação de Empresas e Falência*. 2. ed. São Paulo: Saraiva, 2021. p. 347.

da recuperação judicial é o primeiro marco do processo de superação do estado de crise, que prossegue sob a vigília judicial até que sejam cumpridas todas as obrigações previstas no plano que vencerem em até, no máximo, dois anos (cf. art. 61 da LREF).

Nesse espaço, é natural que exista um desalinhamento entre os interesses do devedor e dos credores e os interesses dos credores entre si, do que se constata que a recuperação judicial também é um processo multipolar. Afinal, considerando-se a posição, as garantias e os privilégios de cada um, bem como o quanto efetivamente dependem da manutenção da atividade empresarial deficitária, pressupõe-se que a crise afetará cada um à sua maneira[86].

Diante da coexistência de diversas zonas de interesse em um mesmo ambiente de negociação[87], o juiz assume um papel catalisador[88], sendo chamado para decidir não apenas questões referentes à validade do processo (a exemplo da análise dos aspectos formais do plano e da formação da decisão assemblear[89]), mas aquelas relacionadas aos impactos do estado de crise e à adoção de medidas afetas ao funcionamento da empresa e à viabilidade econômica do plano[90].

Por todas essas características, a crise econômico-financeira do devedor, ao atingir diversas esferas de direitos de formas distintas, deve ser compreendida como uma lesão coletiva e estrutural[91], para a qual o ordenamento prevê um procedimento próprio em vista das peculiaridades da situação e da relevância social e econômica da recuperação da empresa.

---

86. "[...] com interesses assim potencialmente contraditórios, não se pode esperar um alinhamento natural e voluntário, especialmente em função dos altíssimos custos de transação para sua organização e a ausência de incentivos para que um ou alguns deles assumam a função de coordenadores (como procuradores dos demais, por exemplo)." (SOUZA JÚNIOR, Francisco Satiro de. Autonomia dos credores na aprovação do plano de recuperação judicial. *In*: CASTRO, Rodrigo R. Monteiro; WARDE JÚNIOR, Walfrido Jorge; TAVARES GUERREIRO, Carolina Dias (Coord.). *Direito empresarial e outros estudos em homenagem ao Professor José Alexandre Tavares Guerreiro*. São Paulo: Quartier Latin, 2013. p. 107).

87. Embora referindo-se à falência, o fenômeno foi percebido por Antonio do Passo Cabral: "Certamente é nos procedimentos concursais que vemos a maior quantidade de interesses que simultaneamente podem se mostrar contrapostos e comuns. É que, de um lado, o grupo tem o objetivo comum de obter a satisfação de seus interesses pelo adversário. Porém, ao mesmo tempo, como a consecução de seus interesses se dá pela comunhão de uma massa única de bens, à qual só podem acessar na ordem dos créditos e de acordo com as preferências legais, existem evidentes interesses contrapostos". (CABRAL, Antonio do Passo. Despolarização do processo e zonas de interesse: sobre a migração entre polos da demanda. *Revista Forense*, São Paulo, n. 404, ago. 2009, p. 21).

88. BATISTA, Felipe Vieira, op. cit., p. 122.

89. SACRAMONE, Marcelo, op. cit., p 333.

90. A título de exemplo, mencionam-se pedidos de proteção de bens essenciais à manutenção das atividades (art. 6º, §§ 7-A e 7-B), de autorização para alienação do ativo permanente (art. 66) e de efetivação dos meios de recuperação (art. 60).

91. Nesse sentido também é a conclusão de Felipe Vieira Batista (BATISTA, Felipe Vieira, op. cit., p. 105 *et seq.) e de Edilson Vitorelli* (VITORELLI, Edilson. *Processo civil estrutural* – teoria e prática. 5. ed. rev., atual. e ampl. São Paulo: Juspodivm, 2024. p. 66).

Compreender esse enfoque é bastante relevante para assimilar o papel que o juízo da recuperação judicial assume na gestão do processo e, consequentemente, em que medida deve ser reconhecida a sua competência para conhecer de questões que vão além da validade do processo e da homologação e da fiscalização do cumprimento do plano.

1.3. A RECUPERAÇÃO JUDICIAL COMO ESPÉCIE DE PROCESSO CONCURSAL

Como visto até aqui, com fundamento na função social da empresa, a LREF tem como princípio basilar a proteção do interesse social e coletivo na manutenção da fonte produtora organizada. Esse interesse coletivo, contudo, não afasta o interesse pessoal do devedor em reorganizar a atividade e modificar as suas obrigações e, com isso, seguir na administração do negócio que outrora tenha enfrentado dificuldades.

O direito à modificação das obrigações é pessoal do devedor e não se confunde com o interesse coletivo de continuidade da empresa. Ainda que o pedido de recuperação judicial venha a ser indeferido ou convolado em falência na hipótese de descumprimento das obrigações novadas na forma do plano, subsistirá o interesse coletivo de conservação da empresa, a ser conduzida por outro empresário[92].

O interesse coletivo de manutenção da empresa também não se confunde com o interesse dos credores em satisfazer os seus créditos, em proteção ao direito de propriedade e às suas próprias fontes produtoras. Como bem destacado por Douglas Ribeiro Neves, "os credores também titulam, na maioria das vezes, organizações produtivas, merecedoras, portanto, de igual proteção. Mesmo os credores trabalhistas merecem proteção (embora não titulem nenhuma empresa), para que não continuem entregando sua força de trabalho sem receber a remuneração acordada"[93].

Nesse sentido, ao lado da compreensão da recuperação judicial como um processo de natureza coletiva e estruturante destinada a viabilizar a superação do estado de crise da empresa viável, há uma segunda forma de compreender a natureza do processo recuperacional, precisamente sob o prisma da esfera jurídica do devedor e dos seus credores, que são automaticamente reunidos perante um mesmo juízo. Sob esse aspecto, de viés patrimonial, a doutrina diverge sobre uma característica importante da recuperação judicial: se haveria ou não a instauração de um *concurso de credores*.

92. NEVES, Douglas Ribeiro. *Limites do controle jurisdicional na recuperação judicial*. 2015. Tese (Doutorado em Direito Processual) – Faculdade de Direito, Universidade de São Paulo, São Paulo, 2015. p. 23-24.

93. Ibid., p. 25.

De forma ampla, há concurso (no sentido clássico de *concorrência*) se contra um mesmo patrimônio de um devedor comum dirigem-se dois ou mais credores. Sendo o patrimônio insuficiente para a satisfação dos créditos que concorrem, a hipótese é de instauração de um *concurso de credores*.

Já o devedor expõe-se com todos os bens que possui, sujeitando-se da mesma forma caso todos os credores tenham intentado as suas respectivas ações executivas[94]. Como não há (ao menos aparentemente) bens suficientes para a satisfação de todos os credores, reuni-los é a forma mais adequada de buscar o melhor caminho de satisfação dos débitos, em tanto quanto for possível, em verdadeira *socialização* do prejuízo[95].

Assim, a formação do concurso de credores, reunidos em um único juízo, decorre da necessidade de aplicação de um tratamento equânime aos credores do devedor comum, sob o princípio basilar da *par condicio creditorum*[96]. O concurso de credores é, pois, processo de execução[97].

Portanto, do ponto de vista dos credores, a concursalidade pressupõe reconhecer que a crise da empresa e a insatisfação dos créditos deve ser tratada de forma conjunta e uniforme, respeitada a ordem de classificação dos créditos – restando claro que, por *paridade*, se entende a necessidade de tratar igualmente os credores que integram a mesma classe[98].

---

94. MIRANDA, Pontes de. *Concurso de credores em geral*: privilégios, concurso de credores civil. Atualizado por Manoel Justino Bezerra Filho. São Paulo: Editora Revista dos Tribunais, 2012. Coleção Tratado de Direito Privado: parte especial, tomo XXVII, p. 91.

95. DEZEM, Renata Mota Maciel Madeira. *A universalidade do juízo da recuperação judicial.* São Paulo: Quartier Latin, 2017. p. 54.

96. "[...] pode ocorrer que [...] sejam vários os credores insatisfeitos pelo não pagamento de seus créditos pelo devedor, ou que este não esteja em condições de atendê-los todos. A falta de pagamento suponhamos que derive da circunstância de o devedor estar arruinado, isto é, sem condições patrimoniais e de crédito para pagar ou assegurar o pagamento, impõe um tratamento coletivo da situação. O Direito exige, então, que todos os credores sejam tratados nas mesmas condições de igualdade, tendo em vista a categoria de seus créditos, princípio que se traduz na antiga fórmula romana *par condicio creditorum.*" (REQUIÃO, Rubens. *Curso de direito falimentar*. 15. ed., v. 1. São Paulo: Saraiva, 1993. p. 2). "De inspiração romana, a *par conditio creditorum* se traduz no tratamento igualitário a ser dispensado a todos os credores, em caso de insolvência do devedor. Abre-se, para tanto, um concurso entre os créditos, sustentados pelos titulares de situações creditícias, cuja concorrência, *a priori*, observa o critério de igualdade (art. 957 do Código Civil), legitimado por princípio constitucional próprio (art. 5º, *caput*, da Constituição da República)." (BUCAR, Daniel. *Superendividamento*: reabilitação patrimonial da pessoa humana. São Paulo: Saraiva, 2017. p. 66).

97. Mesmo que iniciado pelo devedor, o concurso de credores não perde o caráter de execução forçada. (MIRANDA, Pontes de, op. cit., p. 104-105).

98. Sobre o ponto, Fabio Ulhoa Coelho pontua que a existência de créditos preferenciais demonstra que, na verdade, não há tratamento igualitário entre os credores, mas hierarquização, o que está em linha com o princípio constitucional da igualdade, que não veda toda e qualquer diferenciação: "Deste modo, o princípio do tratamento paritário dos credores, no âmbito da falência, viabiliza-se por meio da hierarquização dos créditos; o que equivale à hierarquização dos próprios credores. Esta hierarquização é feita em função de diversos valores (hipossuficiência dos trabalhadores, eficiência econômica da garantia etc.) tão caros ao direito quanto o que fundamenta a *par condicio creditorum*. Em resumo, o princípio do tratamento paritário dos credores, na falência, não implica nunca o

Já do ponto de vista do devedor, isso significa que todos os seus bens servirão ao pagamento dos débitos. Tratando-se de devedor empresário, não há dúvidas de que o processo falimentar, cujo principal objetivo é a liquidação do ativo para o pagamento do passivo[99], possui natureza concursal.

Nessa ordem de ideias, considerando-se que a recuperação judicial carece dessa finalidade propriamente executiva, cumpre indagar se há a formação de um concurso universal no processo recuperacional. Aqueles que defendem a sua ausência sustentam que os credores não concorrem pelos bens do devedor comum, que segue na administração da empresa e na gestão de seus ativos, incólumes aos atos de arrecadação e execução forçada que ocorrem na falência. Sustentam, ainda, não haver *par condicio creditorum* na recuperação judicial.

Diferentemente da opção legislativa para o processo falimentar, que impõe as classes em que os credores serão alocados para fins de pagamento (cf. art. 83 da LREF), na recuperação judicial, optou-se por não fixar critérios igualmente rígidos de pagamento, muito embora algumas normas estabeleçam garantias para determinados grupos de credores[100].

Há, ainda, credores não submetidos aos efeitos do plano e que podem, em tese, expropriar o patrimônio do devedor ao tempo da recuperação judicial para satisfação de seus débitos. Nesse sentido, diferentemente da falência, não haveria igualdade de condições em relação aos bens do devedor comum, uma vez que, na recuperação judicial, não há arrecadação e realização do ativo para satisfação dos débitos, observadas as preferências legais[101].

A questão é que, consoante muito bem apontado por Renata Dezem, o viés liquidatório não deve ser o único critério para definir se há concursalidade na recuperação judicial[102]. Fosse esse o único critério, a que título

---

tratamento igualitário de todos os credores. Nem poderia implicar, porque a isto equivaleria tratar, por exemplo, como iguais o trabalhador que não recebeu salário e o banco titular de uma duplicata descontada". (COELHO, Fabio Ulhoa. O credor colaborativo na recuperação judicial. *In*: TOLEDO, Paulo Fernando Campos Salles de; SATIRO, Francisco. *Direito das Empresas em Crise*: problemas e soluções. São Paulo: Quartier Latin, 2012. p. 104-105).

99. Fazemos essa afirmativa sem descurar-nos dos consentâneos objetivos da falência regulamentada pela Lei nº 11.101/2005, em especial, após a reforma operada pela Lei nº 14.112/2020. Como dito acima, a nova redação do art. 75 da Lei nº 11.101/2005 permite concluir que o princípio da preservação da empresa também se manifesta na falência, incentivando-se a rápida liquidação das empresas inviáveis e a realocação de seus recursos na economia.

100. A exemplo da regra do art. 54 da LREF, segundo a qual o plano não poderá prever prazo superior a 1 (um) ano para pagamento dos créditos derivados da legislação do trabalho ou decorrentes de acidentes de trabalho vencidos até a data do pedido de recuperação judicial, ressalvada a hipótese do § 2º do mesmo artigo.

101. Fabio Ulhoa Coelho afirma que "a recuperação judicial não é execução concursal e, por isso, não se sobrepõe às execuções individuais em curso". (COELHO, Fábio Ulhoa. *Comentários à Lei de Falências e de Recuperação de Empresas*. 14. ed., rev., atual. e ampl. São Paulo: Thomson Reuters, 2021. p. 66).

102. DEZEM, Renata Mota Maciel Madeira, op. cit., p. 200.

e com qual finalidade, então, os credores submetidos aos efeitos do plano (observados os fatos geradores das obrigações e as exceções legalmente previstas) seriam reunidos em um mesmo juízo a partir do deferimento do processamento de recuperação judicial?

Uma vez deferido o processamento do pedido, o devedor comum e seus credores passam a estar reunidos no juízo da recuperação judicial, sendo certo que, por força do art. 49, *caput,* da LREF, a eles não é facultado escolher quanto à submissão à recuperação judicial. De acordo com a sistemática da LREF, a função do processo recuperacional é majoritariamente (re)organizacional e seu sucesso depende da confluência dos interesses dos credores, muitas vezes, heterogêneos entre si e conflitantes com os do devedor[103].

Enquanto, na falência, a suspensão das execuções individuais contra o devedor justifica-se pela irracionalidade na manutenção concomitante de duas medidas judiciais satisfativas (a execução coletiva, de natureza concursal propriamente dita, e a individual), na recuperação judicial, a suspensão das execuções encontra fundamento diverso: é preciso interromper a corrida individual pelos bens do devedor tanto para que este retome o fôlego necessário à manutenção de sua atividade[104] quanto para que os credores cooperem na busca de uma solução que venha a ser acatada pela maioria[105].

Por conseguinte, a reunião dos credores em um único juízo, por iniciativa do devedor[106] e sem a possibilidade de oposição por parte dos credores e/ou prosseguimento de suas ações individuais, impõe a construção de um

---

103. "De modo a permitir a formação de uma vontade dos credores, estes são reunidos em um órgão deliberativo, a Assembleia Geral de Credores. A reunião dos credores na formação de um órgão deliberativo ocorre em razão de possibilitar a manifestação, por meio do voto, do interesse de cada qual. Não há, entretanto, ao contrário das sociedades, uma comunhão de interesses entre os credores de forma análoga ao existente com os sócios ou acionistas. Não há um interesse comum, decorrente da comunhão de interesses, porque os credores não tinham prévio relacionamento entre si, nem dispuseram, voluntária e previamente, que deveriam votar ou se manifestar conforme determinado interesse ou específico propósito comum. A circunstância de serem reunidos num conclave foi determinada pela própria Lei como forma de se verificar simplesmente a maioria de voto desses em AGC." (SACRAMONE, Marcelo Barbosa. *Comentários à lei de recuperação de empresas e falência*. 2. ed., São Paulo: Saraiva, 2021. p. 197).

104. COELHO, Fábio Ulhoa, loc. cit.

105. "É ciente da dificuldade de organização dos credores de modo espontâneo em torno de uma solução coletiva mais eficiente para a empresa em crise que o Estado intervêm através da Lei para criar um ambiente propício à negociação do devedor com credores, impedindo o natural comportamento individual oportunista destes últimos. Para isso a recuperação judicial, na Lei 11.101/2005, (i) suspende as execuções individuais dos credores a partir do deferimento; e (ii) alinha todos os credores sujeitos em classes que englobam créditos de naturezas assemelhadas para que, por maioria, decidam pela aprovação ou não do plano." (SOUZA JÚNIOR, Francisco Satiro de. O "dinheiro novo" como elemento de interpretação do conceito de "crédito existente" na recuperação judicial. *In*: WAISBERG, Ivo; RIBEIRO, José Horácio Halfeld Ribeiro (Coord.). *Temas de direito da insolvência*. São Paulo: IASP, 2017. p. 267).

106. Primordialmente, a tentativa de recuperação depende da iniciativa do próprio devedor de apresentar o pedido, defendendo, com base na documentação que o instrui (art. 51 da LREF), o cabimento do pedido (em atenção aos requisitos do art. 48 da LREF) e a viabilidade da empresa.

ambiente cooperativo e propício à negociação, que, se bem sucedido, culminará na aprovação e na homologação do plano de recuperação judicial[107].

Ainda que não exista uma pretensão liquidatória na formação desse ambiente institucionalizado, é relevante notar que o processamento da recuperação judicial altera os direitos subjetivos dos credores, na medida em que os vínculos obrigacionais que lastreiam os créditos concursais passam a estar sujeitos a modificações não a partir da vontade individual de cada um dos contratantes (como seria antes do processamento da recuperação judicial), mas da deliberação da maioria dos credores reunidos em cada classe[108].

Nem mesmo a ausência de critérios rígidos e preestabelecidos de pagamento afastaria o tratamento paritário na recuperação judicial. A solução encontrada pelos credores, materializada na forma do plano a ser aprovado, necessariamente significará a alocação e a classificação dos credores segundo as peculiaridades das medidas necessárias ao soerguimento da empresa, cabendo ao plano, com base em critérios justificáveis, estabelecer valores, condições e prazos de pagamentos. Os critérios serão adequados tanto quanto sejam capazes de possibilitar, ao tempo em que as obrigações do plano são cumpridas, a superação do estado de crise econômico-financeira do devedor com a manutenção da fonte produtora e dos postos de trabalho[109].

A partir dessas considerações, é factível sustentar que há uma espécie de concursalidade na recuperação judicial se tal concursalidade for compreendida além do caráter liquidatório do procedimento para assumir uma feição colaborativa, isto é, uma reunião de esforços em busca de um resultado que a todos interessa: a superação do estado de crise, salvo se o decreto de quebra for a melhor opção para os envolvidos[110].

Nessa ordem de ideias, diferentemente do que ocorre na falência – em que o concurso se destina, majoritariamente, à arrecadação do ativo e ao pa-

---

107. A bem da verdade, a necessidade de confluência dos interesses envolvidos espraia-se para fora dos limites da recuperação judicial, atingindo relações jurídicas que, em tese, não deveriam ser afetadas pelo processo de superação do estado de crise (essa questão, por integrar o cerne deste livro, é retomada mais à frente).

108. "[...] Note-se com isso que para que a intervenção tenha efeito, alguns dos direitos subjetivos individuais dos credores são restringidos ou alterados. O credor passa a não poder mais executar individualmente o devedor e os vínculos obrigacionais que dão base aos créditos passam a submeter-se a mudanças não a partir de uma manifestação individual de cada parte contratante, mas da deliberação da maioria dos credores de classe semelhante." (SOUZA JÚNIOR, Francisco Satiro de, loc. cit.).

109. COELHO, Fabio Ulhoa. O credor colaborativo na recuperação judicial. *In*: TOLEDO, Paulo Fernando Campos Salles de; SATIRO, Francisco. *Direito das Empresas em Crise*: problemas e soluções. São Paulo: Quartier Latin, 2012. p.110.

110. Nesse sentido são as conclusões de Renata Mota Maciel Madeira Dezem ao afirmar que "cooperação para obtenção de um resultado também constitui concurso, ainda que não nos mesmos moldes do concurso entendido como concorrência entre credores". (DEZEM, Renata Mota Maciel Madeira, op. cit., p. 204).

gamento dos credores, observada a ordem legal de classificação dos créditos, pressupondo um cenário de inadimplemento generalizado do devedor –, na recuperação judicial, há a formação de um concurso cooperativo em vista da necessidade de sopesamento dos múltiplos interesses envolvidos. Tem-se a intenção de viabilizar, a um só tempo, a superação do estado de crise da empresa viável e a satisfação dos credores em condições que garantam um tratamento equânime na medida da igualdade de cada um dos grupos submetidos aos efeitos do plano.

Reconhecer que o processo de recuperação judicial é uma espécie de concurso cooperativo permitirá, mais à frente, compreender a extensão da competência do juízo recuperacional, especialmente diante da cognição de outros juízos sobre as mais diversas relações jurídicas do devedor.

1.4. A ATRIBUIÇÃO DE COMPETÊNCIAS NO PROCESSO DE RECUPERAÇÃO JUDICIAL CONFORME A LREF

1.4.1. Noções gerais sobre jurisdição e competência

Em sentido amplo, *poder* é a atribuição dada a alguém para fazer, ordenar ou impedir que se faça algo. Os poderes, historicamente exercidos, no seio estatal, por meio da força e da dominação (*poder-violência*), vão transladando-se do plano da força bruta para o plano do direito e da ética[111].

Com isso, o poder passa a ser paulatinamente exercido sem violência e a estar balizado pelo direito, que alcança a sua supremacia através do poder. Nessa ordem de ideias, hoje, o que legitima o poder do Estado no cumprimento de suas funções (legislativa, administrativa e jurisdicional) é a norma jurídica, que o confere a cada um dos seus órgãos.

Ao exercer jurisdição, afirma-se, tradicionalmente, que o Estado tem o objetivo de "atuar a vontade do direito material". Nesse sentido, jurisdição seria "a função do Estado, destinada à solução imperativa de conflitos e exercida mediante a atuação da vontade do direito em casos concretos"[112].

Note-se que esse conceito parte da premissa de que a atividade jurisdicional sempre pressuporá a existência de um conflito com vistas a substituir

111. Conforme citado por Leonardo Carneiro da Cunha, o fenômeno é denominado por Miguel Reale de "jurisfação do poder", a significar "a translação contínua do poder do plano da força bruta para o plano do direito e da ética". (CUNHA, Leonardo José Carneiro da. *Jurisdição e competência*. 2. ed. São Paulo: Revista dos Tribunais, 2013. p. 41).

112. Conforme aponta Cândido Rangel Dinamarco, "a jurisdição situa-se, juntamente com a legislação, entre as atividades jurídicas do Estado. É uma atividade ligada essencialmente à atuação jurídica, enquanto a legislação se destina à produção jurídica". (DINAMARCO, Cândido Rangel. *Instituições de direito processual civil*. 6. ed. São Paulo: Malheiros Editores, 2009. v. I, p. 317).

a atividade das pessoas envolvidas[113]. Na sociedade atual, contudo, o conceito é insuficiente para compreender todas as hipóteses em que há efetiva atividade jurisdicional, sendo relevante à presente obra abordar, ainda que brevemente, a concepção contemporânea de *jurisdição*.

Em primeiro lugar, há jurisdição fora do Estado, por tribunais supranacionais (Corte da União Europeia), por agentes privados (árbitros investidos pelas partes)[114] e por autoridades indígenas (jurisdição paraestatal)[115]. Para fins de jurisdição, o que se revela realmente indispensável é que a tutela de interesses seja feita por um terceiro indiferente, que assume posição de alheação em relação ao interesse que lhe incumbe julgar[116].

Rodolfo Mancuso afirma que, em sentido contemporâneo, a *jurisdição* também se desvencilhou da acepção de "declarar o direito". Segundo o autor, "o simples dizer o direito é muito pouco para que se tenha por atendido o poder-dever de composição justa, efetiva, tempestiva e duradoura do conflito, a que faz jus aquele cuja situação é tutelada pela ordem normativa ou ao menos é com ela compatível"[117]. Quer dizer, a concepção tradicional de que o escopo da jurisdição seria buscar a atuação da vontade concreta da lei deixou de ser suficiente, pois essa busca pela norma legal aplicável é apenas o meio para se tutelar interesses subjetivos[118].

Consoante bem colocado por Antonio do Passo Cabral, a prestação jurisdicional assume, também, uma atuação prospectiva[119], estimulando comportamentos esperados, fomentando debates, realizando consultas (como consectário lógico do princípio da segurança jurídica[120]) e prevenindo invalidades[121]. Desse modo, além de ter se desligado do monopólio do Estado, ultrapassando a ideia de substitutividade e a acepção de declarar o direito, a *jurisdição* pode ser compreendida hoje independentemente da existência de

113. Ibid., p. 315-316.

114. DIDIER JR., Fredie. Curso de direito processual civil: introdução ao direito processual civil, parte geral e processo de conhecimento. 23. ed. São Paulo: Juspodivm, 2021. p. 230-231.

115. (i) CABRAL, Antonio do Passo. Per un nuovo concetto di giurisdizione. *In*: BRIGUGLIO, Antonio; MARTINO, Roberto; PANZAROLA, Andrea; SASSANI, Bruno (org.). *Scritti in onore di Nicola Picardi*. Pisa (Itália): Pacini Giuridica, 2016. Tomo 1, p. 366; (ii) GONÇALVES, Marcelo Barbi. *Teoria Geral da Jurisdição*. São Paulo: Juspodivm, 2020. p. 122.

116. GONÇALVES, Marcelo Barbi, op. cit., p. 427.

117. MANCUSO, Rodolfo de Camargo. A resolução dos conflitos e a função judicial no contemporâneo Estado de Direito (nota introdutória). *Revista de Processo*, São Paulo, v. 888, p. 9-36, out., 2009.

118. GONÇALVES, Marcelo Barbi, op. cit., p. 426.

119. CABRAL, Antonio do Passo. Per un nuovo concetto di giurisdizione, op. cit., p. 369.

120. GONÇALVES, Marcelo Barbi, op. cit., p. 591.

121. CABRAL, op. cit., p. 368. No mesmo sentido, Marcelo Barbi Gonçalves destaca ser necessário "romper com o modelo de jurisdição reativa, no qual o juiz age apenas após a ocorrência do fato litigioso, em prol de um modelo preventivo de judicatura". (GONÇALVES, Marcelo Barbi, op. cit., p. 590).

uma lide subjacente e para além de uma atividade sancionatória de condutas, de cunho retrospectivo, fugindo, portanto, de seu conceito tradicional.

Em todas essas situações, a jurisdição busca atender a determinada expectativa de incidência normativa do jurisdicionado[122], concebida a partir do que se pode esperar e projetar com base nos atos praticados no passado, considerando-se que a ordem jurídica deve ser coesa e coerente, gerando confiabilidade e previsibilidade (segurança jurídica)[123].

De modo mais amplo e buscando atender às concepções contemporâneas da prestação jurisdicional, *jurisdição* é a tutela de interesses exercida por um terceiro, necessariamente indiferente ao processo, cuja finalidade consiste em satisfazer as expectativas de incidência normativa dos indivíduos[124]. Concluído esse gancho, passamos a compreender a racionalização do exercício da jurisdição pelo Estado, que é a única possível para o tratamento da insolvabilidade do devedor.

Muito embora todos os juízes sejam investidos de jurisdição, as atividades jurisdicionais são distribuídas entre os vários órgãos por meio das regras de competência. Na estrutura do Poder Judiciário, a competência é o conjunto de poderes funcionais[125] atribuídos aos órgãos judiciários por lei ou regulamento. Competência não é exatamente, portanto, "parcela ou medida de jurisdição"[126], porque, como visto acima, o exercício da jurisdição é atribuição de todos os órgãos. As regras de competência são, em verdade, um limite imposto ao exercício do poder jurisdicional.

Nesse sentido, embora todos os órgãos judiciários possuam poderes jurisdicionais, estes podem ser exercidos com ou sem legitimidade, cabendo às regras de competência distribuir a atividade jurisdicional, conferindo a

---

122. Em obra sobre a possibilidade de aplicação das normas ainda no período de *vacatio legis*, Antonio do Passo Cabral adota o critério de expectativa de incidência da norma como o mais adequado para aferir o peso de sua pré-eficácia interpretativa, a qual deve ser verificada por diversos fatores, a exemplo da (in)existência de ação de controle abstrato da constitucionalidade ajuizada no período de *vacatio* e a (in)existência de projetos de lei que possam ab-rogar ou derrogar a norma. (CABRAL, Antonio do Passo. Pré-eficácia das normas e a aplicação do código de processo civil de 2015 ainda no período de *vacatio legis*. *Revista de Processo*, São Paulo, vol. 246, p. 335-345, ago., 2015).

123. CABRAL, Antonio do Passo. *Segurança jurídica e regras de transição nos processos judicial e administrativo:* introdução ao art. 23 da LINDB. São Paulo: Juspodivm, 2020. p. 46-47.

124. GONÇALVES, Marcelo Barbi, op. cit., p. 365 e 376.

125. "Realmente, o conceito de função supõe a existência de um órgão e seu sistema. Daí se afirmar que a função consiste na relação de um elemento dentro de um todo mais amplo. A noção de função indica, portanto, existência de um conjunto de atividades e 'papéis' exercidos por órgãos, a fim de atender a necessidades específicas". (CUNHA, Leonardo Carneiro da, *Jurisdição e Competência*, op. cit., p. 43).

126. LIEBMAN, Enrico Tullio, *Manual de direito processual civil*. 3 ed. Tradução e notas de Cândido R. Dinamarco. São Paulo: Malheiros, 2005. p. 81.

cada órgão uma aptidão de cunho específico, que "supõe uma relação entre o sujeito e o conteúdo concreto do ato"[127].

A competência jurisdicional é, nesse sentido, uma legitimidade[128]: a possibilidade do exercício do poder jurisdicional diante do caso em concreto. Assim, ao tempo em que as regras de competência atribuem poderes ao órgão jurisdicional, impõem limites à sua atuação, que somente será válida dentro da investidura dos poderes que lhe foram conferidos pela lei ou regulamento, diante do objeto, da pessoa e das funções exercidas[129].

Como aponta Cândido Rangel Dinamarco, a distribuição da atividade jurisdicional pelas regras de competência justifica-se em razão da existência de um universo de causas a processar, dotadas de elementos que as distinguem e permitem o seu agrupamento em categorias, e pelo fato de as causas comportarem exame em mais de um grau de jurisdição.

Considerando os variados segmentos de causas e os diferentes graus de jurisdição, o Estado reparte as suas funções jurisdicionais entre os diversos órgãos que compõem a chamada *estrutura judiciária*. A jurisdição é repartida entre esses inúmeros órgãos não apenas com base em critérios funcionais, como também em razão da matéria, do território, da pessoa e do valor envolvido[130], sempre em função dos elementos da demanda (partes, causa de pedir e pedido)[131].

---

127. CUNHA, Leonardo Carneiro da, *Jurisdição e Competência*, op. cit., p. 35.

128. O conceito de competência mais se aproxima da noção de legitimidade do que de capacidade. A capacidade consiste na aptidão genérica conferida às pessoas (e também a alguns entes despersonalizados) para a prática de atos jurídicos, tendo, portanto, cunho subjetivo. A capacidade é sempre plena, não podendo ser limitada (sujeito é capaz ou incapaz). Já a legitimidade é uma qualidade que se agrega ao poder, justificando o seu exercício. Assim, a legitimidade, diferentemente da capacidade, é essencialmente limitada por depender da situação jurídica do sujeito em relação a um objeto. E, nesse sentido, a competência, como sendo uma legitimidade, limita o poder ou a capacidade do órgão jurisdicional. (Ibid., p. 31-36).

129. Ibid., p. 43. No mesmo sentido é o entendimento de Antonio do Passo Cabral: CABRAL, Antonio do Passo. *Juiz natural e eficiência processual:* flexibilização, delegação e coordenação de competências no processo civil. São Paulo: Thomson Reuters, 2021. p. 130-134.

130. São diversos os critérios adotados para definir a competência, tais como a matéria, a função ou a hierarquia. A competência será material se fixada em função da matéria, como a fixação da competência da Justiça do Trabalho para julgar a causa envolvendo uma relação de trabalho (CRFB, art. 114). A presença de determinada pessoa na demanda pode ser um critério para fixação da competência, a exemplo do que ocorre na fixação da competência da Justiça Federal quando a União for parte no processo (CRFB, art. 109, I). O valor também pode ditar a fixação da competência, sendo esse um dos critérios adotados para permitir que uma demanda seja intentada nos juizados especiais cíveis (cf. art. 3º, I, da Lei nº. 9.099/1995). A competência será, ainda, definida por critérios funcionais, que consideram as fases do processo, o grau de jurisdição, o objeto do juízo e a sua posição hierárquica. Por fim, a competência pode ser fixada em razão do território, considerando-se, por exemplo, o domicílio do réu (cf. art. 46 do CPC/2015) e da situação do bem (cf. art. 47 do CPC/2015). Sobre o tema, ver: CUNHA, Leonardo Carneiro da, *Jurisdição e Competência*, op. cit., p. 110-112.

131. DINAMARCO, Cândido Rangel, op. cit., p. 433 *et seq.*

A regra de competência confere, ainda, responsabilidade ao órgão, que deve cumprir as suas funções e exercer os seus poderes dentro dos limites impostos, sob pena de sofrer sanções disciplinares, civis e penais, além de restar configurada a invalidade do ato praticado, sem prejuízo de outras consequências previstas em norma jurídica[132]. Portanto, ao órgão jurisdicional importa conhecer precisamente os limites dos poderes que lhe foram conferidos, garantindo-se, assim, uma atuação lícita e consentânea com os objetivos da jurisdição.

Assentado o conceito abstrato de competência, voltado à distribuição de atribuições entre os órgãos judiciários, Cândido Rangel Dinamarco, valendo-se das lições de Celso Neves, chama a atenção para a competência em seu sentido concreto, que consiste em "tomar em consideração uma causa [...] mediante raciocínios destinados à precisa descoberta do órgão que concretamente, naquele caso e naquela situação, exercerá a atividade jurisdicional".

Nessa ordem de ideias, a competência, quando analisada sob tal perspectiva, seria a "relação de adequação legítima entre o órgão e a atividade jurisdicional a realizar", somente sendo possível falar em legitimidade quando "do sistema jurídico-processual como um todo emerge como competente esse juiz"[133].

No capítulo 2 deste livro, retomamos essas premissas para abordar a nova sistemática que atualmente permeia as regras sobre competências. Por ora, é relevante abordarmos a definição do juízo competente para a recuperação judicial.

1.4.2. O juízo competente para o processamento do pedido de recuperação judicial

Na mesma linha do que previa o art. 7º do Decreto-Lei nº 7.661/1945, referindo-se à falência, o art. 3º da LREF atribui competência para fins de decretação da falência, deferimento do processamento do pedido de recuperação judicial e homologação do plano de recuperação extrajudicial ao juízo do local do principal estabelecimento do devedor ou da filial da sociedade empresária que tenha sede no exterior.

Ao considerar o local do estabelecimento do devedor, o legislador adotou a *territorialidade* como um dos aspectos para fixar a competência, que, nesse caso, é absoluta. Embora exista quem afirme se tratar de competência

132. CUNHA, Leonardo Carneiro da, *Jurisdição e Competência*, op. cit., p. 45.
133. DINAMARCO, Cândido Rangel, op. cit., p. 424.

funcional[134], precisamente a partir das lições de Giuseppe Chiovenda[135], os critérios funcionais e territoriais não se confundem.

A limitação funcional da competência indica unicamente a atribuição de funções distintas em uma mesma causa a órgãos competentes para dela conhecer em razão da matéria e do lugar[136]. Como bem apontava José Carlos Barbosa Moreira, "a competência funcional não se determina em razão do elemento topográfico (ou geográfico) relevante para a escolha do foro em que se deve propor a ação"[137], visto que somente há que se falar em limitação de competência pelo critério funcional no curso do processo, no âmbito do qual serão exercidas atribuições diferentes, inclusive por órgãos distintos, de acordo com as fases do procedimento, os graus de jurisdição e o objeto do juízo.

Com efeito, sem qualquer relação com limitações de natureza funcional, a competência territorial poderá ser absoluta se a localidade for relevante para a sua definição, fazendo com que o legislador a torne inderrogável pela parte e observável de ofício pelo juiz (sendo essa a exata hipótese da fixação da competência em matéria falimentar). É que, ao lado do aspecto territorial, o legislador considerou a natureza jurídico-material da causa[138],

---

134. "Ora, se por 'principal estabelecimento' se deve entender aquele no qual se concentram as principais atividades da empresa, é compreensível que a regra legal tenha estabelecido como competente para o processo de falência o foro em que localizado esse 'corpo vivo': é nesse território que o juízo da falência poderá exercer, com maior rigor e eficiência; com maior rigor e eficiência, os atos que devem ser praticados em feito dessa natureza. Por outras palavras, é nessa base territorial que o juiz poderá exercer mais adequadamente, em prol do interesse público, a função que lhe compete no processo. Portanto, à luz de tudo quanto se expôs anteriormente, fica claro que a regra estatuída pelo art. 7° da LF consagra critério funcional de determinação de competência que, dessa forma, merece idêntico qualificativo. Na verdade, trata-se, na linha da doutrina anteriormente invocada, de competência territorial funcional e, portanto, absoluta, com todas as conseqüências que resultam daí." (GRINOVER, Ada Pellegrini. Competência territorial funcional em matéria de falência. *Revista Síntese Direito Civil e Processual Civil*, Brasília, DF, v. 4, n. 23, p. 5-14, maio/jun., 2003. p. 11).

135. CHIOVENDA, Giuseppe. *Instituições de direito processual civil*. Campinas: Bookseller, 1998. v. II, p. 223. A visão do autor italiano é explicada por Daniel Neves, que, na sequência, passa a discordar dela: "Segundo tradicional lição de Chiovenda, quando uma demanda é confiada a um determinado território pelo fato de ser nesse foro (comarca ou seção judiciária) mais fácil ou mais eficaz o exercício da função jurisdicional, tem-se uma espécie de competência funcional. A facilidade na propositura da demanda, na realização da prova e a proximidade dos resultados da demanda às pessoas de um determinado local, sempre que estes fatores forem determinantes na fixação da competência de um determinado foro, criariam uma hipótese de competência funcional [...]". (NEVES, Daniel Amorim Assumpção. *Manual de direito processual civil*. 13 ed. São Paulo: Juspodivm, 2021. p. 254).

136. (i) BARBOSA MOREIRA, José Carlos. A expressão "competência funcional" no art. 2º da Lei da Ação Civil Pública. *In*: BARBOSA MOREIRA, José Carlos. *Temas de direito processual*: nona série. São Paulo: Saraiva, 2007. p. 353-365; (ii) CUNHA, Leonardo José Carneiro da. *Jurisdição e competência*, op. cit., p. 114.

137. BARBOSA MOREIRA, José Carlos, op. cit., p. 355-356.

138. Em crítica à clássica separação das espécies de competência pelo trinômio matéria-lugar-pessoa, Cândido Rangel Dinamarco ressalta, com relevante acerto, que o lugar em si não é um critério autônomo como a matéria e a pessoa. Segundo o autor, "para a resposta aos quesitos que compõem a problemática da competência territorial, levam-se em conta a matéria (direito real: foro da situação

já que a localidade do principal estabelecimento tem precisa relevância para os processos de matéria falimentar ou recuperacional[139].

Nesse sentido, ainda que inaplicável o critério da funcionalidade, a competência do juízo do principal estabelecimento é, de fato, absoluta, fixada em razão do território à luz da matéria, que faz surgir interesse público na tramitação da recuperação ou da falência em determinado lugar, a saber, o lugar do principal estabelecimento do devedor[140].

Por *estabelecimento*, compreende-se "todo complexo de bens organizado, para exercício da empresa, por empresário, ou por sociedade empresária", conforme definido pelo art. 1.142 do Código Civil. Por evidente, pode o devedor possuir mais de um estabelecimento, de modo que será competente para a recuperação judicial o foro do *principal* estabelecimento. Por se tratar de um enunciado normativo aberto[141], a definição do estabelecimento principal ficou a cargo das três principais correntes doutrinárias, tendo como norte o interesse público a ser protegido na fixação dos critérios de competência[142].

Enquanto a primeira corrente sustenta que o principal estabelecimento seria a sede social, definida no contrato ou em estatutos sociais do devedor[143], uma segunda corrente, em crítica à primeira, passou a defender que o principal estabelecimento seria a sede administrativa do empresário,

---

do imóvel – CPC [de 1973], art. 95) e a condição das pessoas (a mulher nas ações de separação ou divórcio, o alimentando etc.) – ao lado de outros fatores, esses sim territoriais, que expressam a ligação da causa ao território (os elementos de ligação: domicílio, situação do imóvel, ocorrência do ato ou do fato etc.)". (DINAMARCO, Cândido Rangel. *Instituições de direito processual civil.* 6. ed. São Paulo: Malheiros Editores, 2009. v. I, p. 449).

139. SACRAMONE, Marcelo Barbosa. *Comentários à lei de recuperação de empresas e falência*. 2. ed., São Paulo: Saraiva, 2021. p. 79.

140. Em linha semelhante, Daniel Neves afirma que a fixação de certo território de maneira improrrogável considera a natureza do direito material debatido: "[...] Dessa forma, parece que nas vezes em que o legislador fixa uma competência territorial, atribuindo-lhe a característica de competência absoluta, não o faz levando em conta tão somente a melhor ou pior qualidade da prestação jurisdicional, mas sim a natureza do direito material debatido. É essa natureza que leva o legislador a fixar certo território de maneira improrrogável para julgar determinadas demandas judiciais, somente podendo-se afirmar que a facilidade ou eficácia da função a ser exercida pelo juiz é apenas algo que motivou o legislador a criar essas regras de competência absoluta, mas nunca sua razão de ser". (NEVES, Daniel Amorim Assumpção. *Manual de direito processual civil*. 13. ed. São Paulo: Juspodivm, 2021. p. 254).

141. Enunciado normativo aberto são palavras ou expressões vagas e/ou imprecisas adotadas nos textos normativos, referentes a realidades fáticas ou valorativas, que suscitam dúvida quanto ao significado, não sobre as consequências jurídicas decorrentes do processo de subsunção. (MARTINS-COSTA, Judith. *A boa-fé no direito privado*: critérios para a sua aplicação. 2. ed. São Paulo: Saraiva, 2018. Livro eletrônico).

142. Não abordamos, nesta obra, a fixação da competência no local do principal estabelecimento em caso de o pedido de recuperação judicial ser ajuizado por grupo de empresas.

143. Em defesa da sede social, por todos: (i) TZIRULNIK, Luiz. *Direito falimentar*. 7. ed. São Paulo: Revista dos Tribunais, 2005. p. 58; (ii) PACHECO, José da Silva. *Processo de recuperação judicial, extrajudicial e falência*. 2. ed. Rio de Janeiro: Forense, 2007. p. 32; (iii) MANDEL, Júlio Kahan. Das disposições comuns. *In*: PAIVA, Luiz Fernando Valente de (Coord.). *Direito falimentar e a nova lei de falências e recuperação de empresas*. São Paulo: Quartier Latin, 2005. p. 122-124.

definida como o local em que se processa a contabilidade da empresa e se concentra a tomada de decisões para a gestão da atividade[144].

Para os defensores da sede administrativa, a escolha do endereço social facilitaria o cometimento de fraudes pelo devedor de má-fé, que poderia alterar seu endereço social exclusivamente com vistas a dificultar o processamento de um pedido de falência ou manipular a definição da competência para o processamento do pedido recuperacional.

Ocorre que a sede administrativa pode estar distante dos ativos do devedor, do volume de obrigações contratadas e, consequentemente, da comunidade de interessados afetada pelo processamento do pedido de recuperação ou pelo decreto de quebra. Por essas razões, prevalece uma terceira corrente, que estabelece como principal estabelecimento o local *economicamente mais importante* para o devedor, que concentra a maior quantidade de contratações com fornecedores, consumidores, empregados etc., e que, normalmente, será o centro decisório e econômico da empresa[145]. Via de regra, poderão os credores e demais interessados demandar, fiscalizar o processo e participar das assembleias sem a necessidade de deslocarem-se do local onde atuam com habitualidade[146].

---

144. Em defesa da sede administrativa, por todos: (i) NEGRÃO, Ricardo. *Comercial e de empresa*: recuperação de empresas, falência e procedimentos concursais administrativos. 14. ed. São Paulo: Saraiva Educação, 2020. v. 3, p. 365; (ii) LUCCA, Newton de. *Comentários à nova Lei de Falência e Recuperação de Empresas*. Rio de Janeiro: Forense, 2009. p. 83; (iii) CAMPINHO, Sérgio. *Falência e recuperação de empresa*: o novo regime da insolvência empresarial. 4. ed. Rio de Janeiro: Renovar, 2009. p. 33-34.

145. "Impõe-se uma precisão terminológica. O estabelecimento, como universalidade de fato, é formado apenas por elementos ativos, i.e., pelo conjunto de bens materiais ou imateriais nele utilizados pelo empresário para o exercício da atividade econômica. Para que um estabelecimento seja, no entanto, considerado principal em relação a outros do mesmo empresário, é preciso que nele se localizem os ativos mais economicamente expressivos, ou que se situe na cidade em que estejam em maior número os credores. Bem por isso, como anota Oscar Barreto Filho, citando Sylvio Marcondes, principal estabelecimento é "o do lugar onde melhor se atendam os fins da falência, quais sejam a liquidação do ativo e do passivo do patrimônio do devedor." (TOLEDO, Paulo Fernando Campos Salles de. *Comentários à Lei de Recuperação empresas e falência*. 5 ed. São Paulo: Saraiva, 2009. p. 14-15). No mesmo sentido: (i) COELHO, Fábio Ulhoa. *Comentários à Lei de Falências e de Recuperação de Empresas*. 14. ed. São Paulo: Thomson Reuters, 2021. p. 55; (ii) PIMENTEL, Carlos Barbosa. *Direito empresarial*. 8 ed. Rio de Janeiro: Elsevier, 2010. p. 253; (iii) BARRETO FILHO, Oscar. *Teoria do estabelecimento comercial*. São Paulo: Max Limonad, 1969. p. 145-146; (iv) SALOMÃO, Luis Felipe. A nova lei de recuperação de empresas: a declaração judicial da falência e a quebra requerida pelo próprio devedor (Lei no 11.101, de 9 de fevereiro de 2005). *In*: SANTOS, Paulo Penalva (Coord.). *A nova lei de falências e de recuperação de empresas*: Lei nº. 11.101/2005. Rio de Janeiro: Forense, 2006. p. 196; (v) PENTEADO, Mauro Rodrigues. Conceito de principal estabelecimento para fins de definição do juízo universal da falência e das recuperações: controvérsias. *In*: SOUZA JÚNIOR, Francisco Sátiro de; PITOMBO, Antônio Sérgio de A. de Moraes (Coord.). *Comentários à lei de recuperação de empresas e falência*. São Paulo: Revista dos Tribunais, 2005. p. 122; (vi) SZTAJN, Rachel; FRANCO, Vera Helena de Mello. *Falência e recuperação da empresa em crise*. São Paulo: Campus, 2008. p. 27.

146. Em especial durante e após a pandemia de Covid-19, essa ponderação deve ser relativizada, na medida em que boa parte das assembleias gerais de credores e demais atos praticados na recuperação judicial foram virtualizados, consoante autorizado pelo art. 39, § 4º, inciso II da LREF e recomendado pelo CNJ durante a pandemia (Recomendação nº. 63/2020). Mesmo com o fim da pandemia, os

Por certo, definir a competência a partir da localização do estabelecimento economicamente mais importante é o parâmetro que melhor atende ao interesse público que o legislador buscou proteger, garantindo-se, em atenção ao conceito *concreto* de competência de Cândido Dinamarco, a adequação legítima entre o órgão e a atividade jurisdicional a realizar.

Ao longo deste livro, retornamos à adequação e à legitimação do juízo recuperacional para decidir (ou participar do processo decisório) não apenas as questões que lhe serão incidentalmente submetidas durante o curso do processo, como também as questões subjacentes submetidas a outros juízos, mas que influenciam na superação do estado de crise.

1.4.3. Diferenciando os conceitos de *unidade, indivisibilidade e universalidade* na recuperação judicial e na falência

A competência do juízo concursal possui três principais características: a unidade, a indivisibilidade e a universalidade. Tais características – que não se manifestam nas mesmas forma e intensidade na falência e na recuperação judicial – foram conceituadas a partir dos efeitos que o decreto de quebra ou o deferimento do processo de recuperação produzem sobre as relações jurídicas do devedor, inclusive as submetidas a outros juízos.

Na falência, o decreto de quebra faz surgir para o devedor um novo estado jurídico ("estado ou qualidade de falido"[147]), oponível a todos, modificando, profundamente, suas relações patrimoniais. Nesse sentido, aos credores cabe atuar nos limites impostos pela nova situação jurídica, cumprindo deveres e exercendo direitos previstos na legislação falimentar. Nem mesmo eventuais terceiros, que não possuem relações jurídicas prévias com o devedor, poderão alegar que ignoram o seu novo estado, sofrendo consequências caso pratiquem atos ilegais que resultem em prejuízo para a coletividade de credores.

Por essas razões, afirma-se que há um "reconhecimento universal da situação jurídica legal, consequente à sentença que declara aberta a falência"[148]. É precisamente a universalidade do estado de falência que gera a *unidade*

administradores judiciais veem vantagens na adoção do modelo híbrido, que permite o acompanhamento e a participação no ato tanto de forma presencial quanto virtual. Muito embora seja seguro afirmar que o uso da tecnologia pelo Poder Judiciário reduziu as fronteiras físicas, vale lembrar que há credores hipossuficientes, em especial nas classes I e IV, de modo que a proximidade do juízo da comunidade afetada ainda é relevante em processos desse tipo. (TURNAROUND MANAGEMENT ASSOCIATION. *Assembleia de Credores em meio virtual tem efeito positivo*. São Paulo, 16 de junho de 2020).

147. VALVERDE, Trajano de Miranda. *Comentários à Lei de Falências*: (Decreto-Lei nº 7.661, de 21 de junho de 1945). 4. ed. atual. por J. A. Penalva Santos e Paulo Penalva Santos. Rio de Janeiro: Forense, 1999. v. I, p. 136.

148. VALVERDE, Trajano de Miranda, loc. cit.

do juízo que dele conhece, impedindo que outros pedidos de falência sejam apresentados contra o mesmo devedor, ainda que existam outros estabelecimentos espalhados pelo território nacional[149].

Enquanto processo de execução coletiva, a maximização do valor dos bens a serem liquidados em igualdade de tratamento dos credores impõe que o juízo falimentar seja *universal*, consoante art. 126 da LREF. Para assegurar que os credores sejam classificados e satisfeitos conforme a ordem legal de preferências de pagamento, e que sejam tratados de forma idêntica aos demais de suas classes, somente o juízo falimentar deve ser competente para arrecadar os bens da massa e realizar os pagamentos[150].

Quer dizer, os bens da massa falida, ainda que tenham sido penhorados previamente ao decreto de quebra por outros juízos, não poderão ser utilizados para satisfação de execuções individuais, cabendo a esses juízos remeter eventuais bens e quantias constritas ao juízo falimentar.

Como se vê, o conceito de *universalidade* na falência está intimamente ligado à instauração do típico concurso de credores de que tratamos no tópico 1.3 do presente capítulo: é por meio da universalidade que se garante aos credores uma concorrência justa e igualitária sobre o patrimônio do devedor comum.

Em razão da universalidade, o juízo falimentar será *indivisível*, ou seja, o único competente "para conhecer todas as ações sobre bens, interesses e negócios do falido, ressalvadas as causas trabalhistas, fiscais e aquelas não reguladas nesta Lei em que o falido figurar como autor ou litisconsorte ativo", consoante prevê o art. 76 da LREF.

Com efeito, considerando-se que o patrimônio do devedor não é suficiente para a satisfação de todas as pretensões dos credores, a indivisibilidade tem como função garantir que estas sejam apreciadas e julgadas em igualdade de condições, observadas as peculiaridades da situação de insolvência do devedor e garantindo-se, com isso, a isonomia[151].

Conforme o próprio art. 76 anuncia, a indivisibilidade comporta exceções. Em primeiro lugar, as ações ilíquidas propostas contra o devedor, que

---

149. Não abordamos, neste livro, a unidade do juízo em caso de insolvência transnacional.

150. SACRAMONE, Marcelo Barbosa. *Comentários à lei de recuperação de empresas e falência*. 2. ed., São Paulo: Saraiva, 2021. p. 404.

151. "A função básica da indivisibilidade é permitir maior celeridade à resolução dos conflitos de interesses e evitar o risco de decisões contraditórias'. A indivisibilidade garante a segurança jurídica de que os credores em igualdade de condições serão julgados da mesma forma e com atenção às peculiaridades daquele empresário devedor". (SACRAMONE, Marcelo Barbosa. *Comentários à lei de recuperação de empresas e falência*. 2. ed., São Paulo: Saraiva, 2021. p. 405).

não são suspensas (cf. art. 99, V, da LREF), permanecem em seus respectivos juízos originários, não havendo *vis attractiva* para esses processos, por incidência do art. 6º, § 1º, da LREF[152]. Veja-se que, com a reforma promovida pela Lei nº. 14.112/2020, até mesmo o prosseguimento dos procedimentos arbitrais foi expressamente ressalvado no art. 6º, § 9º, da LREF, que veda ao administrador judicial, na qualidade de representante da massa falida, recusar a eficácia da convenção de arbitragem.

Em segundo lugar, em atenção à competência fixada pelo art. 114 da Constituição da República Federativa do Brasil de 1988 (CRFB), as reclamações trabalhistas permanecerão nos juízos do trabalho até a apuração do respectivo crédito, que, depois, deverá ser habilitado no quadro geral de credores para fins de pagamento.

De igual modo, as execuções fiscais não serão atraídas para o juízo falimentar, o que estaria em linha com o que dispõe o art. 187, *caput*, do Código Tributário Nacional (CTN). Em todo caso, o prosseguimento da execução fiscal não autoriza a satisfação do crédito, que deverá ser incluído no quadro geral de credores para que seja observada a preferência de pagamentos. Também não são atraídas para o juízo universal as ações promovidas em face da massa falida e da União, autarquias e empresas públicas federais ou em que estas forem interessadas, em atenção ao que dispõe o art. 109, I, da CRFB[153].

Por fim, conforme parte final do art. 76 da LREF, tendo em vista que a indivisibilidade tem como objetivo garantir o controle na arrecadação e na liquidação dos bens, bem como a correta classificação dos credores e a paridade entre aqueles de uma mesma classe, o juízo falimentar não atrai as ações em que a massa falida for autora ou litisconsorte ativa. Nesse caso, a massa falida, como titular de eventual direito, deverá demandar o responsável perante o juízo competente, conforme regras de atribuição aplicáveis.

É fundamental à compreensão desta obra verificar se e em qual intensidade há unidade, universalidade e indivisibilidade no juízo da recuperação judicial.

De início, conforme já salientamos, a tramitação do pedido de recuperação judicial também impacta, ao menos em parte e transitoriamente, as relações jurídicas do devedor, sobretudo porque, em caso de insucesso

152. É relevante notar que o STJ, em julgamento de recurso repetitivo (Tema 976), assentou a competência do juízo não falimentar também para a hipótese de ações ilíquidas promovidas após a decretação da falência. (BRASIL. Superior Tribunal de Justiça (1. Seção). Resp. n. 1.643.873/SP. Relator: Min. Og Fernandes, 13 de dezembro de 2017. *Diário de Justiça Eletrônico*: 19 de dezembro de 2017).

153. SACRAMONE, Marcelo, op. cit., p. 406.

da recuperação judicial, a consequência é a quebra, com reflexos para todos os interessados. Assim, muito embora a situação jurídica do devedor não se modifique na mesma intensidade a que se submete o falido, o juízo da recuperação judicial também é marcado pelo aspecto da *unidade*, assumindo, com exclusividade, a condução do processo de reestruturação e a fiscalização dos anos iniciais de cumprimento do plano.

Não por outra razão, o art. 6º, § 8º, da LREF dispõe que "a distribuição do pedido de falência ou de recuperação judicial ou a homologação de recuperação extrajudicial previne a jurisdição para qualquer outro pedido de falência, de recuperação judicial ou de homologação de recuperação extrajudicial relativo ao mesmo devedor".

Por outro lado, é igualmente certo que não há, para a recuperação judicial, normas semelhantes aos arts. 76 e 126 da LREF aptas a lhe conferir a mesma indivisibilidade e universalidade características do juízo falimentar. Nem poderia, pois, diferentemente do que ocorre na falência, nem todos os credores se submetem ao plano de recuperação judicial, podendo prosseguir normalmente com as suas ações e execuções[154].

A recuperação judicial é um estado transitório sem pretensão liquidatória[155], do qual sairá o devedor após o término do período de fiscalização do cumprimento do plano. Aliás, justamente porque inexiste execução forçada na recuperação judicial, sustenta-se que a suspensão das execuções durante o *stay period* se justifica por fundamento diverso.

Enquanto, na falência, não pode haver a sobreposição de execuções individuais em relação à execução concursal, na recuperação, a suspensão das execuções tem como objetivo conferir o fôlego que o devedor necessitar para negociar e manter a atividade durante a crise. Por conta disso, eventual força atrativa do juízo recuperacional restringir-se-ia aos créditos líquidos e certos, submetidos aos efeitos do plano[156].

---

154. "Quanto à recuperação judicial, não há norma expressa que assegure a universalidade do juízo. A aplicação subsidiária dos arts. 76 e 126, por seu turno, previstos na hipótese de falência, também não poderia ocorrer, pois nem todos os credores estão submetidos ao plano de recuperação judicial e suas ações continuam a tramitar normalmente". (SACRAMONE, Marcelo, op. cit., p. 406).

155. DEZEM, Renata Mota Maciel Madeira. *A Universalidade do Juízo da Recuperação Judicial*. São Paulo: Quartier Latin, 2017. p. 211.

156. "Na recuperação judicial, à semelhança do que ocorria na concordata, há concursalidade sem executividade forçada. A universalidade do juízo é rasgo relacionado à executividade forçada. Na recuperação judicial, é inequívoco que o plano contém concursalidade, já que pode (a) modificar o valor e o prazo de créditos havido contra a empresa devedora e, também, (b) alterar a composição dos ativos patrimoniais que respondem pelas obrigações da empresa devedora. E é precisamente esta concursalidade que justifica o *automatic stay*. Por esta razão, não se há de fundar o *automatic stay* na presença de um juízo universal na recuperação, muito menos em uma pretensa força atrativa do juízo recuperacional. Se se quiser falar em universalidade do juízo recuperacional, deve-se

A rigor, como a atividade empresarial prossegue após a recuperação judicial, não parece mesmo necessário, tampouco adequado, tornar um único juízo competente para o processamento das mais diversas ações judiciais envolvendo o devedor. Isso significa que, no curso do processo de recuperação judicial, outros juízos serão chamados a decidir sobre questões referentes ao devedor e suas relações jurídicas, no mais das vezes, relacionadas ao estado de crise e/ou capazes de impactar o processo de soerguimento da atividade empresária.

Contudo, a cognição simultânea de mais de um órgão julgador sobre matérias envolvendo o devedor pode ser bastante prejudicial ao bom andamento do processo recuperacional, levando a situações conflitantes e comprometendo a eficiência e a segurança jurídica do procedimento. Foi precisamente esse cenário que levou a jurisprudência a conceber outra espécie de universalidade ao juízo da recuperação judicial, conforme pode ser visto adiante.

1.5. A COGNIÇÃO SIMULTÂNEA DOS ÓRGÃOS JULGADORES DURANTE O PROCESSAMENTO DA RECUPERAÇÃO JUDICIAL

Como vimos até aqui, em prol da preservação da fonte produtiva, a LREF procurou conceber, na recuperação judicial, um ambiente cooperativo apto a incentivar a negociação entre o devedor e os seus credores. Vimos também que, apesar do espírito cooperativo, que naturalmente exige coordenação entre os atos praticados envolvendo as relações jurídicas do devedor, o deferimento do processamento da recuperação judicial não atrai para o juízo recuperacional o processamento e o julgamento das ações de conhecimento e as execuções propostas em face do devedor.

Em razão disso, é bastante comum que diversas questões, envolvendo ou não créditos sujeitos ao concurso recuperacional, sigam submetidas à cognição de outros juízos, ressalvada a necessidade de suspensão de determinados atos e processos na forma das hipóteses previstas na LREF. No entanto, não raras as vezes, a cognição simultânea sobre questões envolvendo o estado de crise, a adoção dos meios recuperatórios previstos no plano e a satisfação de créditos submetidos ou não aos seus efeitos resulta na materialização de conflitos entre os órgãos julgadores.

---

restringi-lo para aqueles créditos que forem líquidos e certos." (AYOUB, Luiz Roberto; CAVALLI, Cássio. *A construção jurisprudencial da recuperação judicial de empresas*. 3. Ed. ver., atual. e ampl., Rio de Janeiro: Forense, 2017. p. 138).

Nos termos do art. 66, I, do CPC, quando dois ou mais juízos se consideram aptos para o julgamento da causa, configura-se o chamado conflito de competência positivo. Por outro lado, quando um juízo se declara incompetente, aponta outro juízo como sendo o competente para tratar do caso e este, ao invés de aceitá-lo, aponta o primeiro juízo como sendo o competente, há a configuração de um conflito negativo de competência (cf. art. 66, II, do CPC)[157].

Os conflitos de competência são, necessariamente, solucionados por decisão de um tribunal. Os Tribunais de Justiça e os Tribunais Regionais Federais julgam os conflitos entre juízos a ele vinculados. Já o Supremo Tribunal Federal (STF) é competente para julgar conflitos que envolvam ao menos um tribunal superior (cf. art. 102, inciso I, 'o', da CRFB). Por fim, cabe ao STJ julgar os conflitos entre juízos pertencentes a tribunais diversos (cf. art. 105, inciso I, 'd', da CRFB)[158].

No que interessa nesta publicação, são diversas as hipóteses em que há conflito entre o juízo da recuperação judicial e outros juízos (cíveis, trabalhistas, arbitrais etc.), habitualmente suscitados em vista do alegado risco concreto de prejuízo ao sucesso do processo recuperacional e à coletividade de credores[159].

Enquanto alguns conflitos decorrem de situações em que sequer deveria existir dúvida sobre a competência do juízo da recuperação judicial, há outros mais complexos decorrentes do exercício cognitivo simultâneo de mais de um juízo sobre uma mesma questão.

As situações em que sequer deveria existir dúvida sobre a competência exclusiva do juízo da recuperação costumam envolver a constrição de bens do devedor durante o *stay period* para satisfação de créditos concursais, adotados ao arrepio da previsão do art. 6º, II e III, da LREF por juízos que ignoram

---

157. "Quando os vários juízes se dão por competentes, o conflito é positivo. Ao contrário, quando os diversos juízes se recusam a aceitar a competência, cada um atribuindo a outrem a função jurisdicional, o caso é de conflito negativo. Para dar surgimento ao conflito positivo, não é necessário que haja decisão expressa de um ou de ambos os juízes a respeito da própria competência e da incompetência de outro. Basta que os diferentes juízes pratiquem atos em causa idêntica, com reconhecimento implícito da própria competência, como se dá, por exemplo, quando o mesmo inventário é requerido perante dois juízes diferentes e ambos lhe dão curso." (THEODORO JÚNIOR, Humberto. *Curso de Direito Processual Civil*. 60. ed. Rio de Janeiro: Forense, 2019. v. 1, p. 273).

158. Ibid., p. 274.

159. Como geralmente envolvem órgãos julgadores de Tribunais diversos, chegam ao STJ e são decididos pela Segunda Seção. Por evidente, controvérsias envolvendo a atuação simultânea dos órgãos julgadores e a eventual incompetência de um ou de outro juízo durante a recuperação judicial também chegam à cognição dos Tribunais por meio de recursos interpostos contra decisões em que a questão tenha sido decidida. Ainda assim, é seguro afirmar que a jurisprudência do STJ tem se formado a partir das decisões proferidas pela Segunda Seção no julgamento dos conflitos suscitados envolvendo o juízo da recuperação judicial e outros juízos.

que o deferimento do processamento do pedido recuperacional impõe uma nova limitação ao exercício de suas competências jurisdicionais, vedando a adoção de qualquer medida contra o patrimônio do devedor. Apesar de consistirem em atos *contra legem*, parece importante identificar o problema, que decorre do exercício cognitivo simultâneo de mais de um órgão julgador sobre uma mesma questão (satisfação de um crédito).

Em uma segunda categoria, certamente mais complexa de se solucionar do que a primeira, estão as situações em que o fisco e outros credores extraconcursais buscam a satisfação das obrigações mediante a prática de atos constritivos contra o patrimônio do devedor. Ainda que o patrimônio do devedor seja único e essencial ao cumprimento das obrigações do plano de recuperação judicial e à preservação da empresa, são igualmente legítimos os interesses dos credores na satisfação de obrigações não sujeitas ao concurso.

Na terceira e mais problemática categoria, estão as situações em que se estende a competência do juízo da recuperação judicial para decidir sobre questões que vão além da satisfação de créditos e do cumprimento do plano, mas que demandariam intervenção em proteção ao resultado útil do processo de soerguimento. É o que ocorre em litígios envolvendo a rescisão ou a manutenção de um contrato, a possibilidade de realização de um aumento de capital, a desocupação de um imóvel locado, a devolução de máquinas arrendadas, dentre outras hipóteses.

Diante de tantos conflitos que lhe chegam, vemos adiante que o STJ, ao longo dos mais de 15 anos de vigência da LREF e a despeito da ausência de texto normativo expresso para todas as hipóteses que redundam em um conflito a ser solucionado, consolidou a sua jurisprudência pela existência de um tipo de universalidade na recuperação judicial, que tornaria o juízo competente para o conhecimento de diversas questões envolvendo o devedor.

1.6. A CONCEPÇÃO JURISPRUDENCIAL DE UMA UNIVERSALIDADE PARA O JUÍZO DA RECUPERAÇÃO JUDICIAL

De modo geral, o STJ formou o entendimento de que o juízo da recuperação judicial é competente para julgar as causas em que estejam envolvidos interesses e bens do devedor em recuperação judicial, em atenção ao princípio da preservação da empresa.

Conforme aponta Manoel Justino Bezerra Filho, o entendimento decorreria da necessidade de "evitar que ações em andamento em outros juízos possam vir a causar óbices ao bom andamento da recuperação". Segundo o autor, a jurisprudência ter-se-ia consagrado no sentido de "outorgar uma 'universalidade mitigada' ao juízo da recuperação, quando se trata de preservação dos bens e valores necessários ao êxito da recuperação"[160].

Nesse sentido, dentre os atos atribuídos com base nesse entendimento ao juízo da recuperação judicial, estariam, principalmente, aqueles que envolvem o patrimônio do devedor: *interesses e bens* da recuperanda, em sentido amplo[161].

Antes mesmo da reforma legislativa que introduziu os §§ 7º-A e 7º-B no art. 6º da LREF (a qual retomamos mais adiante), o STJ já havia firmado o entendimento pela competência do juízo da recuperação para analisar a essencialidade do bem que tenha sido alvo de penhora pelo credor de verba extraconcursal[162], ao fundamento de que esses credores não poderiam simplesmente retirar do devedor bens essenciais ao exercício da atividade[163].

Afirma-se, inclusive, que, caso reconhecida a essencialidade de bem imóvel alienado fiduciariamente, a propriedade do bem não poderá ser consolidada pelo proprietário fiduciário, na forma autorizada pela Lei nº

160. BEZERRA FILHO, Manoel Justino. *Lei de recuperação de empresas e falência* – Lei 11.101/2005: comentada artigo por artigo. 15. ed. rev., atual. e ampl. São Paulo: Thomson Reuters, 2021. p. 89.

161. Afirma-se ser "pacífica a orientação da Segunda Seção [do STJ] no sentido de ser o Juízo onde se processa a recuperação judicial o competente para julgar as causas em que estejam envolvidos interesses e bens da empresa recuperanda". (BRASIL. Superior Tribunal de Justiça (2. Seção). AgInt no CC nº 155.535/BA. Relator: Min. Marco Buzzi, 11 de setembro de 2019. *Diário de Justiça Eletrônico:* 16 de setembro de 2019).

162. "[...] Ainda que se trate de créditos garantidos por alienação fiduciária, compete ao Juízo da recuperação judicial decidir acerca da essencialidade de determinado bem para fins de aplicação da ressalva prevista no art. 49, § 3º, da Lei n. 11.101/2005, na parte que não admite a venda ou a retirada do estabelecimento do devedor dos bens de capital essenciais ao desenvolvimento da atividade empresarial. Precedentes. 2. Agravo interno desprovido". (BRASIL. Superior Tribunal de Justiça (3. Turma). AgInt no AREsp nº 1.272.561/SP. Relator: Min. Marco Aurélio Bellizze, 1º de abril de 2019. *Diário de Justiça Eletrônico:* 9 de abril de 2019). No mesmo sentido: (i) BRASIL. Superior Tribunal de Justiça (4. Turma). AgInt no AREsp nº 1.370.644/SP. Relator: Min. Marco Buzzi, 24 de junho de 2019. *Diário de Justiça Eletrônico:* 28 de junho de 2019; (ii) BRASIL. Superior Tribunal de Justiça (2. Seção). AgInt no CC nº 151.722/BA. Relator: Min. Antonio Carlos Ferreira, 23 de maio de 2018. *Diário de Justiça Eletrônico:* 30 de maio de 2018; (iii) BRASIL. Superior Tribunal de Justiça (2. Seção). CC 153.473/PR. Relatora: Min. Maria Isabel Gallotti. Relator p/ Acórdão: Min. Luis Felipe Salomão, 9 de maio de 2018. *Diário de Justiça Eletrônico:* 26 de junho de 2018.

163. No mesmo sentido: "No que concerne à remoção de bens do estabelecimento do devedor, o fundamento é evidente, manter as operações, entretanto melhor seria que a frase final do parágrafo, que se limita a serem os bens essenciais ao exercício da atividade, não viesse atrelada à irretratabilidade ou irrevogabilidade. O fato de ser o bem essencial para a manutenção do exercício da atividade, fundamento da restrição, não se atém nem se assemelha às hipóteses anteriores. Aqui o que se visa é garantir a geração de caixa, preservar empregos, oferecer produtos, bens ou serviços à sociedade. Naqueles outros casos o objeto tem que ver com a estabilidade do pacto, como evitar arrependimentos baseados na dinâmica dos mercados." (SZTAJN, Rachel. Comentário ao art. 49. *In:* Souza Junior, Francisco Satiro de; PITOMBO, Antônio Sérgio A. de Moraes (Coord.). *Comentários à lei de recuperação de empresas e falência.* 2. ed. São Paulo: Revista dos Tribunais, 2007. p. 230).

9.514/1997, evitando-se, com isso, que seja conferida maior primazia à garantia real em detrimento do princípio da preservação da empresa[164].

Na linha do entendimento do STJ, Marcelo Sacramone sustenta que o deferimento do processamento do pedido transmutaria o regime jurídico ao qual são submetidas as diversas relações jurídicas celebradas pelo empresário devedor: de um regime exclusivamente privado e individual dos contratantes para um regime peculiar, no qual "as diversas relações jurídicas são apreciadas não apenas quanto aos interesses individuais de cada um dos contratantes, mas também em função dos interesses dos diversos envolvidos com a manutenção do desenvolvimento daquela atividade pelo empresário"[165].

De forma ainda mais ampla, defende-se a extensão da competência do juízo recuperacional "quando a recuperação judicial estiver em risco" e com "inspiração no poder geral de cautela do magistrado, isto é, compete ao juízo decidir as questões que assegurem o resultado útil do processo"[166].

De fato, consoante dispõe o art. 49, § 3º, da LREF, durante o *stay period* é vedada a venda ou retirada do estabelecimento do devedor dos bens de capital essenciais à sua atividade empresarial, tendo o STJ estabelecido

164. "[...] Segundo orientação jurisprudencial firmada por esta Corte Superior de Justiça, os credores cujos créditos não se sujeitam ao plano de recuperação, mesmo aqueles garantidos por alienação fiduciária, não podem expropriar bens essenciais à atividade empresarial, sob pena de subvertendo-se o sistema, conferir maior primazia à garantia real em detrimento do princípio da preservação da empresa. 2.1. Em razão de os imóveis dados em garantia fiduciária constituírem o local onde são exercidas atividades de administração, gerenciamento, plantio e produção de maçãs (objeto social das recuperandas), não se revela possível a consolidação da propriedade fiduciária em favor da parte credora". (BRASIL. Superior Tribunal de Justiça (4. Turma). AgInt no AREsp nº 1.677.661/SC. Relator: Min. Marco Buzzi, 19 de outubro de 2020. *Diário de Justiça Eletrônico:* 23 de outubro de 2020).

165. SACRAMONE, Marcelo Barbosa. Cláusula de vencimento antecipado na recuperação judicial. *Revista do Advogado*, São Paulo, v. 35, n. 131, p. 133-139, out., 2016.

166. Segundo Paulo Penalva Santos: "Assim, a jurisprudência do e. Superior Tribunal de Justiça é uníssona no sentido de que incumbe, com exclusividade, ao juízo empresarial a competência para deliberar e decidir acerca das questões sensíveis às empresas em recuperação judicial. Portanto, o STJ vem entendendo que compete ao juízo recuperacional decidir determinadas questões quando estas puderem comprometer profundamente a recuperação da empresa. Vale destacar que esta construção pretoriana que resultou na ampliação da competência do juízo da recuperação se verifica no caso concreto quando a recuperação judicial estiver em risco. Assim, esse alargamento de competência tem inspiração no poder geral de cautela do magistrado, isto é, compete ao juízo decidir as questões que assegurem o resultado útil do processo. No caso específico do processo de recuperação judicial, compete ao juiz decidir as questões que possam comprometer a recuperação da empresa em crise". (SANTOS, Paulo Penalva. Os contratos na recuperação judicial e na falência. *In*: SALOMÃO, Luis Felipe; SANTOS, Paulo Penalva. *Recuperação judicial, extrajudicial e falência:* teoria e prática. 6. ed. Rio de Janeiro: Forense, 2021. p. 389). Para Marcelo Lamego Carpenter, Ricardo Loretti e Rafaela Fucci, "o que se tem visto [...] é uma tendência cada vez mais acentuada de alargamento da competência do juiz da recuperação judicial, que, não raras vezes, é chamado a decidir questões que vão muito além da simples análise dos créditos e sua classificação" e de outras matérias comuns ao cotidiano do processo de recuperação judicial. (CARPENTER, Marcelo Lamego; LORETTI, Ricardo; FUCCI, Rafaela. O direito societário e a recuperação judicial – interseções e limites. *In*: CELIDÔNIO, Luciana Santos; BACELAR, Luiz Gustavo; AMADO, Renata Martins de Oliveira (Coord.). *Direito empresarial*: estudos jurídicos em homenagem a Maria Salgado. Rio de Janeiro: Lumen Juris, 2019. p. 243-244).

a competência do juízo da recuperação judicial para decidir quais seriam esses bens[167].

Indo além da literalidade da LREF, o STJ já decidiu que o decurso do *stay period* não é suficiente para autorizar a retomada de atos constritivos e expropriatórios contra o devedor para satisfação de créditos extraconcursais, assentando que a suspensão desses atos encontra fundamento nos arts. 47 e 49 da LREF[168].

Quer dizer, embora a lei permita aos credores detentores de verbas não sujeitas aos efeitos do plano retomar, após o fim do *stay period*, a prática de atos constritivos e expropriatórios – inclusive, que tenham por objeto bens de capital essenciais do devedor –, o STJ reconhece a competência do juízo da recuperação judicial para analisar a viabilidade de tais atos com fundamento no princípio da preservação da empresa. É que, com a aprovação do plano, os referidos bens passariam a ser cruciais ao sucesso da reestruturação, pois, sem eles, o cumprimento do plano pode ser inviabilizado.

Menciona-se, ainda, que, em sede de julgamento de conflito de competência envolvendo a tentativa de reconhecimento da responsabilidade de terceiro nas obrigações concursais do devedor em recuperação judicial, o STJ destacou que, "a partir da data de deferimento da recuperação judicial, todas as questões relacionadas à recuperanda ficarão afetas ao juízo da recuperação", prevalecendo "a lógica de que é preciso preservar, na sua integralidade, o sistema instituído por esse diploma legal, que regula a recuperação judicial, a extrajudicial e a falência do empresário e da sociedade empresária".

Na ocasião, afirmou-se, especificamente, que "a possível extensão dos efeitos e responsabilidades à suscitante, em razão da alegação de sucessão [...] ou de que ambas pertenceriam ao mesmo grupo econômico, será, à luz dos fatos que ensejaram a crise empresarial, mais bem analisada pelo juízo em que tramita a recuperação"[169].

---

167. Segundo o STJ, bens de capital são aqueles em posse do devedor que são utilizados no processo produtivo da empresa, uma vez que são necessários à consecução da atividade econômica exercida pelo empresário. Nesse sentido, ver: BRASIL. Superior Tribunal de Justiça (3. Turma). Recurso Especial nº 1.758.746/GO. Relator: Min. Marco Aurélio Bellizze, 25 de setembro de 2018. *Diário de Justiça Eletrônico:* 1º de outubro de 2018. No mesmo sentido: "Se o bem alienado fiduciariamente for bem de capital essencial ao exercício da atividade da empresa devedora, não será permitida a retirada desse bem pelo prazo do *stay period*". (AYOUB, Luiz Roberto; CAVALLI, Cássio. *A construção jurisprudencial da recuperação judicial de empresas*. 3. ed. Rio de Janeiro: Forense, 2017. p. 114).

168. BRASIL. Superior Tribunal de Justiça (3. Turma). Recurso Especial nº 1.610.860/PB. Relatora: Min. Nancy Andrighi, 13 de dezembro de 2016. *Diário de Justiça Eletrônico:* 19 de dezembro de 2016. No mesmo sentido, consultar: BRASIL. Superior Tribunal de Justiça (3ª Turma). AgInt no TP nº 3.137/MT. Relator: Min. Marco Aurélio Bellizze, 10 de maio de 2021. *Diário de Justiça Eletrônico:* 13 de maio de 2021.

169. BRASIL. Superior Tribunal de Justiça (2. Seção). CC nº 110.941/SP. Relatora: Min. Nancy Andrighi, 22 de setembro de 2010. *Diário de Justiça Eletrônico:* 1º de outubro de 2010.

Foi nessa ordem de ideias que a jurisprudência do STJ se pacificou para conferir ao juízo da recuperação judicial a competência para aferir a (in)existência de sucessão entre o devedor e o adquirente de ativos no curso da recuperação judicial, "haja vista ser este o mais habilitado para verificar a extensão e a higidez da alienação, além do evidente prejuízo decorrente do desenvolvimento simultâneo da atividade jurisdicional, sobre o mesmo tema, pelos juízos suscitados"[170].

De mais a mais, a análise específica de alguns julgados demonstra que o STJ, casuisticamente, reconhece a competência do juízo da recuperação judicial para interferir em relações jurídicas do devedor, sopesando os interesses privados com os interesses público e coletivo da recuperação judicial.

Exemplificativamente, menciona-se que o STJ tem confirmado decisões que mantiveram vigentes contratos administrativos e/ou autorizaram o devedor a participar de novas licitações sem a necessidade de apresentação de todas as certidões exigidas no edital[171]. Seguindo essa mesma linha, o TJ/SP já decidiu pela manutenção de contratos privados tidos pelo devedor como essenciais apesar da existência de cláusula resolutória expressa em caso de ajuizamento do pedido de recuperação judicial[172].

Note-se que, nesses casos, a discussão não envolve, ao menos diretamente, a proteção do patrimônio do devedor ou a resolução de alguma questão

---

170. "A jurisprudência desta Casa tem reiteradamente reconhecido a configuração de conflito nas hipóteses em que juízos distintos divergem acerca da existência de sucessão nas dívidas e obrigações da recuperanda pela arrematante, nos casos de alienação judicial de unidade produtiva (art. 60, parágrafo único, c/c art. 141, § 1º, da Lei n. 11.101/2005), inclusive declarando a competência do Juízo da recuperação judicial, haja vista ser este o mais habilitado para verificar a extensão e a higidez da alienação, além do evidente prejuízo decorrente do desenvolvimento simultâneo da atividade jurisdicional, sobre o mesmo tema, pelos juízos suscitados" (BRASIL. Superior Tribunal de Justiça (2ª Seção). CC n. 151.621/SP. Relator: Ministro Moura Ribeiro. Rel. p/ acórdão: Ministro Luis Felipe Salomão, 8 de novembro de 2018. *Diário de Justiça Eletrônico:* 4 de dezembro de 2018).

171. "[...] O STJ vem entendendo ser inexigível, pelo menos por enquanto, qualquer demonstração de regularidade fiscal para as empresas em recuperação judicial, seja para continuar no exercício de sua atividade (já dispensado pela norma), seja para contratar ou continuar executando contrato com o Poder Público. Nos feitos que contam como parte pessoas jurídicas em processo de recuperação judicial, a jurisprudência do STJ tem-se orientado no sentido de se viabilizarem procedimentos aptos a auxiliar a empresa nessa fase." (BRASIL. Superior Tribunal de Justiça (2. Turma). AgRg no AREsp nº 709.719/RJ. Relator: Ministro Herman Benjamin, 13 de outubro de 2015. *Diário de Justiça Eletrônico:* 12 de fevereiro de 2016). Essa possibilidade fica reforçada pela alteração promovida na LREF pela Lei nº. 14.112/2020 no art. 52, que suprimiu da redação do inciso II a exigência de apresentação de certidões negativas para contratação com o Poder Público. Conforme explica Marcelo Barbosa Sacramone, a única ressalva à contratação é que, nos termos do art. 193 da CRFB, a pessoa jurídica em débito com o sistema da seguridade social não poderá contratar com o Poder Público nem receber benefícios ou incentivos fiscais ou creditícios (SACRAMONE, Marcelo Barbosa. *Comentários à lei de recuperação de empresas e falência*. 2. ed. São Paulo: Saraiva, 2021. p. 309-310).

172. (i) SÃO PAULO (Estado). Tribunal de Justiça do Estado de São Paulo. *AI nº 2272878-41.2019.8.26.0000*. 1. Câmara Reservada de Direito Empresarial. Relator: Des. Alexandre Lazzarini, 19 de maio de 2020; (ii) SÃO PAULO (Estado). Tribunal de Justiça do Estado de São Paulo. *AI nº 2094959-07.2015.8.26.0000*. 2. Câmara Reservada de Direito Empresarial. Relator: Des. Carlos Alberto Garbi, 5 de outubro de 2015.

referente aos créditos sujeitos aos efeitos do plano, configurando situações em que se admite a intervenção do juízo da recuperação judicial de modo a evitar a interrupção ou a drástica redução da atividade do devedor, sem a qual a reestruturação se tornaria inviável.

Diante disso, embora não exista qualquer pretensão de atrair ao juízo da recuperação judicial o processamento de todas as ações e execuções em curso contra o devedor, a universalidade adaptada aos fins do processo recuperacional, fundada no princípio da preservação da empresa, teria o condão de conferir competência ao juízo da recuperação para a prática de atos que possam atingir o patrimônio e/ou que envolvam as relações obrigacionais essenciais ao devedor em proteção à função social da empresa.

1.6.1. A insuficiência do princípio da preservação da empresa como fundamento para a universalidade do juízo recuperacional

Apesar de parecer consolidado, o entendimento que expusemos acima encontra resistência de relevante parcela da doutrina e mesmo dentro do STJ. Para essa segunda corrente, a *universalidade* seria uma característica exclusiva do juízo falimentar, à luz do que dispõem os arts. 75 e 126 da LREF.

De fato, como visto no tópico 1.4.3 acima, o juízo falimentar é indubitavelmente universal por ser o único competente para arrecadar os bens do falido e suspender as execuções individuais, assegurando que todos os credores da massa sejam submetidos ao processo falimentar e classificados conforme a natureza de suas obrigações, a serem satisfeitas mediante a liquidação do patrimônio do falido, à luz do princípio da *par condicio creditorum*[173].

Essas ideias ligam o conceito de *universalidade* na falência à instauração do típico concurso de credores: é por meio da universalidade que se alcança uma concorrência justa e igualitária sobre o patrimônio do devedor comum. A mesma noção, contudo, não seria aplicável ao processo de recuperação judicial.

Tecendo fortes críticas ao pretenso controle exercido pelo juízo da recuperação judicial sobre todo e qualquer ato de bloqueio contra o patrimônio do devedor, Sergio Shimura e João Victor Carvalho Barros sustentam que não haveria universalidade por questões lógicas: se o credor extraconcursal não se submete à recuperação judicial, as execuções individuais propostas por esses credores devem tramitar perante os respectivos juízos competentes independentemente do processamento da recuperação judicial.

173. SACRAMONE, Marcelo Barbosa. *Comentários à lei de recuperação de empresas e falência*, op. cit., p. 404.

Tendo em vista que a regra do § 3º do art. 49 da LREF se limita a impedir que os credores ali citados retirem bens de capital essenciais à atividade empresária durante o *stay period*, seria equivocada a sua aplicação para impedir a satisfação de credores cujos créditos foram constituídos após o pedido de recuperação judicial ou a penhora de bens que, conceitualmente, não são bens "de capital" nem essenciais para a atividade, como recursos financeiros disponíveis no caixa do devedor[174].

Ainda sobre o ponto, a jurisprudência do TJ/SP formou-se pela possibilidade de prosseguimento dos atos de constrição destinados à expropriação de bens de capital do devedor após o término do *stay period*, independentemente do pronunciamento do juízo da recuperação judicial sobre a matéria[175].

De igual modo, o TJ/SP já decidiu por afastar a competência do juízo da recuperação judicial para interferir nas relações jurídicas do devedor para apreciar a legalidade do ato de rescisão do contrato administrativo e ordenar o pagamento de valores não pagos pelo Poder Público[176].

Divergindo do que costuma ser proclamado pela 2ª Seção do STJ, a 1ª Seção já afastou a competência do juízo da recuperação judicial para modificar relações jurídicas submetidas a regime jurídico específico, referente à prestação de serviços públicos titularizados pela União e sujeitos à

---

174. SHIMURA, Sergio; BARROS, João Victor Carvalho. A constrição de bens do devedor em recuperação judicial para a satisfação de créditos extraconcursais. *Revista de Processo*, São Paulo, v. 304, p. 203-218, jun., 2020.

175. Nesse sentido é o Enunciado nº III, do Grupo de Câmaras Reservadas de Direito Empresarial do TJSP: "Escoado o prazo de suspensão de que trata o § 4º, do art. 6º da Lei nº 11.101/05 (*stay period*), as medidas de expropriação pelo credor titular de propriedade fiduciária de bens móveis ou imóveis, de arrendador mercantil, de proprietário ou promitente vendedor, poderão ser retomadas, ainda que os bens a serem excutidos sejam essenciais à atividade empresarial". São diversos os julgados nesse sentido: (i) SÃO PAULO (Estado). Tribunal de Justiça do Estado de São Paulo. *AI nº 2281496-38.2020.8.26.0000*. 2. Câmara Reservada de Direito Empresarial. Relator: Des. Maurício Pessoa, 16 de junho de 2021; (ii) SÃO PAULO (Estado). Tribunal de Justiça do Estado de São Paulo. *AC nº 1000827-56.2018.8.26.0424*. 29. Câmara de Direito Privado. Relator: Des. Fabio Tabosa, 9 de junho de 2021; (iii) SÃO PAULO (Estado). Tribunal de Justiça do Estado de São Paulo. *EDcl nº 2030761-82.2020.8.26.0000*. 23. Câmara de Direito Privado. Relator: Des. Marcos Gozzo, 28 de abril de 2021; (iv) SÃO PAULO (Estado). Tribunal de Justiça do Estado de São Paulo. *AI nº 2222424-23.2020.8.26.0000*. 1. Câmara Reservada de Direito Empresarial. Relator: Des. Alexandre Lazzarini, 17 de dezembro de 2020.

176. (i) SÃO PAULO (Estado). Tribunal de Justiça do Estado de São Paulo. *AI nº 2104385-72.2017.8.26.0000*. 1. Câmara Reservada de Direito Empresarial. Relator: Des. Cesar Ciampolini, 22 de janeiro de 2018; (ii) SÃO PAULO (Estado). Tribunal de Justiça do Estado de São Paulo. *AI nº 2042236-79.2013.8.26.0000*. 1. Câmara Reservada de Direito Empresarial. Relator: Des. Maia da Cunha., 6 de fevereiro de 2014. Vale destacar que a questão não é pacificada, existindo julgados em sentido contrário, que entendem pela manutenção dos contratos por serem essenciais: (i) SÃO PAULO (Estado). Tribunal de Justiça do Estado de São Paulo. *AI nº 2017701-76.2019.8.26.0000*. 2. Câmara Reservada de Direito Empresarial. Relator: Des. Maurício Pessoa, 10 de junho de 2019; (ii) SÃO PAULO (Estado). Tribunal de Justiça do Estado de São Paulo. *AI nº 2250256-02.2018.8.26.0000*. 27. Câmara de Direito Privado. Relatora: Des. Daise Fajardo Nogueira Jacot, 18 de junho de 2019.

fiscalização das agências reguladoras federais, reconhecendo a competência do respectivo juízo federal[177].

A rigor, não se pode ignorar que, em decorrência das limitações inerentes ao concurso característico da recuperação judicial e da transitoriedade desse procedimento, outros juízos conservam as suas competências para o processamento de questões afetas ao devedor, que podem ou não impactar o processo de soerguimento em curso no juízo especializado.

Com efeito, as críticas dessa parcela da doutrina demonstram que, do ponto de vista teleológico, é insuficiente fundamentar a extensão da competência do juízo da recuperação judicial no princípio da preservação da empresa, que é, grosso modo, um dos objetivos da recuperação judicial, ao lado da satisfação dos credores. Assim, não parece mesmo suficiente justificar a ampliação da competência jurisdicional em apenas uma das funções da recuperação judicial[178].

Apesar da insuficiência do critério que vem sendo adotado pelo STJ, igualmente não se deve ignorar que a recuperação judicial é um processo estrutural, que leva à formação de outra espécie de concurso, de natureza cooperativa, destinado ao sopesamento dos múltiplos interesses envolvidos.

Nesse passo, parece relevante entender em que medida a formação desse outro concurso irradia efeitos para além do processo recuperacional, conferindo ao juízo da recuperação judicial competência para decidir (ou participar do processo decisório de) questões que vão além do cumprimento do plano e da satisfação de créditos concursais.

1.7. A COMPETÊNCIA IMPLÍCITA DO JUÍZO DA RECUPERAÇÃO JUDICIAL PARA GERIR O PATRIMÔNIO SOCIAL DO DEVEDOR

Por tudo que se expos até aqui, não parece haver dúvidas de que a recuperação judicial produz efeitos dentro e fora do processo, em especial envolvendo o patrimônio do devedor. De início, por expressa previsão do inciso II do art. 6º da LREF, que trata da suspensão das execuções em curso

177. BRASIL. Superior Tribunal de Justiça (1. Seção). CC n. 156.064/DF. Relator: Ministro Napoleão Nunes Maia Filho. Relator para acórdão: Ministro Herman Benjamin, 14 de novembro de 2018. *Diário de Justiça Eletrônico:* 29 de maio de 2019.

178. Segundo Renata Dezem, a recuperação judicial tem funções bem delimitadas, que vão prevalecer conforme as circunstâncias concretas: "[...] a função da recuperação judicial está ligada tanto à preservação da empresa como à satisfação dos credores e de interesses variados, servindo como norte também (e cada vez mais) a sua função econômica. A prevalência de uma ou de outra função dependerá das circunstâncias do caso concreto, embora, em qualquer caso, devam ser consideradas todas essas premissas". (DEZEM, Renata Mota Maciel Madeira. *A Universalidade do Juízo da Recuperação Judicial*. São Paulo: Quartier Latin, 2017. p. 160).

contra o devedor (à exceção daquelas que tenham como objetivo o pagamento de créditos extraconcursais), reitera-se que o deferimento do processamento do pedido recuperacional altera a conformação da competência dos juízos individuais responsáveis pelo processamento dessas ações judiciais, que passam a estar impedidos de adotar qualquer medida de bloqueio ou expropriação contra o patrimônio social do devedor.

A suspensão das ações judiciais que demandam o pagamento de verbas concursais já liquidadas não é a única consequência de natureza patrimonial decorrente do deferimento do pedido. Em razão da insuficiência de recursos necessários à satisfação das obrigações – cabe lembrar que é precisamente essa situação de insolvência que justificou o ajuizamento do pedido –, a LREF, ao interromper a corrida dos credores pelos bens do devedor, confere ao juízo da recuperação judicial uma competência bastante ampla para proteger o seu patrimônio social.

A razão para isso é muito simples: ainda que nem todos os créditos estejam submetidos aos efeitos do plano e abarcados pela suspensão de que trata o art. 6º, § 4º, da LREF, o patrimônio do devedor é apenas um e a sua preservação, como conjunto organizado de bens em funcionamento, é essencial para a maximização do valor dos ativos[179].

A confirmar a amplitude da competência do juízo da recuperação judicial para gerir o patrimônio do devedor, o art. 66 da LREF veda alienação ou oneração de bens ou direitos do ativo não circulante do devedor, salvo mediante autorização judicial e após a oitiva do comitê de credores, caso tenha sido constituído, excetuada, ainda, eventual alienação ou oneração a ser operada nos termos do plano aprovado.

De igual modo, durante o *stay period*, até mesmo os credores extraconcursais ficam impedidos de buscar a satisfação de suas obrigações. Segundo o art. 49, §§ 3º e 5º, da LREF, durante esse prazo, é vedada a venda ou retirada do estabelecimento do devedor de bens de capital essenciais à sua atividade, bem como eventuais valores recebidos em pagamento das garantias devem permanecer nas contas vinculadas enquanto não renovadas ou substituídas essas garantias[180].

179. "Por outro lado, essa ideia de preservação da empresa tem muito a ver com algo que os americanos chamam de "*going concern value*" (valor da empresa em funcionamento). A empresa não é apenas um conjunto de bens e pessoas, é mais do que isso, ela tem em si, em funcionamento, em atividade, um agregado imponderável que lhe dá um valor a mais específico, próprio e efetivo. A preservação, portanto, tem a ver diretamente com o valor da empresa em funcionamento". (TOLEDO, Paulo Fernando Campos Salles de. A reforma da Lei de Falências e a experiência do Direito Estrangeiro. *Revista do Advogado*, São Paulo, n. 36, p. 82-87, 1992).

180. "Extrai-se dessas previsões que, como regra, não há suspensão de ações e execuções envolvendo créditos não sujeitos à recuperação judicial, embora, quando julgou pertinente, o legislador trouxe exceção expressa, prevendo a submissão parcial e restrita de determinados atos ao prazo de cento e

Ainda, segundo o art. 6º, § 6º, da LREF, eventuais novas ações propostas contra o devedor devem ser comunicadas ao juízo da recuperação judicial, evidenciando a intenção do legislador de deixá-lo ciente, desde o deferimento do processamento do pedido, sobre a gama de problemas envolvendo o devedor e a extensão do seu passivo, submetido ou não ao concurso.

É perfeitamente possível defender, portanto, com base na exegese da LREF e na interpretação teleológica dos arts. 3º e 52, que o deferimento do processamento do pedido submete o devedor a um regime especial de gestão do seu patrimônio social, subtraindo tanto do devedor quanto de seus credores a possibilidade de disposição e oneração dos ativos, que passam a responder na integralidade pelo sucesso do soerguimento e pelo cumprimento do plano de recuperação judicial (sem prejuízo de seguir respondendo pelo cumprimento de obrigações extraconcursais)[181].

Desse modo, ainda que o concurso na recuperação judicial não apresente o mesmo cunho liquidatório, é correto afirmar que o processamento do pedido interfere no cumprimento de outras obrigações. Assim como os atos de disposição do devedor sobre esse patrimônio ficam limitados, os credores, submetidos ou não ao concurso, ficam condicionados à gestão patrimonial exercida pelo juízo da recuperação judicial.

Nessa ordem de ideias, a fixação da competência no juízo do local do principal estabelecimento do devedor (art. 3º da LREF) e o deferimento do processamento do pedido de recuperação judicial (art. 52 da LREF) conferem, implicitamente, a esse juízo uma competência genérica para garantir a maximização do valor conjunto dos ativos do devedor e, consequentemente, decidir sobre a atos que envolvam a disposição desse patrimônio para fins de satisfazer outras obrigações em detrimento do cumprimento do plano de recuperação judicial e da preservação da atividade[182].

Ao tempo em que a LREF confere ao juízo da recuperação judicial uma competência ampla para decidir sobre a disposição do patrimônio do devedor, o processamento do pedido de recuperação judicial altera a

---

oitenta dias de suspensão, previsto no § 4º do artigo 6º para a recuperação judicial." (DEZEM, Renata Mota Maciel Madeira, op. cit., p. 283).

181. No mesmo sentido é a interpretação da Associação Norte e Nordeste de Professores de Processo - ANNEP, que interveio como *amicus curiae* nos Recursos Especiais nº 1.694.316, nº 1.712.484 e nº 1.694.261, representativos da controvérsia afetada para julgamento pelo regime dos recursos repetitivos (Tema 987, conforme petição protocolada em 10 de abril de 2019.

182. Consoante ensina Paula Sarno Braga, a competência, ainda que deva ser estipulada previamente por meio de norma jurídica, evitando-se a escolha arbitrária do julgador, nem sempre estará definida de forma textual e literal: a sua fixação pode constar em texto normativo, cujo sentido seja evidenciado a partir de método interpretativo. São os chamados "*implied powers*". (BRAGA, Paula Sarno. Competência adequada. *Revista de Processo*, São Paulo, n. 219, p. 13-41, maio, 2013. Ver no STF sobre o tema: BRASIL. Superior Tribunal Federal (2. Turma). RE 47757. Relator: Ribeiro da Costa, 24 de agosto de 1962. *Diário de Justiça*: 18 de outubro de 1962).

conformação da competência jurisdicional dos juízos individuais que, até o deferimento do pedido, poderiam adotar medidas incondicionadas contra o patrimônio do devedor em recuperação judicial.

Isto é, embora o juízo da recuperação judicial não seja, como o juízo falimentar, competente para arrecadar os bens do devedor, o processamento da recuperação judicial lhe confere poderes especificamente voltados à proteção do patrimônio social do devedor, condicionando, em alguma medida, a atuação dos demais órgãos julgadores sobre esse conjunto de bens e direitos.

1.8. UMA PROPOSTA POSSÍVEL: A UNIVERSALIDADE DO JUÍZO RECUPERACIONAL A PARTIR DA INFLUÊNCIA DO ESTADO DE CRISE NAS SOLUÇÕES JURÍDICAS APLICÁVEIS

As conclusões trazidas acima não deixam dúvidas de que o juízo recuperacional possui competência implícita para a proteção e gestão do patrimônio do devedor. Em estudo pioneiro sobre o tema da universalidade na recuperação judicial, Renata Dezem busca afirmar a sua existência, distanciando-se de fundamentos paternalistas, na medida em que, para a autora, o seu fundamento não estaria na necessidade de preservação da empresa e em nada se relacionaria com a ideia de indivisibilidade do juízo.

Isso porque, diferentemente do que ocorre na falência, o problema não é a remessa das ações ao juízo do concurso, "mas a resolução de situações jurídicas diversas e, por vezes, complexas, as quais têm influência reflexa ou mesmo direta na recuperação da empresa em crise"[183]. Segundo a autora, após a fixação da competência no principal estabelecimento do devedor, a sua extensão conformar-se-ia a partir de uma abordagem dos reflexos da recuperação judicial nas relações jurídicas materiais e vice-versa[184].

Retomando o conceito de *competência* como legitimidade, que, ao mesmo tempo, limita e autoriza o exercício de determinados poderes, Renata Dezem recorda que a competência não se encerra na função processual de repartir, de forma organizada, o exercício da jurisdição. Caberia averiguar em que medida sua estrutura tradicional poderia ser flexibilizada, tendo em conta a função da própria recuperação judicial (reorganizar a empresa em crise, contrabalanceando os múltiplos interesses envolvidos) e o papel promocional do Poder Judiciário[185] nesse processo, o qual, recorda-se, é de natureza coletiva e estrutural. Assim, para que um juízo seja concretamente

---

183. DEZEM, Renata Mota Maciel Madeira. *A Universalidade do Juízo da Recuperação Judicial*. São Paulo: Quartier Latin, 2017. p. 208.

184. Ibid., p. 180.

185. A mesma compreensão foi abordada no tópico 1.4.1 deste livro.

competente, deve-se buscar uma adequação entre a demanda e o órgão jurisdicional.

No intuito de extrair critérios objetivos para delimitar a extensão da competência jurisdicional à luz da função da recuperação judicial, inclusive para decidir sobre questões que vão além da proteção dos ativos do devedor, Renata Dezem traça um paralelo com os institutos processuais da conexão, da continência e da prejudicialidade[186].

Em síntese, a conexão e a continência são causas de modificação da competência relativa, de modo a evitar a prolação de decisões contraditórias e/ou conflitantes, nos termos dos arts. 55 e seguintes do CPC[187]. A conexão pode ter como fundamento a prejudicialidade entre causas, que ocorre quando o teor da decisão de um juízo depende do que é decidido pelo outro[188].

Não sendo possível a conexão (por exemplo, por incompetência absoluta em razão da matéria), a prejudicialidade leva à suspensão do processo, na forma do art. 313, V, 'a', do CPC. Em qualquer caso, a prejudicialidade tem origem na relação de influência entre as situações de direito material, posteriormente manifestando-se no processo, a partir do momento em que as pretensões fundadas nessas situações são veiculadas em processos distintos. A partir daí, a prejudicialidade passa a ser uma relação de influência entre juízos[189], impondo a conexão ou a suspensão.

Na recuperação judicial, sob o que Renata Dezem denomina de "fenômeno da influência", as relações jurídicas de direito material do devedor teriam efeitos reflexos na relação processual plurilateral, que se instaura com o deferimento do processamento do pedido de recuperação judicial[190]. Compreender essa ideia passa pela noção de que, em torno da crise da empresa (relação material) há uma série de conflitos reflexos e secundários, muitas vezes, simultaneamente contrapostos, impondo ao juízo da recupe-

186. Ibid., p. 214 *et seq.*

187. "Para que a conexão e/ou a continência se manifestem, é necessário que haja duas ou mais ações em curso perante órgãos judiciais relativamente competentes e, na forma do disposto no NCPC, arts. 55 e 56, comentados a seguir, diante de um grau maior ou menor de afinidade entre os pedidos e/ou entre as causas de pedir, elas serão reunidas em um único processo perante um dos órgãos competentes. A reunião das ações conexas far-se-á no órgão prevento, na forma do disposto no art. 58 do NCPC. Daí por que se fala em causas de modificação da competência – sendo correta também a utilização da expressão causa de deslocamento de competência. As causas de determinação de competência absoluta não comportam modificação, de modo que, em relação a elas, a conexão não produzirá efeitos". (GALDINO, Flavio. Título III: Da competência interna. *In*: CABRAL; Antonio do Passo; CRAMER, Ronaldo (Coord.). *Comentários ao novo Código de Processo Civil*. 2. ed. Rio de Janeiro: Forense, 2016. p. 102).

188. DIDIER JR., Fredie. *Curso de direito processual civil*: introdução ao direito processual civil, parte geral e processo de conhecimento. 23. ed. São Paulo: Juspodivm, 2021. p. 575.

189. LEITE, Clarisse Frechiani Lara. *Prejudicialidade no processo civil*. São Paulo: Saraiva, 2008. p. 106 e 245.

190. DEZEM, Renata Mota Maciel Madeira, op. cit., p. 235.

ração judicial uma "atuação despolarizada, como forma de obter soluções cooperativas"[191].

Há de observar-se que essa noção em muito se aproxima da ideia de Edilson Vitorelli que adotamos como premissa na presente publicação: os litígios de difusão irradiada (nos quais se inserem os processos estruturais e, consequentemente, a recuperação judicial) são marcados pela existência de grupos de pessoas afetadas de modos distintos pelo problema, com visões diferentes sobre como ele deve ser solucionado[192]. Com efeito, não há como tratar adequadamente a multipolaridade senão atribuindo ao juízo responsável pelo processo estruturante o poder de sopesar adequadamente as diversas zonas de interesse que se apresentam.

Desse modo, a natureza multipolar do processo de recuperação judicial geraria uma espécie de prejudicialidade entre questões submetidas a juízos distintos (condicionamento de um juízo ao que restar decidido pelo outro), podendo levar a uma ponderação sobre os limites dos critérios, já abordados, de unidade, universalidade e indivisibilidade do juízo recuperacional. Tal ponderação, por sua vez, justificaria, sob o ponto de vista da adequação, concentrar em um mesmo juízo as decisões relacionadas à superação do estado de crise[193].

A universalidade originar-se-ia, então, no plano material a partir dos reflexos do estado de crise nos diversos interessados antes do deferimento do pedido[194], fazendo com que questões sejam atraídas para o juízo recuperacional também em razão de uma relação de condicionamento existente antes e fora do processo de recuperação judicial, entre o seu processamento e as demais relações jurídicas envolvendo o devedor.

Partindo dessa premissa, os efeitos reflexos da recuperação judicial nas mais diversas relações jurídicas do devedor, capazes de gerar um vínculo jurídico relevante entre a questão controversa e o estado de crise, justificariam a extensão da competência do juízo recuperacional para conhecer dessas questões, exatamente como ocorre no caso de processos conexos e/ou diante de uma relação de prejudicialidade entre causas.

Nesse passo, Renata Dezem conclui que, sempre que o estado de crise da empresa integrar o campo lógico ou imperativo daquela relação jurídica, condicionando, de algum modo, o conhecimento e a solução jurídica apli-

---

191. *Ibidem.*

192. Vide notas 78 e 79.

193. DEZEM, Renata Mota Maciel Madeira, op. cit., p. 209.

194. Embora a universalidade origine-se antes do deferimento, Renata Dezem registra que tal momento é essencial à constituição do estado de crise por evidenciar a presença do interesse público para além da esfera privada dos credores (Ibid., p. 237).

cável, deve ser reconhecida a universalidade do juízo recuperacional, bem como "a necessidade de coordenação entre os juízos, ainda que isso importe flexibilização da regra da indivisibilidade"[195].

Isso não pode significar, contudo, que ao juízo da recuperação judicial deve ser atribuída competência para decidir sobre toda e qualquer questão a respeito do devedor. Nas hipóteses em que o vínculo entre o estado de crise e o objeto da relação jurídica submetida a outro juízo não for tão evidente, a eventual atribuição de competência ao juízo recuperacional dependerá de uma análise acurada e coerente dos juízos envolvidos sobre a necessidade de se considerar os aspectos do estado de crise na solução jurídica aplicável.

Nesse ponto, ganham relevo situações envolvendo a manutenção de contratos do devedor contra a vontade da parte contrária. Uma vez demonstrado que a rescisão do contrato pode comprometer as possibilidades de superação do estado de crise, Renata Dezem defende ser o caso de atribuir ao juízo recuperacional competência para sopesar a autonomia privada do outro contratante com os igualmente relevantes interesses público e coletivo da recuperação judicial[196].

Por evidente, considerando-se que o estado de crise é apenas um e todas as suas nuances são mais profundamente conhecidas pelo juízo da recuperação judicial, a extensão da competência desse juízo nos termos ora propostos garante, ao menos em tese, segurança jurídica[197], coerência sistêmica e economia processual, evitando que uma mesma questão seja valorada, possivelmente, de forma diversa por mais de um órgão jurisdicional[198].

---

195. Ibid., p. 330.
196. Ibid., p. 353.
197. "A segurança é, de longa data, entendida como um princípio fundamental de qualquer Estado de Direito, que, ao lado da justiça, informa todo o conjunto de normas do sistema jurídico. [...] pode-se dizer que ela informa diretamente outras normas e institutos jurídicos também considerados fundamentais, como a proteção à propriedade e ao direito adquirido, o respeito às cláusulas dos contratos e a coisa julgada. [...] O direito representa um meio para assegurar a realização de valores pelo indivíduo, e isso só ocorre quando há segurança jurídica. Os próprios operadores econômicos costumam sublinhar que a segurança jurídica gera confiança, o que, por sua vez, constitui requisito essencial para os investimentos econômicos e para o conseqüente desenvolvimento do país. Esse princípio permite que os indivíduos e as empresas, pessoas físicas e jurídicas, prevejam as conseqüências de suas ações." (WALD, Arnoldo. O princípio fundamental da segurança jurídica. *In:* AMARAL, Antonio Carlos Rodrigues do; ROSAS, Roberto; VELLOSO, Carlos Mário da Silva (Coord.) *Princípios constitucionais fundamentais:* estudos em homenagem ao professor Ives Gandra da Silva Martins. São Paulo: Lex, 2005. p. 216).
198. DEZEM, Renata Mota Maciel Madeira, op. cit., p. 241.

1.9. À GUISA DE REFLEXÃO: AS DIFICULDADES INERENTES À UNIVERSALIZAÇÃO DO JUÍZO RECUPERACIONAL

A nosso sentir, a teorização de uma universalidade para a recuperação judicial não tem sido suficiente para o alcance da finalidade proposta.

Há uma primeira dificuldade de identificar as hipóteses em que deve ser conferida, sob o ponto de vista da adequação, competência ao juízo recuperacional para decidir determinada questão originariamente submetida à cognição de outro órgão julgador[199]. Ainda que superado esse primeiro entrave, persiste a dificuldade de implementação da solução encontrada, que, normalmente, é aplicada impositivamente pelo STJ ao decidir os conflitos de competência que colocam em lados contrapostos o juízo recuperacional e os órgãos julgadores individuais, como se travassem verdadeira batalha na consecução de seus objetivos.

De modo geral, parece lógico que o reconhecimento da competência do juízo recuperacional exige uma análise acurada das particularidades da situação em concreto, aferindo-se, casuisticamente, em qual medida a recuperação judicial exerce influência na relação jurídica de direito material, demandando uma interferência episódica do juízo da recuperação na competência do juízo individual.

Essa nota é relevante porque uma interferência mal sopesada leva, em última análise, à inefetividade da prestação jurisdicional que se espera desse outro órgão julgador. A confirmar o que se afirma, basta pensar nas situações envolvendo o patrimônio do devedor e a satisfação de créditos extraconcursais.

Não é exagero afirmar que decisões vedando indefinidamente a prática de atos constritivos destinados à satisfação de créditos extraconcursais e não equalizados voluntariamente pelo devedor *após* o encerramento do período de suspensão das execuções configuram situações de manifesta inefetividade

---

199. Para Renata Dezem, os conflitos positivos de competência surgem em razão da dificuldade de estabelecer-se a extensão da competência do juízo da recuperação judicial. (DEZEM, Renata Mota Maciel Madeira. *A Universalidade do Juízo da Recuperação Judicial*. São Paulo: Quartier Latin, 2017. p. 287).

de um direito reconhecido[200]; um contrassenso com o (mais tradicional) objetivo jurisdicional de promover a realização do direito[201].

A questão é que, assim como os juízos das execuções extraconcursais não devem ignorar a competência do juízo da recuperação judicial para limitar as investidas contra bens essenciais à atividade do devedor, estando atentos também à incidência do princípio da preservação da empresa e da menor onerosidade do executado, o juízo da recuperação judicial deve zelar pela efetividade do direito extraconcursal[202].

De igual forma, assim como uma interferência indevida do juízo recuperacional pode comprometer a efetividade do direito extraconcursal, a inobservância das regras mais basilares da LREF pelos juízos individuais – bastante comum em conflitos envolvendo tentativas paralelas de satisfação de créditos concursais – compromete a eficiência do processo de recuperação.

Ainda que se possa argumentar que os credores, especialmente os trabalhistas, estariam mais bem amparados sob a atuação dos juízos individuais, o deferimento do processamento do pedido na forma da LREF impõe a observância do rito legal, em especial, no que concerne à forma de satisfação dos créditos concursais, por todos os órgãos do Poder Judiciário.

---

200. De modo a pavimentar o cabimento de medidas executivas atípicas, Marcos Youji Minami ensina que o Poder Judiciário não pode deixar de efetivar prestação certificada em decisão ou em título executivo extrajudicial com a justificativa de não ser possível a sua realização, consistindo tal ideia na vedação ao *non factibile*: o processo jurisdicional, na qualidade de ferramenta destinada a promover a realização do direito, não pode se encerrar em uma situação de inefetividade de um direito reconhecido. (MINAMI, Marcos Youji. *Da vedação ao non factibile*: uma introdução às medidas executivas atípicas. 2. ed. rev. atual. e ampl. São Paulo: Juspodivm, 2020. p. 131-132). A ideia amolda-se perfeitamente ao caso, na medida em que o processamento da recuperação judicial não pode justificar a insatisfação do débito extraconcursal.

201. Sobre o ponto, Renata Dezem, citando Elival da Silva Ramos, critica decisões que, ao arrepio do que prevê o art. 49, § 3º, entendem por submeter créditos extraconcursais ao concurso: "A questão aqui é analisar o objetivo do artigo 49 da Lei n. 11.101/05, que consiste, na verdade, em uma clara opção legislativa em beneficiar o crédito que se amolde àquelas condições. Por isso, parece delicado declinar ao Poder Judiciário a decisão sobre a submissão de tais créditos à recuperação judicial, diante da possível "ultrapassagem das linhas demarcatórias da função jurisdicional, em detrimento principalmente da função legislativa". A completa submissão do crédito à recuperação judicial, em afronta direta ao disposto no artigo 49 da Lei n. 11.101/05, parece não ser o melhor caminho, embora se possam traçar alternativas de resolução do conflito a partir do consenso das partes, sendo essa uma postura ativa do juiz que pode gerar bons frutos, sem que com isso se quebre a segurança jurídica e, no caso, econômica, que deve permear as relações negociais envolvidas. (DEZEM, Renata Mota Maciel Madeira; SCAFF, Ricardo Felício. A recuperação judicial e o ativismo judicial. *In*: DIDIER JR., Fredie *et al.* (Coord.). *Ativismo Judicial e Garantismo Processual*. São Paulo: Juspodivm, 2013. p. 395-428 e 562).

202. BOMFIM, Daniela Santos; LAMÊGO, Guilherme Cavalcanti; LAMÊGO, Gustavo Cavalcanti. Execução de créditos extraconcursais em face de devedores em recuperação: impacto da Lei nº 14.112/2020 nos entendimentos firmados no CC 114.987/SP e no RESp 1.512.118/SP. *In*: DIDIER JR., Fredie; CUEVA, Ricardo Vilas Bôas. *Processo civil empresarial e o Superior Tribunal de Justiça*. São Paulo: Ed. Juspodivm, 2021. p. 129.

Assim, sob nenhum aspecto o desalinho entre os juízos se justifica. Integrantes ou não de diferentes braços da Justiça, a jurisdição é una, cabendo a todos os juízos, independentemente de sua especialidade, promover as garantias processuais e zelar pela proteção dos direitos individuais e sociais constitucionalmente assegurados aos cidadãos.

Se há – como é inegável – múltiplos interesses gravitando em torno da recuperação judicial do devedor, os órgãos julgadores incumbidos da gestão desses interesses devem unir-se na consecução de seus objetivos, solucionando (ou até mesmo evitando) eventuais embates a partir de uma atuação jurisdicional coordenada[203], que, em vez de condicionar a atuação de um órgão ao outro, possibilite decisões dialogadas sobre cada questão controversa.

Por outro lado, a materialização em larga escala de diversos conflitos positivos de competência desde o início da vigência da LREF revela que, na prática, há pouca ou nenhuma interação entre o juízo recuperacional e outros juízos.

Sob esse enfoque, é possível aventar que a teorização de uma universalidade para a recuperação judicial nasceu no seio da jurisprudência justamente em razão de um descompasso entre os órgãos julgadores. Na ausência de um engajamento recíproco com os fins da recuperação judicial, tornou-se necessário que um terceiro (normalmente o STJ) passasse a apontar o órgão competente no caso concreto, centralizando, impositivamente, no juízo recuperacional, questões que demandam uma visão global do contexto recuperacional.

O ponto que nos parece central nesta análise é que a *ratio* da universalidade – crucial ao reconhecimento da competência do juízo recuperacional sempre que a questão controversa impactar os objetivos gerais da recuperação judicial – deve fundamentar, quando necessário, a atuação dialogada e cooperativa dos órgãos julgadores ao invés de resultar na centralização impositiva de questões no juízo recuperacional.

Ao longo dos próximos capítulos, pretendemos demonstrar que o sistema processual brasileiro possui relevantes ferramentas à disposição dos órgãos julgadores capazes de aprimorar o diálogo e prevenir os conflitos, bem como de evitar a prática de atos processuais desnecessários, permitindo o adequado tratamento de questões e imprimindo celeridade ao trâmite processual.

O desenvolvimento de técnicas cooperativas permite virar essa chave para que a universalidade do juízo recuperacional, informada pela visão

---

203. Embora de forma embrionária, Renata Dezem pontua que a implementação da ideia de universalização exige a adoção de ferramentas de coordenação entre os juízos. (DEZEM, 2017, p. 365).

cooperativa de processo, torne-se fundamento para uma atuação jurisdicional mais dialogada e articulada e menos condicionante e impositiva.

Nesse sentido, a coexistência de diversas zonas de interesse no contexto recuperacional deve ser mediada a partir de maior engajamento dos órgãos julgadores em cooperar, garantindo-se, no caso concreto, que as questões controversas envolvendo bens e interesses do devedor sejam submetidas à cognição do órgão julgador mais adequado.

É precisamente essa a linha adotada pelo legislador de 2020 ao positivar o dever específico de cooperação judiciária nas hipóteses em que seja necessário analisar a essencialidade de determinado bem do devedor que tenha sido penhorado para satisfação de dívida não sujeita ao concurso, consoante redação dos §§ 7º-A e 7º-B do art. 6º da LREF, incluídos pela Lei nº. 14.112/2020[204].

Adiante, passamos à compreensão dos aspectos teóricos da cooperação judiciária para, ao final, apresentar ao leitor a potencialidade dos meios cooperativos na mitigação dos problemas práticos decorrentes da dificuldade de implementação de universalidade para o juízo da recuperação judicial, que, em razão da divisibilidade que lhe é inerente, depende de uma atuação coordenada dos juízos envolvidos.

204. A referida inovação legislativa é cuidadosamente examinada no tópico 3.2.1 deste livro.

Capítulo 2

COOPERAÇÃO JUDICIÁRIA NACIONAL: CONCEITO, FUNDAMENTOS NORMATIVOS E POTENCIALIDADES DAS INTERAÇÕES ENTRE OS ÓRGÃOS JURISDICIONAIS

2.1. COOPERAÇÃO JUDICIÁRIA: VOLUNTARIEDADE, ENGAJAMENTO, INFORMALIDADE E HUMANIZAÇÃO

A cooperação judiciária, a nível nacional ou internacional, traduz-se em interações não hierárquicas, espontâneas ou provocadas, entre juízos e tribunais, podendo assumir diversos propósitos, formas e graus de reciprocidade[1]. Essas articulações consensuais sobre o exercício da competência inserem-se no contexto do processo cooperativo, em que a participação colaborativa de todos os sujeitos é relevante para a formação das decisões e para o alcance de uma prestação jurisdicional efetiva e eficiente.

O modelo cooperativo surge a partir de um equilíbrio entre os paradigmas anteriores: o modelo adversarial e o modelo inquisitorial. Enquanto o primeiro é marcado pela presença de um órgão jurisdicional passivo diante do conflito travado entre as partes, incumbido precipuamente da função de decidir, no modelo inquisitorial, o órgão julgador posiciona-se como o grande protagonista do processo, retirando das partes a autonomia de con-

1. CABRAL, Antonio do Passo. *Juiz natural e eficiência processual:* flexibilização, delegação e coordenação de competências no processo civil. São Paulo: Thomson Reuters, 2021. p. 429. Especificamente sobre cooperação a nível internacional, ver: (i) SLAUGHTER, Anne-Marie. A typology of transjudicial communication. *University of Richmond Law Review*, Richmond (EUA), vol. 29, p. 99-137, 1994; (ii) AHDIEH, Robert B. Between dialogue and decree: international review of national courts. *New York University Law Review*, Nova Iorque (EUA), vol. 79, n. 6, p. 2.029-2.163, 2004; (iii) MCGOVERN, Francis E. Rethinking cooperation among judges in mass tort litigation. *UCLA Law Review*, Los Angeles (EUA), vol. 44, p. 1.851-1.870, 1997; (iv) VAN RHEE, C. H., Gerenciamento de casos e cooperação na Europa: uma abordagem moderna sobre a litigância cível. *Civil Procedure Review*, [S. l.], v. 13, n. 2, p. 157-170, maio/ago. 2022.

duzir e definir o procedimento[2]. No modelo cooperativo, o processo não é exclusivamente "coisa das partes", tampouco "instrumento da jurisdição". É, em verdade, uma comunidade de trabalho na qual todos devem estar empenhados em alcançar o melhor resultado possível[3], inclusive, o juiz.

Note-se que o processo de matriz colaborativa é resultado do redimensionamento do princípio do contraditório, que, para além de garantir a participação das partes (dimensão formal), traduz-se na possibilidade de influência (dimensão material) no processo de formação da decisão judicial[4], deixando de ser fundamento de luta entre os litigantes para assumir um papel dialógico. Nessa linha, o CPC ampliou as possibilidades de diálogo e interação entre os sujeitos processuais, retomando a autonomia das partes e resgatando o papel ativo do julgador, inserindo-o no diálogo processual.

De um lado, a participação das partes, ainda que decorrente da garantia do contraditório, deve ser consentânea com os objetivos da jurisdição, garantindo-se um diálogo pautado nos deveres de veracidade (as declarações das partes devem estar em consonância com os seus objetivos e com a verdade) e completude (as partes não devem sonegar fatos relevantes para a discussão)[5].

De outro, deve o juiz, mediante o cumprimento dos deveres de esclarecimento, consulta e prevenção, engajar-se em promover ampla discussão entre os sujeitos e garantir iguais oportunidades de manifestação para que todos participem do processo de formação da decisão judicial[6].

Essa nova conformação do processo leva, ainda, à ampliação da ideia inicial de cooperação, que, até então, era pensada das partes para com o juiz ou em nível de cooperação judiciária internacional[7]. Agora, diante da literalidade do art. 6º do CPC, a prestação jurisdicional efetiva e eficiente pressupõe que todos os sujeitos processuais cooperem entre si, inclusive o juiz com as partes e com outros juízos. Afinal, em uma comunidade de trabalho em que todos os atores devem estar engajados em obter um resultado

---

2. (i) DIDIER JR., Fredie. *Curso de direito processual civil:* introdução ao direito processual civil, parte geral e processo de conhecimento. 23. ed. São Paulo: Juspodivm, 2021. p. 167-168; (ii) DIDIER JR., Fredie. Os três modelos de direito processual: inquisitivo, dispositivo e cooperativo. *Revista de Processo*, São Paulo, vol. 198, p. 213-225, ago. 2011.
3. CÂMARA, Alexandre Freitas. *Manual de Direito Processual Civil.* Barueri: Atlas, 2022. p. 78-79.
4. Sobre o tema, ver: SCHENK, Leonardo Faria. *Cognição Sumária:* Limites Impostos pelo Contraditório no Processo Civil. São Paulo: Saraiva, 2013. p. 25-72.
5. CABRAL, Antonio do Passo. *Nulidades no processo moderno*: contraditório, proteção da confiança e validade *prima facie* dos atos processuais. 2. ed. Rio de Janeiro: Forense, 2010. p. 218.
6. Ibid., p. 227.
7. CABRAL, Antonio do Passo. *Juiz natural e eficiência processual:* flexibilização, delegação e coordenação de competências no processo civil, op. cit., p. 430.

ótimo, a interação dialógica e cooperativa entre os órgãos jurisdicionais parece mesmo indispensável.

No plano internacional, em que convivem diversas autoridades judiciárias nacionais e internacionais – a exemplo do que ocorre na União Europeia –, inúmeros estudos foram desenvolvidos em uma busca pela implementação de um diálogo entre os diversos centros decisórios e por soluções para as hipóteses em que as competências dos Tribunais dos Estados-membros e dos órgãos comunitários se sobrepõem[8] ou, ainda, para que seja garantida coerência sistêmica entre as soluções jurídicas aplicadas[9].

Nesse sentido, as trocas interativas podem ser monológicas e passivas, ocorrendo mediante a simples citação de um entendimento de outro Tribunal ou a sinalização, via *obiter dicta,* de que determinada posição ou linha de entendimento é relevante[10]. Embora essas interações não provoquem um pronunciamento do outro juízo, servem de fontes para decisões futuras e contribuem para a evolução do direito[11].

De outro lado, a cooperação pode dar-se de maneira ativa e dialógica, por meio da solicitação de providências ou informações e da celebração de protocolos institucionais que visem ao cumprimento de metas em comum[12]. Nesse caso, as interações dependem de mutualidade, resultando em benefícios para ambos os órgãos jurisdicionais, e podem, inclusive, levar ao exercício combinado de competências.

Em qualquer cenário, as interações cooperativas judiciárias são marcadas por voluntariedade, engajamento, informalidade e humanização. A cooperação surge a partir da provocação informal de um dos órgãos jurisdicionais envolvidos, que inicia um procedimento de consulta ou troca de informações, e aperfeiçoa-se de forma progressiva, com o retorno voluntário e positivo

---

8. A partir de extensa pesquisa no direito estrangeiro, o tema é bem aprofundado por Antonio do Passo Cabral: CABRAL, Antonio do Passo. *Juiz natural e eficiência processual:* flexibilização, delegação e coordenação de competências no processo civil, op. cit., p. 430.

9. Segundo Antonio Gomes de Vasconcelos, a cooperação judiciária nacional é inspirada na cooperação judiciária internacional europeia, desenvolvida com o escopo de facilitar e agilizar o acesso dos cidadãos à justiça e promover o andamento mais eficaz dos processos. (VASCONCELOS, Antonio Gomes de. As múltiplas dimensões da cooperação judiciária na administração da justiça brasileira. *In*: DIDIER JR., Fredie; CABRAL, Antonio do Passo (Coord.). *Cooperação judiciária nacional*. São Paulo: Juspodivm, 2021. p. 148-151).

10. SLAUGHTER, Anne-Marie. A typology of transjudicial communication. *University of Richmond Law Review*, Richmond (EUA), vol. 29, p. 99-137, 1994.

11. AHDIEH, Robert B. Between dialoque and decree: international review of national courts. *New York University Law Review*, Nova Iorque (EUA), vol. 79, n. 6, p. 2.029-2.163, 2004. Nas palavras de Anne-Marie Slaughter, trocas dessa natureza promovem uma "fertilização cruzada" de entendimentos (tradução nossa), que, embora seja difícil de ser controlada, dissemina ideias e leva inspiração para a solução de outras questões. (SLAUGHTER, Anne-Marie, op. cit., p. 99 *et seq*).

12. CABRAL, Antonio do Passo. *Juiz natural e eficiência processual:* flexibilização, delegação e coordenação de competências no processo civil, op. cit., p. 434-435.

do órgão da outra ponta e o estabelecimento de tratativas preliminares, em que serão considerados, por exemplo, o estágio dos processos, os custos envolvidos para implementação de determinada estratégia conjunta e os benefícios projetados com a sua prática[13].

Por tratar-se de um diálogo franco, despido de qualquer autoridade e hierarquia, que tem como objetivo resolver questões com benefícios aos órgãos envolvidos, afirma-se que a cooperação leva à humanização do exercício da atividade jurisdicional, tendo a aptidão de aproximar os juízos que enfrentam, em seu dia a dia, problemas similares.

Como bem pontua Maria Gabriela Campos, a cooperação judiciária rompe com a concepção clássica de que o Poder Judiciário se organiza com base na territorialidade, na medida em que segue uma perspectiva dialógica e horizontalizada, ultrapassando os limites de cada centro decisório[14].

A partir das interações colaborativas e da celebração de protocolos institucionais, os juízos passam a estar inseridos em projetos comuns destinados a costurar soluções combinadas capazes de otimizar a gestão do acervo processual[15].

No Brasil, a positivação do princípio da colaboração no art. 6º e a regulamentação da cooperação judiciária nacional nos arts. 67 a 69 pelo CPC não foram suficientes para o desenvolvimento imediato de estudos sobre a possibilidade de juízos e tribunais colaborarem entre si em busca da otimização da prestação jurisdicional[16].

Passados alguns anos da vigência do Código atual, a doutrina passou a debruçar-se sobre o tema, existindo, hoje, relevantes estudos sobre as principais características e benefícios das interações cooperativas entre os órgãos judiciários[17].

No que interessa ao presente livro, ficará claro, a partir das premissas teóricas apresentadas neste capítulo, que o exercício coordenado de competências dos órgãos julgadores envolvidos no contexto recuperacional pode ser satisfatoriamente alcançado por meio da utilização de ferramentas

---

13. Ibid., p. 436.
14. CAMPOS, Maria Gabriela. *O compartilhamento de competências no processo civil*: um estudo do sistema de competências sob o paradigma da cooperação nacional. São Paulo: Juspodivm, 2020. p. 138-139.
15. CABRAL, Antonio do Passo. *Juiz natural e eficiência processual:* flexibilização, delegação e coordenação de competências no processo civil. São Paulo: Thomson Reuters, 2021. p. 435.
16. Consoante destaca Antonio do Passo Cabral, os primeiros estudos relevantes sobre o tema da cooperação omitiram-se quanto ao cabimento da cooperação transjudiciária. (Ibid., p. 430, nota 383).
17. Menciona-se, sem pretensão exaustiva: (i) Ibid., p. 429-478; (ii) DIDIER JR., Fredie. *Cooperação judiciária nacional* – esboço de uma teoria para o direito brasileiro (arts. 67-69, CPC). São Paulo: Juspodivm, 2020; (iii) DIDIER JR., Fredie; CABRAL, Antonio do Passo (Coord.). *Cooperação judiciária nacional*. São Paulo: Juspodivm, 2021.

cooperativas, garantindo-se que as questões sensíveis afetas ao patrimônio do devedor em recuperação judicial e, de modo geral, ao estado de crise da empresa sejam apreciadas pelo órgão julgador mais adequado.

2.2. A IMPLEMENTAÇÃO DE UM SISTEMA NACIONAL DE COOPERAÇÃO JUDICIÁRIA PELO CPC DE 2015

Os arts. 200 a 212 do CPC/1973 previam formas de comunicação entre os juízos nacionais por meio das cartas de ordem e precatória, mantidas nos arts. 236 e 237 do CPC atual[18]. Nos casos em que é necessário solicitar a prática de um ato processual a um órgão jurisdicional que esteja subordinado ao órgão solicitante, o art. 237, I do CPC prevê a possibilidade de expedição de uma carta de ordem.

A carta precatória, a seu turno, pode ser utilizada para solicitar a órgãos jurisdicionais não subordinados ao juízo solicitante a prática de atos processuais, conforme prevê o art. 237, inciso III, do CPC, que afirma o uso dessa carta para a prática "de ato relativo a pedido de cooperação judiciária formulado por órgão jurisdicional de competência territorial diversa".

O legislador de 2015 introduziu, ainda, a carta arbitral, a ser expedida pelo tribunal arbitral quando for necessário que algum ato processual seja praticado por um órgão jurisdicional estatal (art. 237, IV, do CPC). Tendo em vista que a jurisdição arbitral não possui poder de império[19], as cartas arbitrais podem ter como objetivo, por exemplo, a condução coercitiva de testemunhas.

Ao viabilizarem a transferência do exercício da competência jurisdicional, permitindo, de forma episódica, que determinado ato processual seja praticado por um juízo a requerimento do outro, as cartas precatórias e de ordem podem ser classificadas, de modo geral, como instrumentos de comunicação processual.

No entanto, caso estabeleçam a prática de determinado ato de forma impositiva, independentemente do consenso – como sempre ocorre nas cartas de ordem –, não há que se falar em cooperação judiciária, mas em delegação do exercício da competência.

18. Tendo em vista que estamos tratando de comunicação apenas entre órgãos jurisdicionais nacionais, não abordaremos neste livro a carta rogatória.

19. "Uma das limitações da arbitragem está ligada à ausência de poder do árbitro para impor medidas coercitivas ou cautelares, no interesse das partes, e para a boa e efetiva realização da justiça. É nesse particular que se fraciona a jurisdição arbitral sem, contudo, anulá-la, por lhe faltar o componente da *coertio* privativo do Estado". (MARTINS, Pedro Batista. Da ausência de poderes coercitivos e cautelares do árbitro. Aspectos fundamentais da lei de arbitragem. *In*: MARTINS, Pedro Batista. LEMES, Selma Ferreira. CARMONA, Carlos Alberto (Coord.). *Aspectos fundamentais da Lei de Arbitragem*. Rio de Janeiro: Forense, 1999. p. 361).

Segundo Antonio do Passo Cabral, a transferência do exercício da competência pode ser implementada por diversas formas, dentre as quais se insere a delegação, que prescinde de consenso entre os juízos. Quer dizer, essa transferência pode ocorrer mesmo sem o consenso entre os órgãos estatais envolvidos, ainda que não exista hierarquia entre eles[20]. Por outro lado, o exercício da competência pode ser transferido em ato de gestão de competências, a ser implementado mediante a formação de "arranjos cooperativos e não hierárquicos", para cuja formação o consenso é indispensável[21].

Por essas razões, embora sejam instrumentos de comunicação entre os órgãos julgadores, nem sempre as cartas serão instrumentos de cooperação judiciária propriamente ditos[22], visto que a cooperação é marcada pela voluntariedade e informalidade, nascendo a partir do consenso entre os órgãos julgadores.

Em 2011 – ou seja, antes mesmo da introdução da cooperação judiciária na legislação processual –, o CNJ editou a Recomendação nº 38, tendo como objetivo implementar, por meio de um instrumento de *soft law*[23], a cooperação como técnica de gestão judiciária. Por meio da referida recomendação, o CNJ orientou os tribunais a adotarem mecanismos de cooperação entre os órgãos jurisdicionais e instituiu os Núcleos e os Juízes de Cooperação, os quais voltamos a mencionar mais adiante.

Positivando as ideias que já haviam sido plantadas pelo CNJ em 2011, o CPC atual passou a regulamentar o uso da cooperação judiciária nacional na gestão de processos e para fins de administração judiciária. Consoante definido por Fredie Didier Jr., é por meio da prática dos atos de cooperação

---

20. Por meio de cartas precatórias, o exercício da competência pode ser delegado a órgão de mesma posição na estrutura do Judiciário ou para qualquer outro juízo não submetido hierarquicamente ao delegante. Em caso de divergência entre eles, a questão deverá ser decidida pelo órgão responsável por apreciar o respectivo conflito de competência. (CABRAL, Antonio do Passo. *Juiz natural e eficiência processual:* flexibilização, delegação e coordenação de competências no processo civil, op. cit., p. 373).

21. (i) CABRAL, Antonio do Passo. *Juiz natural e eficiência processual:* flexibilização, delegação e coordenação de competências no processo civil, op. cit., p. 370; (ii) CAMPOS, Maria Gabriela. *O compartilhamento de competências no processo civil*: um estudo do sistema de competências sob o paradigma da cooperação nacional. São Paulo: Juspodivm, 2020. p. 118.

22. Para Fredie Didier Jr., as cartas também são instrumentos cooperativos independentemente da modalidade em que o exercício da transferência é feito, pois seria possível a cooperação para delegação. (DIDIER JR., Fredie. *Cooperação judiciária nacional* – esboço de uma teoria para o direito brasileiro (arts. 67-69, CPC). São Paulo: Juspodivm, 2020. p. 72).

23. Segundo Fredie Didier Jr., o fenômeno da *soft law* verifica-se em instrumentos regulatórios de força normativa limitada, que não substituem normas jurídicas e obrigações formalmente vinculantes, "mas que ainda assim são hábeis a disciplinar certos efeitos concretos em face de alguns destinatários". Pontua o autor que as recomendações do CNJ se enquadram nesse conceito ao consolidarem e recomendarem boas práticas judiciais. (DIDIER JR., Fredie. *Curso de direito processual civil:* introdução ao direito processual civil, parte geral e processo de conhecimento. 23. Ed. São Paulo: Juspodivm, 2021. p. 94-96).

que "os órgãos judiciários brasileiros podem interagir entre si, com tribunais arbitrais ou órgãos administrativos, com o propósito de colaboração para o processamento e/ou julgamento de casos e, de modo mais genérico, para a própria administração da justiça [...]"[24].

A cooperação judiciária surge, então, como uma ferramenta de gestão racional de processos ou de otimização da prestação jurisdicional em um caso específico, sempre calcada no princípio da eficiência. Em casos mais complexos, a cooperação poderá resultar no exercício coordenado de competências, viabilizando a atuação conjunta dos órgãos envolvidos em um ou mais processos.

Nesse contexto, parece relevante indagar os limites e as possibilidades da cooperação judiciária nacional a partir de seus fundamentos normativos e características, especialmente se as práticas cooperativas seriam incompatíveis com as garantias das partes no processo ou de que forma as competências podem ser combinadas por meio do ato cooperado sem que isso configure ofensa ao devido processo legal e à garantia do juiz natural.

2.2.1. Fundamentos normativos da cooperação judiciária nacional

2.2.1.1. Princípio da cooperação

Consoante já abordamos no tópico 2.1, o diálogo e as interações no processo têm origem no princípio da cooperação, hoje positivado no art. 6º do CPC. Não é exagero afirmar que a visão cooperativa de processo transformou a compreensão das normas fundamentais do processo civil, a exemplo do princípio do contraditório (complementado, hoje, pela proibição da decisão surpresa[25]), do princípio da igualdade (que é fundamento de reequilíbrio das desigualdades no processo[26]) e do próprio devido processo legal, que passou a estar mais ocupado com a efetividade da tutela jurisdicional do que com a observância de excessivas formalidades[27].

De forma mais ampla, o processo pode ser compreendido, atualmente, como uma comunidade de trabalho em que nem sempre as partes estarão em posições antagônicas, sendo esse o primeiro passo para o desenvolvimento

24. DIDIER JR., Fredie. *Cooperação judiciária nacional* – esboço de uma teoria para o direito brasileiro (arts. 67-69, CPC), op. cit., p. 61-62.

25. Art. 10 do CPC.

26. Art. 139, I, do CPC.

27. Sobre o tema, ver: (i) CÂMARA, Alexandre Freitas. Dimensão processual do princípio do devido processo constitucional. *Revista Iberoamericana de Derecho Procesal*. vol. 1, ano 1, p. 17-33. São Paulo: RT, jan.-jun./2015; (ii) VITORELLI, Edilson. O devido processo legal processual nos precedentes da Suprema Corte dos Estados Unidos: um contributo para a história das garantias processuais. *Revista da Faculdade de Direito da UFMG*, Belo Horizonte, n. 72, p. 187-217, jan./jun., 2018.

e a ampliação do diálogo entre todos os sujeitos envolvidos, inclusive, o juiz, a quem compete direcionar o processo de forma proativa e atenta às peculiaridades do litígio.

2.2.1.2. Princípio da eficiência processual

Relacionado ao desempenho dos entes que estão diretamente envolvidos com a administração pública, o princípio da eficiência está originalmente previsto no art. 37 da CRFB e traduz-se na presença, a um só tempo, do aumento dos ganhos e da diminuição dos custos[28]. A eficiência consiste, portanto, em um vínculo entre custo e resultado: para além de atender a determinado procedimento legal, o Estado se compromete em obter o melhor resultado.

A excessiva quantidade de processos em curso nos tribunais brasileiros, bem como o elevado tempo de tramitação fizeram com que o legislador passasse a pensar em técnicas capazes de aprimorar a prestação jurisdicional. É nesse campo que atua o princípio da eficiência processual, expressamente previsto na parte final do art. 8º do CPC, sob seus dois aspectos: quantificativo e qualificativo. Pelo primeiro, busca-se a realização do direito pelo menor custo financeiro e temporal; pelo segundo, a eficiência também se ocupa de garantir a qualidade da prestação jurisdicional.

Embora seja frequente a associação entre eficiência e economia processual, a eficiência é mais do que redução de tempo e recursos, na medida em que esses aspectos devem ser analisados ao lado dos fins que o Estado deve atingir ao prestar jurisdição[29]. Desse modo, o processo será eficiente sob os aspectos quantitativos e qualitativos se os meios adotados forem ótimos, gerando pouco esforço ou dispêndio, com o melhor resultado possível[30]. Não obstante um processo poder ser efetivo (alcance do fim proposto) e, ao

---

28. CUNHA, Leonardo Carneiro da. A previsão do princípio da eficiência no Projeto do Novo Código de Processo Civil Brasileiro. *Revista de Processo*, São Paulo, n. 233, ano 39, p. 65-84, jul., 2014. p. 70.

29. (i) Ibid., p. 76-77; (ii) COSTA, Eduardo José da Fonseca. As noções jurídico-processuais de eficácia, efetividade e eficiência. *Revista de Processo*, São Paulo, v. 121, p. 275-301, mar., 2005.

30. CUNHA, Leonardo Carneiro da. A previsão do princípio da eficiência no Projeto do Novo Código de Processo Civil Brasileiro, op. cit., p. 67. Fredie Didier Jr. define como *eficiente* a atuação que promove os fins do processo de modo satisfatório em termos quantitativos, qualitativos e probabilísticos, a partir das seguintes ideias: "[...] na escolha dos meios a serem empregados para obtenção dos fins, o órgão jurisdicional deve escolher meios que os promovam de modo minimamente intenso (qualidade – não se pode escolher um meio que promova resultados insignificantes) e certo (probabilidade – não se pode escolher um meio de resultado duvidoso), não sendo lícita a escolha do pior dos meios para isso (qualidade – não se pode escolher um meio que produza muitos efeitos negativos paralelamente ao resultado buscado)". (DIDIER JR., Fredie. *Curso de direito processual civil:* introdução ao direito processual civil, parte geral e processo de conhecimento. 23. ed. São Paulo: Juspodivm, 2021. p. 148).

mesmo tempo, ineficiente (demorado ou custoso), todo processo eficiente terá sido efetivo, já que a eficiência pressupõe o alcance do resultado proposto[31].

Para compreender em que medida o princípio da eficiência atua no escopo deste livro, é preciso afastar a falsa contraposição entre eficiência processual e garantias fundamentais, já que o processo devido é, necessariamente, eficiente, o que torna a eficiência mais uma faceta do devido processo legal[32]. Sendo assim, para além de a eficiência processual traduzir-se em um interesse público de aprimoramento da prestação jurisdicional, revela-se como mais uma garantia das partes, que se beneficiam com medidas que objetivem otimizar a prestação jurisdicional[33].

É precisamente a partir dessas ideias que o legislador passou a conferir ao órgão julgador e às partes a possibilidade de flexibilização e adaptação das formas processuais, evitando-se, assim, que a aplicação indistinta da regra legislada em abstrato comprometa a efetividade da prestação jurisdicional. É o que vemos no próximo tópico.

2.2.1.3. A compreensão funcional das formalidades do processo

No Estado Democrático de Direito, a atuação do Estado-Juiz é regida pelo sobreprincípio do devido processo legal[34], que pressupõe a observância de regras específicas previamente concebidas pelo legislador para o desenvolvimento regular da relação processual. Assim, em atenção à garantia constitucional da segurança jurídica, a observância do procedimento prescrito em lei (no que se incluem as regras do sistema de competências) seria pressuposto de validade da própria relação processual, emprestando previsibilidade e garantindo o controle da atividade estatal[35].

---

31. Ibid., p. 149.

32. "A eficiência constitui, na verdade, mais uma qualidade do devido processo legal. O processo devido deve, além de adequado, ser eficiente. O *due process of law* exige que o processo seja adequado e eficiente: haverá eficiência se houver observância do juiz natural, da isonomia, da duração razoável do processo, do contraditório, da adequação, enfim, o processo judicial deve ser adequado e eficiente." (CUNHA, Leonardo Carneiro da. A previsão do princípio da eficiência no Projeto do Novo Código de Processo Civil Brasileiro. *Revista de Processo*, São Paulo, n. 233, ano 39, p. 65-84, jul., 2014. p. 78).

33. CABRAL, Antonio do Passo. *Juiz natural e eficiência processual*: flexibilização, delegação e coordenação de competências no processo civil. São Paulo: Thomson Reuters, 2021. p. 214.

34. Consoante defende Humberto Ávila, há diversos elementos que podem ser deduzidos do devido processo legal, hoje, positivados na Constituição da República, o que o torna um sobreprincípio responsável pelo exercício de "uma função rearticuladora relativamente a esses elementos já previstos". (ÁVILA, Humberto. O que é "devido processo legal"? *Revista de Processo*, São Paulo, vol. 163, p. 50-59, 2008).

35. Nesse sentido são as lições de Calmon de Passos: "[...] permitir que a atividade processual se desenvolva segundo melhor pareça às partes – os mais autorizados juízes do próprio interesse, ou nos moldes fixados pelo magistrado, o melhor arbítrio das necessidades no caso particular – porque técnico e imparcial, seria olvidar-se que numa ou outra hipótese a incerteza e a insegurança representariam o alto preço de vantagens muito discutíveis. A legalidade da forma, por conseguinte, se impôs como

A despeito de ser inegável o valor da forma para legitimar a atuação do Estado-juiz[36], o formalismo, como produto do homem, deve refletir os valores culturais, sociais e econômicos da sociedade a fim de que o direito processual possa ser qualitativamente eficiente, alcançando os ideais de realização da justiça e pacificação social.

Apesar de ser composto pela *técnica*, o formalismo com ela não se confunde. Diferentemente da técnica, que é dotada de neutralidade axiológica, o formalismo deve ocupar-se de analisar as finalidades a que a técnica se presta, os resultados práticos do poder ordenador, disciplinador e organizacional, visto que não há formalismo por formalismo[37].

Nessa ordem de ideias, ao tempo em que regulamenta o procedimento, garantindo segurança e efetividade no processo, a forma deve estar reservada ao descumprimento de normas imperativas e protetivas de direitos indisponíveis. Nessa perspectiva, Leonardo Greco esclarece que "o juiz deve velar pelo núcleo duro de princípios e garantias que formam a ordem pública processual, aceitando que as partes disponham com liberdade sobre a marcha do processo, desde que respeitado esse mínimo irredutível"[38].

Seguindo essa linha de que a forma não se justifica por si só, o CPC adotou como um de seus pilares a flexibilização procedimental[39], restabelecendo a importância da vontade das partes na formação do procedimento e as possibilidades de adaptação procedimental pelo julgador[40]. Para todos

---

solução universal, estando na lei, e somente nela, toda a ordenação da atividade a ser desenvolvida para que o Estado realize os seus fins de justiça." (PASSOS, José Joaquim Calmon de. *Comentários ao código de processo civil.* 4. ed. Rio de Janeiro: Forense, 1983. v. 3, p. 6). Conforme ficará claro ao longo deste tópico, não compactuamos com a ideia de que de que a segurança jurídica e o devido processo legal não prescindem de rigidez procedimental.

36. A forma em sentido estrito "é o invólucro do ato processual, a maneira como deve este se exteriorizar; cuida-se, portanto, do conjunto de signos pelos quais a vontade se manifesta e dos requisitos a serem observados na sua celebração". (OLIVEIRA, Carlos Alberto Alvaro de. *Do formalismo no processo civil:* proposta de um formalismo-valorativo. 3. ed. São Paulo: Saraiva, 2009, p. 6).

37. "Ao meditar-se nos fatores externos do formalismo, o pensamento desde logo tende, em formulação esquemática inicial bastante ampla, a fixar-se nos fins do processo, e a noção de fim entrelaça-se, necessariamente, com o valor ou valores a serem idealmente atingidos por meio do processo. Impõe-se, portanto, a análise dos valores mais importantes para o processo: por um lado, a realização de justiça material e a paz social, por outro, a efetividade, a segurança e a organização interna justa do processo (*fair trail*). Os dois primeiros estão mais vinculados aos fins do processo, os três últimos ostentam uma face instrumental em relação àqueles." (OLIVEIRA, Carlos Alberto Alvaro de. O formalismo-valorativo no confronto com o formalismo-excessivo. *Revista de Processo*, São Paulo, v. 137, jul., 2006. p. 13).

38. GRECO, Leonardo. Os atos de disposição processual – primeiras reflexões. *Revista Eletrônica de Direito Processual,* Rio de Janeiro, out./dez., 2007. p. 25.

39. Nesse sentido são os arts. 139, VI e IX, 190 e 191 do CPC.

40. "Não obstante esse poder das partes se contraponha aos poderes do juiz, não deve ser interpretado, de forma alguma, como uma tendência de privatização da relação processual, mas representa simplesmente a aceitação de que aquelas como destinatárias da prestação jurisdicional, têm também interesse em influir na atividade-meio e, em certas circunstâncias, estão mais habilitadas do que o

os atos do processo, o CPC confere uma compreensão funcional às formalidades[41], admitindo a sua validade em caso de adoção de forma diversa da prevista em lei[42].

Note-se que a mudança de paradigma tem como base a superação de concepções predominantemente publicistas, que, por muitos anos, prevaleceram em matéria de direito processual. Com o fim da 2ª Guerra Mundial e a primazia do princípio da dignidade da pessoa humana e das demais garantias fundamentais (no Brasil, com o advento da CRFB, em 1988), as relações existentes entre o Estado e os cidadãos foram verdadeiramente redefinidas, ganhando relevo a proteção dos direitos fundamentais e sociais[43].

Esse contexto demandou do processo, a par da regularidade formal, uma reaproximação da relação jurídica de direito material e um comprometimento com o objetivo de promover o melhor resultado possível em termos de efetividade e eficiência.

Exigiu, ainda, a desconstituição da ideia de que legalidade e rigidez procedimental seriam sinônimos de previsibilidade e segurança jurídica. Em crítica construtiva à teoria de que a atividade estatal se legitimaria pelo procedimento, concebida por Niklas Luhmann, Fernando Gajardoni defende que o que confere previsibilidade às etapas do procedimento é a observância da garantia do contraditório.

Assim, mesmo em um procedimento mais maleável, a decisão final seria legítima, uma vez que o objetivo do curso procedimental (neutralização das expectativas, ilusões e decepções das partes, segundo Luhmann)

---

próprio julgador a adotar decisões sobre os seus rumos e a ditar providências em harmonia com os objetivos publicísticos do processo, consistentes em assegurar a paz e a própria manutenção da ordem pública. Afinal, se o processo judicial não é apenas coisa das partes, são elas as destinatárias da tutela jurisdicional e são os seus interesses que a decisão judicial diretamente atinge, e, através deles, os seus fins últimos, embora remotos e abstratos, de tutela do interesse geral da coletividade, do bem comum e da paz social." (GRECO, Leonardo, Os atos de disposição processual – primeiras reflexões, op. cit., p. 8).

41. CABRAL, Antonio do Passo. Fundamentos para uma teoria da cooperação judiciária: a revolução que se avizinha. *In*: DIDIER JR., Fredie; CABRAL, Antonio do Passo (Coord.). *Cooperação judiciária nacional*. São Paulo: Juspodivm, 2021. p. 42.

42. Nesse sentido, segundo prescrevem os arts. 188 e 277 do CPC, salvo expressa previsão legal, os atos e os termos processuais independem de forma determinada, admitindo-se como válidos aqueles que, ainda que realizados de outro modo, tenham atingido a sua finalidade essencial.

43. "Todo o processo civil se reconstrói, através da efetividade e do garantismo, como instrumento da tutela jurisdicional efetiva dos direitos dos particulares e, no conflito entre o interesse público e o interesse particular, o interesse público é mais um interesse particular, que com absoluta equidistância e impessoalidade o juiz tutelará ou não, conforme seja ou não agasalhado pelo ordenamento jurídico. É o processo justo, o processo humanista, que serve diretamente aos destinatários da prestação jurisdicional e apenas remotamente ao interesse geral da coletividade ou ao interesse público". (GRECO, Leonardo. Publicismo e Privatismo no processo civil. *Revista de Processo*, São Paulo, v. 164, out., 2008. p. 43).

teria sido atingido com o produto final (decisão judicial)[44]. Por evidente, a possibilidade de adaptação do procedimento ao caso concreto encontra limites, sobretudo porque, até que se fundamente em sentido contrário, o procedimento previamente concebido pelo legislador presume-se adequado à tutela dos direitos.

Qualquer medida de flexibilização – aqui, incluídas aquelas realizadas por meio do ato cooperado – deve estar ligada à necessidade de conferir ao processo maior eficiência ou equilíbrio à relação processual. Se necessária, a flexibilização depende da observância da garantia do contraditório sob o trinômio "conhecimento-participação-influência"[45], conferindo-se às partes a possibilidade de efetivamente influenciar na construção da marcha processual. Em hipótese alguma as partes podem ser tomadas de surpresa com a modificação do procedimento[46].

É indispensável, ainda, que a adaptação do procedimento se dê por decisão judicial fundamentada, em observância ao art. 5º, IX, da CRFB, garantindo-se o controle tanto de ordem política quanto pelas próprias partes, dos desvios e excessos que possam, eventualmente, ser cometidos pelos órgãos jurisdicionais. Somente por meio da decisão motivada é possível aferir a imparcialidade do juiz e, na hipótese de adaptação do procedimento, se a medida adotada é essencial e efetivamente útil para alcançar os ganhos de eficiência projetados[47].

Isto é, diante das peculiaridades do caso concreto, o julgador deve estar autorizado a extrair do processo o maior rendimento possível, em juízo prospectivo (adaptando o procedimento e, eventualmente, suprimindo a prática de atos processuais desnecessários, desde que não maculem as garantias constitucionais das partes) e retrospectivo (superando eventuais vícios processuais que não foram capazes de macular o escopo do processo[48]).

---

44. GAJARDONI, Fernando da Fonseca. *Flexibilidade procedimental:* um novo enfoque para o estudo do procedimento em matéria processual. 2007. Tese (Doutorado em Direito Processual) – Faculdade de Direito, Universidade de São Paulo, São Paulo, 2007. p. 112 *et seq.*
45. "Ou seja, sendo as variações rituais implementadas apenas após a participação das partes sobre elas em pleno contraditório, não se vê como a segurança jurídica seja abalada, já que o desenvolvimento do processo está sendo regrado e predeterminado judicialmente, o que o faz previsível". (Ibid., p. 101).
46. "Logo, se não se pode tomar as partes de surpresa, sob pena de ofensa ao princípio do contraditório, eventual alteração procedimental não prevista no iter estabelecido legalmente depende da plena participação delas (preventiva ou repressivamente), até para que as etapas do procedimento sejam previsíveis. E isso só será possível se o julgador propiciar às partes efetiva oportunidade para se manifestarem sobre a inovação, pois, ainda que não estejam de acordo com a flexibilização do procedimento, a participação efetiva dos litigantes na formação desta decisão é o bastante para se precaverem processualmente, inclusive valendo-se de recursos para reparar eventuais iniquidades". (Ibid., p. 174).
47. GAJARDONI, Fernando da Fonseca, loc. cit.
48. GRECO, Leonardo. Garantias Fundamentais do processo: o processo justo. *In*: GRECO, Leonardo. *Estudos de direito processual*. Campos dos Goytacazes: Ed. Faculdade de Direito, 2005. p. 225-286.

Isso não consiste, contudo, em salvo conduto para estabelecer novas regras para o jogo (no caso, o processo), razão pela qual eventuais adaptações não prescindem da observância do contraditório e de fundamentação a partir dos ganhos de eficiência projetados com a medida.

2.2.1.4. A compreensão contemporânea da garantia do juiz natural, informada pelo princípio da eficiência

A interação entre dois órgãos jurisdicionais para o alcance de benefícios mútuos e metas comuns – seja para fins jurisdicionais em um ou mais processos, seja para aprimoramento da administração da justiça – vai além de um simples diálogo, podendo levar a modificações do exercício da competência. Assim, é igualmente relevante destacar que a positivação da cooperação judiciária nacional encontra fundamento na compreensão contemporânea da garantia do juiz natural e do sistema de competências.

A concepção tradicional da garantia do juiz natural remonta à noção de que ninguém será processado senão pela autoridade competente, sendo vedada a criação de tribunais de exceção ou a escolha do juiz no caso concreto. O juiz natural é aquele investido de jurisdição, cuja competência para decidir o caso é estabelecida com base em critérios impessoais, objetivos e pré-fixados[49].

Nessa óptica, a competência possuiria forte conexão com a rigidez do juiz natural: a competência seria adequada a partir das hipóteses pré-estabelecidas em lei. Por conta disso, em primeiro momento, seria possível argumentar que o exercício combinado de competências por meio da cooperação judiciária violaria a garantia do juiz natural, na medida em que permitiria a modificação posterior da competência, em desacordo com a regra da *perpetuatio jurisdictionis*.

No entanto, conforme demonstrado por Antonio do Passo Cabral em estudo pioneiro sobre o tema, não se coaduna com o princípio da eficiência a ideia de que a adequada repartição de competências poderia ser alcançada, exclusivamente, a partir de critérios legais abstratamente definidos[50].

Conforme observa o autor, não é de hoje que a sistemática processual permite, em determinadas situações, que a competência seja definida de forma casuística e *post factum*, em contrariedade à ideia da perpetuação da competência, com base em critérios discricionários. A título de exemplo,

---

49. DIDIER JR., Fredie. *Curso de direito processual civil:* introdução ao direito processual civil, parte geral e processo de conhecimento. 23. ed. São Paulo: Juspodivm, 2021. p. 241.
50. CABRAL, Antonio do Passo. *Juiz natural e eficiência processual*: flexibilização, delegação e coordenação de competências no processo civil. São Paulo: Thomson Reuters, 2021. p. 229.

mencionam-se o incidente de deslocamento da competência, a escolha da causa-piloto para afetação à sistemática dos recursos repetitivos, a decisão proferida em conflito de competência que designa o juízo para decidir medidas urgentes e a possibilidade de desaforamento no processo penal[51].

Não prospera, portanto, a afirmação de que a possibilidade de adequação da competência violaria a garantia do juiz natural, já que a própria lei traz hipóteses de escolha discricionária do órgão julgador. Com efeito, a despeito da importância do juiz natural contra o arbítrio estatal, a nova sistemática processual civil exige uma compreensão mais flexível de tal garantia, informada, principalmente, pelo princípio da eficiência de que tratamos acima.

Como o atuar eficiente depende de uma análise posterior da conduta empregada, não há como assegurar que o procedimento previamente concebido pelo legislador é automaticamente eficiente. Dessa ponderação, conclui-se que o órgão jurisdicional deve estar autorizado a adaptar as regras processuais para tornar o processo mais eficiente sem que isso signifique violação à garantia do devido processo legal[52].

Na linha das conclusões de Antonio do Passo Cabral, em vista dos novos reclamos da sociedade contemporânea, não há como escapar da necessidade de encontrar um equilíbrio entre o juiz natural e a eficiência, de sorte a possibilitar a adequação da competência no caso concreto sem que haja violação ao núcleo essencial do juiz natural.

Para tanto, o autor propõe que a definição da competência atenda aos critérios que mais se harmonizem com a atual sistemática processual, dispensando-se as características tradicionais - previsão em lei em sentido formal, pré-constituição, inflexibilidade e vedação à discricionariedade - quando necessário.

Mantêm-se, por outro lado, três importantes critérios: (i) objetividade, por meio do qual a escolha do juízo deve ser feita de forma transparente, com base em elementos objetivos do litígio, (ii) impessoalidade, de modo que a competência deve ser fixada com distanciamento dos sujeitos e sem considerações pessoais, e (iii) invariância, na medida em que a competência

---

51. Ibid., p. 323.
52. "A eficiência constitui, na verdade, mais uma qualidade do devido processo legal. O processo devido deve, além de adequado, ser eficiente. O *due process of law* exige que o processo seja adequado e eficiente: haverá eficiência se houver observância do juiz natural, da isonomia, da duração razoável do processo, do contraditório, da adequação, enfim, o processo judicial deve ser adequado e eficiente". (CUNHA, Leonardo Carneiro da. A previsão do princípio da eficiência no Projeto do Novo Código de Processo Civil Brasileiro. *Revista de Processo*, São Paulo, n. 233, ano 39, p. 65-84, jul., 2014. p. 78).

deve ser atribuída com generalidade, aplicando-se o mesmo critério a respeito da competência aos casos similares[53].

Uma vez estabelecidos os critérios que mais se coadunam com a atual sistemática processual, a competência deve ser gerida de forma mais flexível e adaptável, orientada pelo princípio da competência adequada. Originalmente, a adequação da competência foi pensada para a hipótese em que o autor, diante da existência de foros concorrentes, escolheria aquele que não seria o mais adequado para a apreciação da questão por apresentar prejuízo à defesa dos demais sujeitos ou trâmite do processo[54]. Pelo princípio da adequação, estaria, então, justificada a modificação posterior da competência em favor do foro mais adequado.

Tendo em vista que o princípio da competência adequada "atua no sentido de estabelecer uma relação de adequação legítima entre o órgão jurisdicional (competência) e a atividade por ela desenvolvida (processo), em expediente voltado à definição do órgão que melhor decidirá a causa"[55], o mesmo juízo de adequação revela-se cabível nas hipóteses em que a gestão da competência é guiada pelo princípio da eficiência, como sói ocorrer na prática de atos cooperados envolvendo exercício coordenado de competências. Isto é, considerando-se as necessidades do caso concreto, a competência deve ser valorada a partir de uma adequação entre o processo e o órgão jurisdicional.

Indo além, sendo a competência uma legitimidade para o exercício de um poder jurídico em determinada situação concreta (legitimante) e considerando-se que as situações e posições jurídicas se alteram no curso da demanda, a análise da competência pode e deve ser reduzida a momentos específicos.

Com efeito, há circunstâncias fático-jurídicas que somente podem ser aferidas a partir de outra percepção temporal, de modo que o julgador, na busca pelo processo eficiente, não pode ficar engessado à conformação inicial da competência[56]. Nesse passo, a partir de parâmetros funcionais e estruturais e considerando as aptidões cognitivas e as limitações estruturais

---

53. CABRAL, Antonio do Passo. *Juiz natural e eficiência processual*: flexibilização, delegação e coordenação de competências no processo civil, op. cit., p. 258 *et seq*. No mesmo sentido, consultar: (i) CAMPOS, Maria Gabriela. *O compartilhamento de competências no processo civil*: um estudo do sistema de competências sob o paradigma da cooperação nacional. São Paulo: Juspodivm, 2020. p. 18. (ii) PEIXOTO, Ravi. O *forum non conveniens* e o processo brasileiro: limites e possibilidade. *Revista de Processo*, São Paulo, v. 279, p. 381-415, maio, 2018.

54. BRAGA, Paula Sarno. Competência adequada. *Revista de Processo*, São Paulo, n. 219, p. 13-41, maio, 2013.

55. HARTMANN, Guilherme Kronemberg. *Competência no processo civil*: da teoria tradicional à gestão judicial da competência adequada. São Paulo: Juspodivm, 2021. p. 134-135.

56. CABRAL, Antonio do Passo. *Juiz natural e eficiência processual*: flexibilização, delegação e coordenação de competências no processo civil, op. cit., p. 439.

dos órgãos decisórios[57], é possível sustentar a possibilidade de alteração da competência em favor de um órgão que detenha *melhores condições* para a prática de determinado ato processual[58].

Por evidente, na linha defendida por Guilherme Kronemberg Hartmann, o controle da competência em busca do órgão jurisdicional mais adequado encontra limites na observância das garantias constitucionais, legitimando-se, pois, pela participação das partes em contraditório, fundamentação do ato decisório e possibilidade de impugnação pelo prejudicado[59]. Em qualquer cenário, a definição da competência pelo critério da adequação dependerá de uma projeção concreta dos ganhos de eficiência.

A partir da releitura da garantia do juiz natural pelo princípio da eficiência, e considerando ainda o *dinamismo* das posições e situações jurídicas ao longo da demanda[60], afasta-se a assertiva de que o legislador, distante do caso concreto e da realidade dos tribunais, reuniria condições para exaurir os critérios de atribuição de competência. Ao contrário, admitindo-se que o sistema de competências deve ser orientado por princípios e, ao mesmo tempo, ser capaz de prestar a tutela jurisdicional de forma ótima, o juízo sobre a competência não deve estar restrito a um exame de legalidade, podendo a competência ser aferida, se necessário, a partir de um juízo de adequação entre o processo e o órgão jurisdicional.

Essas considerações são bastante relevantes nesta obra, na medida em que a cooperação judiciária nacional, na qualidade de técnica de gestão de competências prevista em lei, levará, em determinadas hipóteses, à alteração consensual do exercício da competência, tendo como fonte normativa o próprio ato cooperado a ser firmado entre os juízos cooperantes.

Quer dizer, compreender o ato cooperado como fonte de norma sobre a competência passa por concluir que os critérios pré-concebidos pelo legislador para a definição da competência podem ser flexibilizados no caso

---

57. Ibid., p. 314 *et seq.* Não se desconhece que a incidência do princípio da competência adequada e o teste das capacidades institucionais também podem envolver a aptidão cognitiva de outros órgãos decisórios, externos ao Poder Judiciário, mas deixamos de abordar essa possibilidade, tendo em vista que o objeto desta publicação envolve apenas o exercício combinado de competências entre os órgãos jurisdicionais.

58. Consoante observa Fredie Didier Jr., com fundamento no princípio da competência adequada, o STJ decidiu, em sede de conflito de competência suscitado no âmbito do litígio envolvendo o rompimento da Barragem do Fundão, em Mariana/MG, que o Juízo Federal da 12ª Vara Federal de Belo Horizonte deveria ser escolhido para processar as demandas, por ser aquele que possuía as "melhores condições de dirimir as controvérsias". (DIDIER JR., Fredie. *Cooperação judiciária nacional*: esboço de uma teoria para o direito brasileiro (arts. 67-69, CPC). São Paulo: Juspodivm, 2020. p. 47-48).

59. HARTMANN, Guilherme Kronemberg, op. cit., p. 136-138.

60. CABRAL, Antonio do Passo. *Juiz natural e eficiência processual*: flexibilização, delegação e coordenação de competências no processo civil, op. cit., p. 309.

concreto, de forma fundamentada, objetiva, impessoal, invariável e sempre com vistas a imprimir eficiência à prestação jurisdicional.

2.2.1.5. A possibilidade de flexibilização da cognição judicial

A partir das breves considerações realizadas acerca da flexibilização do sistema de competências, ficou demonstrado que a busca pela eficiência no processo pode justificar que a conformação inicial da competência jurisdicional seja alterada. Dentre essas formas de alteração, encontra-se a prática do ato cooperado para que a competência seja exercida de forma coordenada por mais de um órgão julgador. Para que o ato cooperado se justifique à luz do princípio da competência adequada, necessariamente, deverá ter havido uma análise sobre as aptidões cognitivas para a prática do ato, em especial, se consistir em um ato decisório.

Em estudo inovador sobre o conceito lógico-jurídico de cognição judicial[61], Fernanda Vogt demonstra que, no processo contemporâneo, a cognição não é protagonizada por um mesmo sujeito por todo o processo, tampouco se restringe a momentos pré-determinados, com o exame de todas as questões "a um só fôlego"[62].

A partir dessas ideias, a autora sustenta que a cognição judicial passou a ser condicionada e impactada por uma série de modificações legislativas trazidas pelo CPC de 2015, em especial pela flexibilização voluntária e judicial do procedimento e pela norma geral de eficiência processual, precisamente, sob o seu aspecto qualitativo[63].

Para que o processo alcance a sua finalidade, a atual sistemática processual exige que o conhecimento do juiz seja o melhor possível[64], o que a autora conceitua como "cognição adequada", permitindo que novos esquemas de gestão da cognição passem a ser possíveis, seja por transferência, seja por delegação para outros centros decisórios.

---

61. Apesar de conceitos lógico-jurídicos serem dotados de universalidade e historicidade com vistas a guiar a compreensão do direito de determinado ordenamento jurídico, Fredie Didier Jr. defende que a provisoriedade do conhecimento humano exige que sejam constantemente testados empiricamente, evitando-se que fiquem aprisionados em uma realidade desconexa com o presente. (DIDIER JR., Fredie. *Sobre a Teoria Geral do Processo, essa desconhecida*. 6. ed. São Paulo: Juspodivm, 2021. p. 56).
62. VOGT, Fernanda Costa. *Cognição do juiz no processo civil:* Flexibilidade e Dinamismo dos Fenômenos Cognitivos. 2. ed. rev. atual. e ampl. São Paulo: Editora Juspodivm, 2022. p. 169 *et seq.*
63. Ibid., p. 171.
64. A partir da ideia de "qualidade" da cognição à luz da "teoria do conhecimento", a autora pontua que a cognição de qualquer intérprete deve ser aprimorada para se chegar a melhor cognição possível, de modo que o Judiciário também deve se empenhar para tanto. (Ibid., p. 215).

Para assim concluir, a autora pontua, na linha do que tratamos no tópico 2.2.1.3, que o processo devido não é antagônico a um modelo de cognição mais flexível, porque, dogmaticamente, o sistema se tornou mais flexível, fazendo com que o conteúdo de proteção do devido processo legal tenha mudado[65].

De fato, na sistemática anterior, a cognição mantinha-se contínua e ininterrupta até o momento decisório final (sentença) e era medida apenas pela quantidade de cognição de acordo com o momento da prática do ato decisório (cognição sumária e exauriente). Já na sistemática atual, não mais se verifica essa resistência ao fracionamento da cognição, o que é facilmente perceptível à luz da introdução de regras que fracionam a decisão sobre o mérito e o próprio objeto do processo[66].

Consoante observa Fernanda Vogt, os arts. 354 e 356 do CPC, que dispõem sobre o cabimento das decisões antecipadas e parciais de mérito, dão conta de que o momento decisório não mais se restringe ao momento de prolação da sentença final. A superação do art. 329 do CPC/1973, que impunha a extinção de todo o processo em determinadas hipóteses, revela, a seu turno, que o processo será extinto em relação a um ponto particular do seu objeto, devendo prosseguir quanto aos demais. Essas alterações justificam-se pela incidência do princípio da eficiência, que concebe um procedimento mais flexível e preocupado com a distribuição do ônus do tempo[67].

Se o objeto da decisão e o objeto do processo podem ser fracionados em busca da concretização do princípio da eficiência, então, não mais subsiste a máxima de que a cognição permanece sendo atividade interpretativa indivisível durante todo o processo[68].

Admitindo-se que o objeto da cognição se flexibiliza pela eficiência, os sujeitos que exercem a atividade cognitiva também podem variar, mediante uma análise *ad actum* da cognição[69], levando-se em conta o conhecimento necessário para o exercício da atividade cognitiva em relação a cada ato do processo[70].

É pela introdução da ideia da cognição *ad actum* que Fernanda Vogt defende a possibilidade de fracionamento subjetivo do conhecimento, in-

65. Ibid., p. 180.
66. Ibid., p. 183.
67. Ibid., p. 184-185.
68. VOGT, Fernanda Costa, loc. cit.
69. Fernanda Vogt toma empréstimo da adjetivação adotada por Antonio do Passo Cabral para tratar do exame de legitimidade, interesse e competência para cada ato do processo, em contraste com a legitimidade *ad causam*, restrita ao ato inaugural do processo. (Ibid., p. 187).
70. Ibid., p. 185.

clusive, mas sem a ele se limitar, mediante a prática de atos cooperados[71]. É importante mencionar que essas conclusões partem da necessária separação entre cognição e decisão, na medida em que o órgão julgador não necessariamente será aquele que conheceu determinadas questões em momento anterior do mesmo processo.

Consistindo em mais um indício concreto de que o sistema não põe óbices à cisão da cognição, menciona-se que a regra da identidade física do juiz, decorrente do princípio da oralidade (cf. art. 132 do CPC/1973), foi suprimida do atual sistema processual civil[72]. Com isso, a prorrogação da cognição do juiz nos atos instrutórios para os atos decisórios deixou de ser uma garantia do processo devido.

Ademais disso, a busca pela eficiência pode ensejar mudanças na atividade cognitiva tanto para concentrar quanto para separar a prática do ato decisório, inclusive, com base no critério da mera afinidade. Ao passo que, historicamente, a atividade cognitiva simultânea dava-se por conexão (identidade de pedido e causa de pedir entre as demandas), atualmente, o art. 55, § 3º, do CPC permite a reunião de processos ainda que não exista conexão entre eles[73].

Entretanto, nem sempre será essa a melhor solução. A depender das circunstâncias do caso concreto, o juiz, mais uma vez por questões de eficiência, poderá limitar o litisconsórcio facultativo quanto ao número de litigantes, consoante dispõe o art. 113, § 1º, do CPC.

Essas noções levam a uma importante conclusão: a sistemática processual atual permite ao juiz conhecer, simultaneamente, de demandas não conexas, como técnica de gerenciamento adequado de processos afins[74]. Nesse sentido, Fernanda Vogt aponta que a cisão subjetiva da cognição, ou seja, a divisão entre aquilo que cada um pode conhecer melhor, orientada pela análise da cognição adequada, atua por dois mecanismos: delegações cognitivas[75] e transferências cognitivas.

Dentre as hipóteses-tipo de transferência cognitiva judicial mencionadas pela autora, estão os atos cooperados para o gerenciamento da cog-

---

71. "O juiz pode compartilhar, por delegação ou cooperação, o conhecimento global do processo com outros centros cognitivos. Em outras palavras, o conhecimento sobre questões distintas pode ser repartido entre juízos ou, até mesmo, entre o juiz e centros externos do Judiciário que tenham melhores condições de apreciar a matéria". (Ibid., p. 186).
72. Ibid., p. 219.
73. GALDINO, Flavio. Título III: Da competência interna. *In*: CABRAL; Antonio do Passo; CRAMER, Ronaldo (Coord.). *Comentários ao novo Código de Processo Civil*. 2. ed. Rio de Janeiro: Forense, 2016. p. 105.
74. Ibid., p. 188-191.
75. Tendo em vista o recorte temático deste livro, deixaremos de abordar as hipóteses-tipo de técnicas decisórias que importam cisão por delegação, citadas por Fernanda Vogt. (Ibid., p. 214).

nição, definindo-se, para aquela hipótese em concreto, o sujeito que detém a melhor expertise para analisar ou para participar do processo de análise da questão individualizada[76].

À luz da necessidade de aprimoramento da atividade cognitiva, essas considerações revelam-se especialmente pertinentes para os processos estruturais, nos quais mais extenso será o campo de análise do juiz. Imaginando-se que a complexidade do caso decorra de uma multiplicidade de questões a serem analisadas, cujas soluções aplicáveis impactam de diferentes formas os grupos envolvidos, defende-se a possibilidade de ampliar a perspectiva do juiz para garantir o melhor conhecimento das questões, viabilizando-se o ingresso de novos interlocutores para a formação do convencimento judicial independentemente da demonstração do interesse jurídico[77].

Como o trabalho a ser desenvolvido será fruto de um ambiente deliberativo e intersubjetivo, é quase que intuitivo afirmar que a cognição judicial será a melhor possível, formada a partir de diferentes perspectivas e narrativas[78]. Se, por um lado, não há dúvidas de que a melhor cognição pode ser formada em rede, a cognição em si (o produto do que se considera como a melhor cognição possível) pode ser cindida entre os sujeitos mais capacitados, evidentemente, de maneira objetiva e criteriosa.

Tudo isso leva à inarredável conclusão de que o primeiro critério para o exame da incidência do princípio da competência adequada é a análise prévia sobre quem detém a melhor cognição para a análise de determinada questão. Nesse modelo de maximização da atividade cognitivo-interpretativa[79], compete ao juiz, no exame de sua própria competência (princípio *Kompetenz-Kompetenz*), "eventualmente remeter a prática do ato processual

---

76. Ibid., p. 217.
77. Em obra específica sobre as diversas formas de participação no processo civil, Sofia Temer defende que as hipóteses tradicionais de intervenção de terceiro são insuficientes para comportar todas as possibilidades de participação que, hoje, se fazem necessárias em litígios de natureza complexa, que exigem a qualificação do debate para fins de legitimação do provimento jurisdicional. Na mesma linha, Edilson Vitorelli defende a necessidade de que o litígio coletivo irradiado tramite sob o modelo *town meeting*, que pressupõe uma atuação engajada do legitimado coletivo na tarefa de fomentar o diálogo entre o grupo e seus membros. No mesmo sentido é a conclusão de Elie Pierre: "[...] é preciso lançar mão de técnicas que mitiguem essa estrutura [de intervenções rígidas no processo], como os negócios processuais e a desconsideração do interesse categorizado, ainda que isso proporcione atuações atípicas no processo". ((i) TEMER, Sofia. *Participação no processo civil:* repensando litisconsórcio, intervenção de terceiros e outras formas de atuação. São Paulo: Juspodivm, 2020; (ii) VITORELLI, Edilson. *O devido processo legal coletivo:* dos direitos ao litígio coletivo. 2. ed. rev., atual. e ampl., São Paulo: Thomson Reuters, 2020, Livro eletrônico. (iii) EID, Elie Pierre. Multilateralidade no processo civil: divergência de interesses em posições jurídicas. *Revista do Ministério Público do Estado do Rio de Janeiro*, Rio de Janeiro, n. 74, out./dez., 2019. p. 44).
78. VOGT, Fernanda Costa, op. cit., p. 216.
79. Ibid., p. 220.

específico a outro centro cognitivo, considerando as suas aptidões para conhecer melhor da questão"[80].

De modo geral, os critérios que definirão quem é o mais apto para o exercício cognitivo variam no caso concreto. Conforme veremos mais detalhadamente adiante, no processo de recuperação judicial, o juízo responsável pelo seu processamento é, certamente, o mais adequado para a análise de questões envolvendo o patrimônio do devedor e capazes de impactar a função reorganizacional da recuperação.

A mesma adequação não estará presente se inexistir um vínculo jurídico relevante entre o objeto da relação jurídica de direito material e o estado de crise do devedor. Esse exame parece de todo essencial para a definição da competência no caso concreto sobre determinada questão e, eventualmente, para a formação de novos arranjos jurisdicionais no contexto recuperacional, mediante cooperação judiciária.

2.2.2. Principais características do sistema nacional de cooperação judiciária conforme o CPC e a Resolução nº. 350/2020 do CNJ

Os arts. 67 a 69 do CPC trazem as características gerais do sistema nacional de cooperação judiciária positivado pelo legislador de 2015. Conforme já mencionado, esses artigos refletem as primeiras orientações que o CNJ havia proposto por meio da antiga Recomendação nº. 38/2011, que, em linhas gerais, buscava incentivar o uso de técnicas cooperativas para aprimoramento da gestão dos processos. Em 2020, o CNJ editou a Resolução nº. 350, alterada, posteriormente, pelas Resoluções nº. 421 e 436, de 2021, e pelas Resoluções nº 498 e 499, de 2023[81], buscando detalhar e regulamentar o uso e o desenvolvimento da cooperação judiciária.

Em linha com o conceito de unicidade de jurisdição, o art. 67 do CPC dispõe que a cooperação judiciária incumbe a todos os órgãos do Poder Judiciário, "estadual ou federal, especializado ou comum, em todas as instâncias e graus de jurisdição, inclusive aos tribunais superiores". Disso, conclui-se que as interações dialógicas são possíveis e recomendadas entre juízos de diferentes graus hierárquicos.

O § 1º do art. 69 não deixa dúvidas de que a cooperação pode ocorrer entre órgãos integrantes de ramos distintos do Poder Judiciário. Para

80. Ibid., p. 224-226.

81. As resoluções do CNJ são fonte de norma processual, funcionando como espécie de regulamentação da lei, de aspectos da administração judiciária e, ainda, de questões disciplinares dos juízes e auxiliares de justiça. O poder normativo do CNJ decorre do comando geral do art. 103-B, § 4º, I da CRFB. (DIDIER JR., Fredie. *Curso de direito processual civil*: introdução ao direito processual civil, parte geral e processo de conhecimento. 23. ed. São Paulo: Juspodivm, 2021. p. 90).

além da cooperação intramuros, o art. 1º, inciso II, e o art. 15, ambos da Resolução nº. 350, disciplinam a cooperação interinstitucional, que conta com a participação de órgãos judiciários e entidades privadas ou órgãos e instituições não necessariamente pertencentes ao Poder Judiciário, como o Ministério Público e a OAB[82].

Tendo em vista a autoadministração dos tribunais, cabe destacar que a prática da cooperação se estabelece diretamente entre os órgãos envolvidos, judiciários ou não judiciários, por exemplo, através de protocolos institucionais, não sendo necessária uma aprovação ou ratificação da administração direta[83].

O art. 69 do CPC prevê que o pedido de cooperação deve ser prontamente atendido, prescinde de forma específica e pode ser executado como (i) auxílio direto, (ii) reunião ou apensamento de processos, (iii) prestação de informações e (iv) atos concertados entre os juízes cooperantes.

Como bem recorda Edilton Meireles, o auxílio direto é instituto já consagrado em matéria de cooperação judiciária internacional, regulado nos arts. 26 a 34 do CPC, podendo ser definido como "a prática de ato por um órgão, em cooperação a outro, sem que haja necessidade de maiores formalidades ou exercício do juízo de admissibilidade" – o que não significa que haveria dispensa do juízo de legalidade sobre a prática e o conteúdo do ato[84].

Nesse sentido, parece claro que o auxílio direto deve ser entendido mais como um meio, modo ou forma de comunicação do que como um ato a ser executado, podendo ser empregado para a reunião ou apensamento de

---

82. Segundo Antonio do Passo Cabral, o CPC disciplinou a cooperação exclusivamente entre órgãos judiciários. A interinstitucional veio regulamentada pelo CNJ. Para Juliana Melazzi, a possibilidade de cooperação com sujeitos externos ao Poder Judiciário já seria possível por aplicação do art. 15 do CPC, a partir de uma interpretação do art. 6º, ou pelo fato de o art. 69, I, do CPC prever o auxílio direto, que é hipótese de cooperação com órgão administrativo. A título de exemplo de cooperação interinstitucional, é relevante mencionar o caso emblemático entre o Tribunal de Justiça do Estado do Amazonas e o Distrito Sanitário Especial Indígena, por meio do qual este passou a auxiliar no adequado encaminhamento de citações e intimações direcionadas aos membros das populações tradicionais, que falam idioma próprio. ((i) CABRAL, Antonio do Passo. *Juiz natural e eficiência processual*: flexibilização, delegação e coordenação de competências no processo civil. São Paulo: Thomson Reuters Brasil, 2021. p. 465; (ii) ANDRADE, Juliana Melazzi. A cooperação judiciária nacional como instrumento de descentralização da execução. *In*: DIDIER JR., Fredie; CABRAL, Antonio do Passo (Coord.). *Cooperação judiciária nacional*. São Paulo: Juspodivm, 2021. p. 775-798; (iii) NUNES, Paulo André. Iniciativa instituída por magistrada do Amazonas é incluída no Repertório de Boas Práticas Processuais Brasileiras. *Tribunal de Justiça do Estado do Amazonas*, Sala de Imprensa, Manaus, 29 de março de 2022).
83. CABRAL, Antonio do Passo. *Juiz natural e eficiência processual*: flexibilização, delegação e coordenação de competências no processo civil, op. cit., p. 467. Em sentido contrário, Fredie Didier Jr. defende que os atos concertados envolvendo entes federativos diversos, se celebrados por juízos de primeiro grau, dependem da anuência dos respectivos tribunais. (DIDIER JR., Fredie. *Cooperação judiciária nacional*: esboço de uma teoria para o direito brasileiro (arts. 67-69, CPC). São Paulo: Juspodivm, 2020. p. 87).
84. MEIRELES, Edilton. Notas introdutórias sobre a cooperação judiciária nacional. *In*: DIDIER JR., Fredie; CABRAL, Antonio do Passo (Coord.). *Cooperação judiciária nacional*. São Paulo: Juspodivm, 2021. p. 95.

processos, prestação de informações e celebração de atos concertados entre os juízes cooperantes[85].

A nosso sentir, o auxílio direto e as cartas precatórias são os meios cabíveis para execução do ato cooperado[86]. Não à toa, o art. 237, inciso III, do CPC, prevê que as cartas precatórias podem ser expedidas "para que órgão jurisdicional brasileiro pratique ou determine o cumprimento, na área de sua competência territorial, de ato relativo a pedido de cooperação judiciária formulado por órgão jurisdicional de competência territorial diversa"[87].

Portanto, com base em critérios de eficiência e adequação, caberá ao órgão julgador solicitante decidir qual meio empregar para provocar a cooperação, ou seja, se formalizará o contato diretamente ao juízo solicitado ou se optará por expedir uma carta.

Enquanto as cartas são instrumentos mais demorados (dependem da distribuição perante o juízo deprecado) e custosos (cf. art. 268 do CPC), o pedido de auxílio direto pode ser formalizado diretamente entre os juízos, através de e-mails ou aplicativos de mensagens, revelando-se, por conta disso, mais acessível sob todos os ângulos.

Nesse cenário, embora o legislador não tenha previsto qualquer relação de subsidiariedade entre as cartas e o auxílio direto, parece haver uma tendência de uso residual das cartas, ao menos entre os órgãos jurisdicionais estatais, a ficar cada vez mais claro conforme for maximizado o uso do auxílio direto pelos juízos[88].

---

85. Seguindo a mesma interpretação, Edilton Meireles pontua que há certa atecnia do legislador ao elencar o auxílio direto ao lado das medidas que podem ser objeto do ato cooperado (Ibid., p. 96).

86. No mesmo sentido, ver: CAMPOS, Maria Gabriela. *O compartilhamento de competências no processo civil*: um estudo do sistema de competências sob o paradigma da cooperação nacional. São Paulo: Juspodivm, 2020. p. 89. Valendo-se de posição menos flexível, Leonardo Schenk entende que as cartas são o meio correto para execução da cooperação judiciária: "O Código continua claro ao determinar que os atos processuais serão cumpridos por ordem judicial, com a expedição de cartas sempre que a sua prática se der fora dos limites territoriais do tribunal, da comarca, da seção ou da subseção judiciárias, ressalvadas apenas algumas hipóteses legais (arts. 236 e 255). Ao indicar o objeto da carta precatória o legislador processual deixou expresso se tratar ela, com primazia, do instrumento adequado para que órgão jurisdicional brasileiro pratique ou determine o cumprimento, na área de sua competência territorial, de ato relativo a pedido de cooperação judiciária formulado por órgão jurisdicional de competência territorial diversa (art. 237, III)". (SCHENK, Leonardo Faria. Comentários aos arts. 64-69 do CPC. *In*: ALVIM, Teresa Arruda; DIDIER JR., Fredie; TALAMINI, Eduardo; DANTAS; Bruno. *Breves comentários ao novo código de processo civil*. São Paulo: Editora Revista dos Tribunais, 2016. p. 275).

87. Ressalta-se que isso não significa que as cartas precatórias serão expedidas com cunho cooperativo sempre. Caso o juízo deprecante tenha como objetivo a transferência do exercício da competência para a prática de determinado ato independentemente do consenso do juízo deprecado, a hipótese é de transferência por delegação, consoante mencionamos acima. Portanto, a nosso sentir, as cartas podem funcionar tanto como instrumentos de delegação de competências quanto de gestão de competências.

88. Antonio do Passo Cabral defende que os instrumentos cooperativos devem ser priorizados pelos juízes antes de suscitar conflito, ou expedir cartas, ficando os instrumentos não colaborativos como

A nosso sentir, para fins de cooperação solicitada por juízo arbitral ao Poder Judiciário, dificilmente o uso da carta arbitral será dispensado em prol do auxílio direto, pois a realização da cooperação depende da demonstração de que há uma convenção de arbitragem válida entre os litigantes, bem como de que os árbitros foram efetivamente investidos de jurisdição. Haja vista ser necessária a demonstração desses requisitos, parece relevante formalizar a cooperação na forma de uma carta arbitral, a ser autuada perante o juízo estatal.

Relativamente ao objeto da cooperação, o art. 68 do CPC dispõe que pode ser usada para a prática de "qualquer ato processual". Nesse passo, considerando-se que o juiz, além de julgador, é também o gestor da sua vara, é relevante mencionar o cabimento da cooperação para a prática de atos de gestão e administração da justiça[89].

Nessa linha, o art. 1º da Resolução nº 350 é claro ao dispor que a cooperação judiciária nacional serve tanto à prática de atividades administrativas quanto ao exercício de funções jurisdicionais, podendo ser ativa, passiva ou simultânea entre órgãos do Poder Judiciário, bem como interinstitucional, isto é, entre órgãos do Poder Judiciário e outras instituições e entidades, integrantes ou não do sistema de justiça.

Não por outra razão, o art. 67 do CPC elenca como sujeitos da cooperação judiciária não apenas os magistrados, mas também os servidores dos tribunais. É possível vislumbrar, por exemplo, o uso da cooperação para regular o deslocamento temporário de um servidor para outro juízo, com vistas a executar pontualmente determinada tarefa.

Diante do significativo aprimoramento do sistema de cooperação judiciária nacional, Fredie Didier Jr. observa que, em contraponto à sistemática do CPC/1973, a cooperação é gênero que se realiza por diferentes modos: solicitação, delegação e concertação.

Os dois primeiros podem ser realizados por meio do envio das cartas ou pela adoção de mecanismos mais informais, como o auxílio direto[90], diferenciando-se quanto ao grau de hierarquia entre os juízos. Enquanto na

---

subsidiários. (CABRAL, Antonio do Passo. *Juiz natural e eficiência processual*: flexibilização, delegação e coordenação de competências no processo civil, op. cit., p. 458).

89. (i) CABRAL, Antonio do Passo. *Juiz natural e eficiência processual*: flexibilização, delegação e coordenação de competências no processo civil, op. cit., p. 462-463. (ii) VASCONCELOS, Antonio Gomes de. As múltiplas dimensões da cooperação judiciária na administração da justiça brasileira. *In*: DIDIER JR., Fredie; CABRAL, Antonio do Passo (Coord.). *Cooperação judiciária nacional*. São Paulo: Juspodivm, 2021. p. 152.

90. Consoante explicado acima, não há, a nosso sentir, outro meio informal para a execução da cooperação além do pedido de auxílio direto, que nada mais é do que o contato direto de um juízo com o outro.

solicitação não haveria vinculação hierárquica entre os órgãos solicitante e solicitado, a delegação pressuporia hierarquia entre eles.

A concertação, por sua vez, envolveria a celebração por escrito de um ato conjunto entre os juízos cooperantes, tendo como objetivo o estabelecimento de regras destinadas a reger a atuação combinada em prol da gestão de um processo ou bloco de processos[91].

Cabe notar que, uma vez adotado o conceito apresentado no início do presente capítulo, que caracteriza a cooperação como interações ou práticas espontâneas ou provocadas e desprovidas de hierarquias, a transferência da competência por delegação não é cooperação judiciária[92].

Isso porque, ainda que dispensado o uso da carta em prol do pedido de auxílio direto por parte do juízo solicitante, a transferência do exercício da competência que dispensa a prévia concordância do juízo solicitado distancia-se das reais formas de cooperação, em que os sujeitos envolvidos dialogam e, após analisados os ganhos de eficiência projetados, concordam em cooperar.

Diante disso, o que realmente parece caracterizar a prática da cooperação judiciária é o engajamento mútuo e voluntário de dois ou mais órgãos julgadores na realização de determinada atividade. Tendo como objetivo a prática de atos simples ou complexos, em qualquer caso, a cooperação inicia-se a partir da provocação de um dos sujeitos cooperantes[93] e resultará em nova conformação de competências, seja para transferir episodicamente a prática de um ato, seja para praticá-lo em conjunto ou de forma coordenada.

Considerando-se que todo ato cooperado se inicia a partir da provocação de um dos sujeitos cooperantes e pressupõe o consenso entre eles, pode parecer, à primeira vista, desnecessário diferenciar a solicitação da concertação.

Entretanto, tal diferenciação parece-nos pertinente para as hipóteses em que a cooperação resultará na assinatura de um ato conjunto pelos juízos, genericamente chamado de "ato concertado entre juízos cooperantes" no art.

---

91. DIDIER JR., Fredie. *Cooperação judiciária nacional*: esboço de uma teoria para o direito brasileiro (arts. 67-69, CPC). São Paulo: Juspodivm, 2020. p. 66.

92. Esse é o entendimento de Antonio do Passo Cabral: "Ao contrário da delegação, que pode se resolver num formato hierárquico e impositivo de transferência de competências, na cooperação transjudicial há verdadeira assunção consensual da competência pois o juízo que transfere o exercício da prerrogativa jurisdicional (juízo derrogado) depende da aceitação do juízo para o qual a competência será transferida (juízo prorrogado)". (CABRAL, Antonio do Passo. *Juiz natural e eficiência processual*: flexibilização, delegação e coordenação de competências no processo civil, op. cit., p. 452).

93. Para Antonio do Passo Cabral, não existem formas diferentes de cooperação por solicitação, delegação e concertação por dois motivos: primeiro, porque delegação não seria cooperação, já que dispensa o consenso; segundo, porque, também no ato concertado, há solicitação ou provocação de um dos juízos cooperantes. Assim, não haveria distinção entre ato concertado e outras formas de atos conjuntos. (Ibid., p. 435, nota 402).

69, § 2º, do CPC. Segundo o art. 11, § 2º, da Resolução nº. 350, o termo de ajuste resultante da cooperação deverá prever as competências de cada um dos juízos envolvidos e, se necessário, a indicação das fontes de custeio, bem como ser assinado por todos os juízes cooperantes e juntado aos autos dos processos aos quais se refere[94].

Quer dizer, se a cooperação não for imediatamente implementada pelo juízo solicitado em cooperação com o juízo solicitante, a hipótese demandará a celebração por escrito de um "ato conjunto de natureza consensual"[95], por meio do qual os juízos cooperantes estabelecerão as regras que irão reger a atuação combinada de determinada atividade, garantindo-se a transparência e a previsibilidade do procedimento[96].

O termo de ajuste a ser celebrado é "fonte de normas processuais gerais, consensuais e anteriores à prática dos atos de cooperação"[97], que vincula os juízos signatários (não apenas os magistrados que efetivamente assinaram o documento) até sua conclusão ou expressa revogação por ato motivado[98].

---

94. Segundo Edilton Meireles, os atos concertados podem ser classificados em dois tipos: de natureza jurisdicional, quando tiverem como objeto a prática de ato processual (por exemplo, a concertação para decisão sobre questão de fato comum a vários processos em curso), e de natureza administrativa, quando tiverem como objeto processos ainda não ajuizados (como a concertação para regular previamente um "juízo prevento-centralizador" para receber novas demandas específicas. (MEIRELES, Edilton, Notas introdutórias sobre a cooperação judiciária nacional, op. cit., p. 97-98).
95. Segundo Antonio do Passo Cabral, o ato concertado não possui natureza negocial, haja vista que os juízes não possuem capacidade negocial e não podem dispor dos interesses das partes envolvidas nos respectivos processos. Em sentido contrário, Maria Gabriela Campos defende que o ato concertado entre juízos cooperantes possui natureza negocial, especificamente, de disposição da competência, na medida em que haveria vontade dos julgadores, fruto do poder discricionário, de praticar o ato, e margem de escolha da categoria jurídica ou dos efeitos a serem produzidos. Segundo a autora, os juízos deteriam capacidade negocial, já que o ordenamento lhes autoriza a celebração de negócios jurídicos processuais com as partes (por exemplo, art. 191 do CPC). ((i) CABRAL, Antonio do Passo. *Juiz natural e eficiência processual*: flexibilização, delegação e coordenação de competências no processo civil, op. cit., p. 438; (ii) CAMPOS, Maria Gabriela, op. cit., p. 174-175. Também entendendo pela natureza negocial, ver: (i) DIDIER JR., Fredie. *Cooperação judiciária nacional*: esboço de uma teoria para o direito brasileiro (arts. 67-69, CPC), op. cit., p. 84-85 e (ii) FERREIRA, Gabriela Macedo. O ato concertado entre juízes cooperantes: esboço de uma teoria para o Direito brasileiro. *Civil Procedure Review*, [S.l.], v. 10, n. 3, p. 11–48, set./dez., 2019. p. 27-31). Sem qualquer pretensão de alargar o debate nessa sede, em nosso sentir, o ato concertado não pode ser classificado como um negócio jurídico processual porque eventual interesse do Estado-juiz na cooperação é público, não do julgador, inexistindo uma manifestação negocial do julgador na prática do ato e na escolha da categoria jurídico e da estruturação dos efeitos.
96. O texto do § 2º do art. 69 reforça que o ato estabelece um procedimento a ser observado: "Os atos concertados entre os juízes cooperantes poderão consistir, além de outros, no estabelecimento de procedimento para [...]".
97. DIDIER JR., Fredie. *Cooperação judiciária nacional*: esboço de uma teoria para o direito brasileiro (arts. 67-69, CPC), loc. cit.
98. Ibid., p. 107.

Nesse contexto, o ato concertado sugere uma combinação do exercício da competência com a finalidade de atingir-se um objetivo em comum. Na prática, ao concertarem para a realização de um ou vários atos processuais, os juízos signatários estão modificando a conformação de suas competências jurisdicionais fundamentadamente, com base nos princípios da eficiência e da competência adequada, possibilitando que outro juízo entre em cena para atuar de forma combinada, conforme regras preestabelecidas entre eles.

Sem qualquer pretensão exaustiva, o art. 69, § 2º, do CPC e o art. 6º da Resolução nº. 350 dispõem que a concertação pode ter como objeto diversas medidas, como a reunião de execuções contra um devedor comum, a produção de prova única a ser aproveitada em diversos processos, a facilitação de habilitação de créditos na falência e na recuperação judicial, a efetivação de medidas provisórias etc., tudo conforme as necessidades concretas dos órgãos julgadores.

Dentre outros requisitos invocados para o uso da cooperação, o art. 5º da Resolução nº 350 exige a documentação nos autos (inciso III) e a necessidade de fundamentação objetiva e imparcial (inciso IV), sendo certo que essa última previsão é reforçada no art. 8º, § 2º, da referida Resolução. Nessa linha, os arts. 3º e 9º da Resolução impõem a intimação das partes do processo sobre a prática do ato cooperado, em especial "quando a complexidade da matéria recomendar".

Como se vê, independentemente do objeto de cooperação, é indispensável a sua documentação nos autos do(s) processo(s) para que seja dada ciência às partes e demais interessados[99], que, eventualmente, poderão se manifestar sobre as vantagens e desvantagens da cooperação em termos de celeridade e aprimoramento qualitativo da tutela jurisdicional. Ainda sobre a relevância da participação das partes, o art. 8º, § 4º, da Resolução nº. 350 confere ampla legitimidade às partes e aos interessados para requerer ao órgão julgador a realização de ato de cooperação.

Por certo, a celebração do ato não deve ser condicionada à concordância das partes[100], pois o interesse público na gestão racional do(s) processo(s) sobrepõe-se aos interesses privados dos litigantes, especialmente, se considerarmos que não raro o réu nutre a intenção de protelar o feito, dificultando a célere resolução do litígio. Entretanto, parece claro que, uma vez firmada a cooperação, os órgãos jurisdicionais envolvidos devem ouvir os interessados

99. CÂMARA, Alexandre Freitas. *Manual de Direito Processual Civil*. Barueri: Atlas, 2022. p. 156. Nesse sentido também é o Enunciado nº 687 do (FPPC: "(art. 69, *caput*) A dispensa legal de forma específica para os atos de cooperação judiciária não afasta o dever de sua documentação nos autos do processo".

100. (i) CAMPOS, Maria Gabriela, op. cit., p. 195. (ii) CABRAL, Antonio do Passo. *Juiz natural e eficiência processual*: flexibilização, delegação e coordenação de competências no processo civil, op. cit., p. 470.

previamente à prolação de decisão judicial que tenha como base os dados e informações colhidos com a cooperação[101].

Na linha das diretrizes da Recomendação nº. 38/2011, o CNJ manteve a estrutura da Rede Nacional de Cooperação Judiciária (RNCJ), composta por Magistrados(as) de Cooperação Judiciária, Núcleos de Cooperação Judiciária de cada um dos tribunais brasileiros e pelo Comitê Executivo da RNCJ, instituído pelo CNJ.

Os Magistrados e as Magistradas de Cooperação têm como função facilitar a prática do ato de cooperação, atuando na forma descrita no art. 14, sem prejuízo de outras funções, as quais podem ser definidas pelos Núcleos a que estiverem vinculados(as), consoante art. 19 da Resolução nº. 350.

Aos Núcleos, por sua vez, compete organizar reuniões periódicas entre os(as) Magistrados(as) de Cooperação, incentivando a melhoria dos processos de cooperação judiciária com os demais Núcleos, bem como estabelecer critérios e procedimentos para registro de dados relevantes e boas práticas de cooperação judiciária.

Ao Comitê Executivo da RNCJ compete dirimir conflitos de natureza administrativa entre os Núcleos de Cooperação e sanar eventuais dúvidas pertinentes à cooperação judiciária, ainda que paralelamente à atuação de outros órgãos competentes. Adicionalmente, ao Comitê Executivo foi atribuída a relevante tarefa de promover, anualmente, o Encontro Nacional de Magistrados e Magistradas de Cooperação Judiciária, oportunidade em que é possível difundir a cultura da cooperação, além de compartilhar e fomentar boas práticas de cooperação judiciária, aprimorando-se, dessa forma, a própria atuação da RNCJ.

De modo a orientar adequadamente a prática dos atos cooperados, a Resolução nº. 350/2020 do CNJ é instruída por três anexos, consistentes em modelos exemplificativos de pedido de cooperação por auxílio direto (anexo I), despachos conjuntos (anexo II) e ato concertado (anexo III).

Essas características principais, ao lado de questões específicas tratadas a seguir, não deixam dúvidas de que a cooperação judiciária está suficientemente regulamentada e é campo fértil para a adoção de medidas

---

101. "Em qualquer caso, é dever dos juízos cooperantes assegurar às partes os direitos à informação, à manifestação, à participação e à influência nos rumos da decisão judicial, decorrentes do conteúdo humanitário da garantia do contraditório, em todos os atos praticados pela via da cooperação nacional, sendo-lhes vedada, ainda, a prolação de qualquer decisão, a partir dos dados e informações colhidas com essa ferramenta, antes da oitiva dos interessados". (SCHENK, Leonardo Faria. Comentários aos arts. 64-69 do CPC. *In:* ALVIM, Teresa Arruda; DIDIER JR., Fredie; TALAMINI, Eduardo; DANTAS; Bruno. *Breves comentários ao novo código de processo civil.* São Paulo: Editora Revista dos Tribunais, 2016. p. 276).

potencialmente capazes de aprimorar a entrega da prestação jurisdicional e a administração da Justiça.

2.2.3. O objeto do ato concertado: modificação, combinação e repartição de competências jurisdicionais

Segundo o art. 68 do CPC, o pedido de cooperação pode ter como objeto a prática de *qualquer ato processual*. O uso da cooperação para a prática de atos diretivos e instrutórios não parece gerar maiores implicações, sobretudo porque a transferência do exercício da competência nessas hipóteses sempre foi possível por meio do uso das cartas.

A questão ganha contornos nebulosos quando se pensa na possibilidade do uso da cooperação – especificamente do ato concertado – para modificação, combinação ou repartição de competências jurisdicionas para a prática de atos decisórios, envolvendo, por exemplo, a valoração de uma prova.

Antes do mais, é necessário pontuar que, mesmo para a prática de atos diretivos ou instrutórios, exige-se do juízo solicitado a tomada de algumas decisões envolvendo, por exemplo, o controle das perguntas formuladas a uma testemunha, a nomeação de um perito ou o indeferimento de uma penhora. Nesses casos, há a modificação episódica da competência para a prática de determinados atos relacionados ao objeto da cooperação.

Nesse sentido, parece relevante indagar os limites e as possibilidades de o ato concertado entre juízos cooperantes regular a modificação episódica do exercício da competência para atos decisórios sobre questões do processo.

Sobre o tema, Fredie Didier Jr. defende que o ato concertado poderá ensejar a alteração da competência relativa para decisão sobre questões principais ou incidentais. Porém, em se tratando de competência absoluta, a mudança somente estaria autorizada para a definição de questões incidentais, tendo em vista que não raro os juízes examinam de forma incidental questões que fogem à sua competência absoluta[102].

Como todos os juízos deveriam enfrentar a questão incidentalmente, os ganhos de eficiência, igualdade e segurança justificariam que esses juízos concertem entre si para que a matéria seja apreciada e decidida uma única vez[103].

---

102. Conforme exemplifica Fredie Didier Jr., o juiz federal examina questões de família em processos previdenciários. (DIDIER JR., Fredie. *Cooperação judiciária nacional:* esboço de uma teoria para o direito brasileiro (arts. 67-69, CPC). São Paulo: Juspodivm, 2020. p. 100).

103. (i) DIDIER JR., Fredie. *Cooperação judiciária nacional:* esboço de uma teoria para o direito brasileiro (arts. 67-69, CPC), op. cit., p. 98-103. (ii) CAMPOS, Maria Gabriela. *O compartilhamento de competências no processo civil*: um estudo do sistema de competências sob o paradigma da cooperação nacional. São Paulo: Juspodivm, 2020. p. 164-165.

De forma mais ampla, Edilton Meireles aponta a possibilidade de modificação da competência absoluta definida em norma infraconstitucional por ato de cooperação judiciária, "em ponderação de valores ou interpretação de regras a partir dos princípios aplicáveis [eficiência, duração razoável do processo, igualdade de tratamento etc.]"[104].

Isso porque o art. 62 do CPC veda a modificação da competência em razão da matéria, da pessoa ou da função exclusivamente por *convenção das partes*, nada dispondo sobre a alegada inderrogabilidade por ato cooperado. Assim, combinando o referido art. 62 com o art. 69, inciso II e § 2º, inciso VI, o autor conclui pela possibilidade de modificação da competência absoluta definida em norma infraconstitucional por ato de cooperação judiciária, o qual se insere na categoria de "normas de organização judiciária", mencionada no art. 44 do CPC[105].

Edilton Meireles defende que o ato concertado pode modificar a competência absoluta definida por norma constitucional, mediante a ponderação de postulados constitucionais, ao fundamento de que existem precedentes jurisprudenciais e legislativos que claramente flexibilizam a competência absoluta definida constitucionalmente[106].

De fato, a partir da ponderação da regra de competência absoluta, o STF decidiu pela competência da Justiça do Trabalho para o julgamento de ações indenizatórias por danos morais e patrimoniais decorrentes de acidente de trabalho, mas manteve na Justiça Estadual as ações que já estavam em curso à época em que tal posicionamento foi firmado[107].

No que concerne ao tema objeto desta publicação, a norma do art. 6º, § 2º, da LREF, que confere ao juízo da recuperação judicial competência para dar continuidade à execução de créditos derivados da legislação do trabalho,

---

104. MEIRELES, Edilton. Deslocamento de competência absoluta por cooperação judiciária. *In*: DIDIER JR., Fredie; CABRAL, Antonio do Passo (Coord.). *Cooperação judiciária nacional*. São Paulo: Juspodivm, 2021. p. 391. No mesmo sentido, ver: AVELINO, Murilo Teixeira. Disposição de competência decisória por ato concertado entre juízos cooperantes. *In*: DIDIER JR., Fredie; CABRAL, Antonio do Passo (Coord.). *Cooperação judiciária nacional*. São Paulo: Juspodivm, 2021. p. 370.

105. MEIRELES, Edilton, Deslocamento de competência absoluta por cooperação judiciária, op. cit., p. 390-391. No mesmo sentido, posiciona-se Nilsiton Rodrigues de Andrade Aragão, destacando que não se deve negar, de forma irrestrita, a possibilidade de compartilhamento de competências absolutas por cooperação judiciária. (ARAGÃO, Nilsiton Rodrigues de Andrade. Potencialidades e limites da cooperação judiciária nacional. *In*: DIDIER JR., Fredie; CABRAL, Antonio do Passo (Coord.). *Cooperação judiciária nacional*. São Paulo: Juspodivm, 2021. p. 211).

106. MEIRELES, Edilton, Deslocamento de competência absoluta por cooperação judiciária, op. cit., p. 394-397.

107. O exemplo é recordado por Edilton Meireles e refere-se ao Enunciado de Súmula Vinculante do STF nº. 22 e ao Recurso Extraordinário nº. 586.453. (Ibid., p. 397).

é hipótese legislativa em que houve flexibilização da regra de competência absoluta definida pela CRFB[108].

Sem se descurar do necessário controle de constitucionalidade sobre a eventual modificação da regra de competência absoluta definida pela CRFB, parece factível defender que o art. 69 do CPC estabelece uma exceção à regra geral de observância da competência absoluta fixada por norma infraconstitucional, delegando a possibilidade de alteração da competência aos órgãos julgadores cooperantes à luz das necessidades do caso concreto, tendo como fonte normativa o ato cooperado.

Afinal, assim como a competência pode ser modificada *por ato legislativo* posterior, consoante autoriza o art. 43 do CPC e observados os limites da CRFB (cf. art. 44), o próprio Código, em seu art. 69, autoriza sua alteração (sem exceções) *por ato de cooperação judiciária* posteriormente concertado, com base em lei que lhe é anterior e prevê tal possibilidade. A título ilustrativo, vale trazer, ao conhecimento do leitor, dois atos concertados que tratam de modificação de competências, o primeiro antes e o segundo após a distribuição dos processos.

Nos termos do Ato Concertado nº 1/2021 do TJ/RJ, os Juízos da 1ª e da 2ª Varas de Família do Fórum Regional da Barra da Tijuca definiram destino de processos futuros em razão da afinidade existente entre os litígios. De acordo com o referido ato conjunto, diante de diferentes demandas envolvendo a mesma entidade familiar, os juízos signatários comprometeram-se a declinar da competência para aquele que recebeu a primeira demanda daquela entidade familiar. Portanto, o ato, elaborado com o apoio do Núcleo de Cooperação Judiciária do TJ/RJ, permite a reunião de diferentes causas envolvendo uma mesma família, antes mesmo de a demanda ter sido ajuizada[109].

Já o Ato Conjunto nº 2/2021 da JFBA, celebrado pelos Juízos Federais da Subseção Judiciária de Feira de Santana, disciplinou a redistribuição de processos já em curso que tenham como objeto vícios construtivos em imóveis do programa habitacional "Minha Casa, Minha Vida", para fins de produção de provas e outras medidas destinadas a racionalizar a tramitação e o julgamento das demandas.

Em síntese, definiu-se a redistribuição dos processos em curso entre os juízos cooperantes para que as ações relativas a um mesmo empreendimento passem a tramitar perante um mesmo juízo, evitando-se, com isso, que um

108. O exemplo é recordado por Edilton Meireles: Ibid., p. 394.

109. Conforme a notícia veiculada no site do Tribunal: PODER JUDICIÁRIO DO ESTADO DO RIO DE JANEIRO. TJRJ inova com instrumento que permite reunir processos de uma entidade familiar em uma só Vara de Família da Barra da Tijuca. *Assessoria de Imprensa*, Rio de Janeiro, 24 de junho de 2021.

mesmo ato processual tenha que ser praticado em vários processos[110]. Por questões de eficiência e adequação, o ato proporciona a flexibilização da regra geral da perpetuação da jurisdição.

Parece claro, portanto, ser possível alterar a competência de processos já em curso e também para demandas futuras. Nesse sentido, segundo Edilton Meireles, o instituto da cooperação judiciária funciona como um instrumento de controle, *in concreto*, da competência, mediante o seu deslocamento para o juízo mais adequado ou definição do juízo competente para ações que vierem a ser ajuizadas[111].

Em qualquer caso, às partes dos processos envolvidos deve ser oportunizada a possibilidade de manifestação e impugnação do ato cooperado, bem como ser dada ciência prévia ao procedimento a ser adotado, garantindo-se, com isso, a previsibilidade.

Especialmente para a concertação que implique alteração da conformação original da competência, exige-se dos juízos cooperantes a demonstração fundamentada de que a medida é adequada à luz dos ganhos de eficiência (quantitativos e/ou qualitativos) projetados, bem como que a medida não trará prejuízos às garantias das partes.

2.2.4. Cooperação judiciária para fins de consulta

Retomando o que expusemos no tópico 1.4.1, a compreensão contemporânea do conceito de jurisdição permite assimilá-la para além da adoção de técnicas adjudicativas de solução de conflitos.

Pronunciamentos judiciais nem sempre serão decisórios, o que é facilmente perceptível até mesmo no processo civil tradicional, informado pela visão cooperativa de processo, em que o juiz se pronuncia com o objetivo de intimar (por exemplo, arts. 236 a 283 do CPC), auxiliar (por exemplo, art. 319, § 1º, do CPC), instruir (por exemplo, art. 461, § 1º, do CPC), prevenir (por exemplo, art. 321, p. único, do CPC), dentre outros.

Além disso, a atual sistemática processual admite o exercício de jurisdição para fixação de teses gerais, a exemplo da sistemática de julgamento de casos repetitivos. Sem se descurar do objetivo de pacificação social, essas

---

110. BAHIA. Seção Judiciária da Bahia. *ATO CONJUNTO Nº 002/2021 – SSJ/FSA*. Feira de Santana: 6 de julho de 2021.

111. "Nesse controle *in concreto*, a ser realizado por ato de cooperação judiciária, devem os juízos observar os critérios de definição da competência mais adequada, tendo em conta o que se tem pelo princípio do juiz natural, pois, por certo, não se trata de um controle discricionário. Ele deve ser fundamentado. Por essa razão, os juízos devem analisar todas as circunstâncias que envolvam a demanda, de modo a definir, *in concreto*, o juízo mais adequado, respeitando-se o contraditório" (MEIRELES, Edilton. *Cooperação judiciária como instrumento de controle judicial da competência adequada*. Londrina: Thoth, 2024. p. 201).

técnicas objetivam evitar o surgimento de novos conflitos e a uniformizar o direito, reduzindo-se, com isso, os litígios em massa[112].

Partindo da premissa de que a interpretação e a cognição podem ter outras finalidades afora a aplicação do direito mediante decisão judicial[113], Antonio do Passo Cabral defende a existência da *função jurisdicional de consulta*[114], na qual a atividade do órgão julgador é meramente opinativa (não há efeitos jurídicos a serem exigidos forçosamente), com o objetivo de conferir maior certeza e segurança jurídica na aplicação das normas[115].

Sem qualquer pretensão de se estender no tema (até porque não haveria espaço nestas páginas), interessa à presente obra o exercício da consulta mediante cooperação judiciária, a ser exercida com o objetivo de proporcionar ao magistrado consulente maior segurança para decidir sobre questão que demanda contribuições de outro órgão julgador.

Nesse arranjo cooperativo, a concertação dispõe que um deles (juiz consultor) exercerá cognição de forma auxiliar, imparcial e independente[116] sobre determinada questão a ser decidida por outro juízo (juiz decisor), sempre tendo como norte a definição das funções de cada um pelo critério da melhor aptidão cognitiva[117].

---

112. DIDIER JR., Fredie; CUNHA, Leonardo Carneiro da. *Curso de Direito Processual Civil*. 18. ed. São Paulo: Juspodivm, 2020. v. 3, p. 736 *et seq*.

113. VOGT, Fernanda Costa. *Cognição do juiz no processo civil:* flexibilidade e dinamismo dos fenômenos cognitivos. 2. ed. rev. atual. e ampl. São Paulo: Editora Juspodivm, 2022. p. 89.

114. No Brasil, o tema é abordado com pioneirismo e profundidade por Antonio do Passo Cabral. Em suma, o autor explica que procedimentos de consulta sempre existiram, mas que, até o advento do art. 30 da LINDB, não era possível falar em função jurisdicional de consulta. Com a referida inovação legislativa, passam a ser admitidas consultas ao Poder Judiciário tanto na atividade de administração e organização judiciária quanto na atividade de caráter jurisdicional. Trata-se de interpretação a *contrario sensu* da literalidade do referido dispositivo: se os agentes estatais devem responder a consultas como forma de assegurar a segurança jurídica na aplicação das normas, necessariamente, existe o direito dos jurisdicionados de provocar a consulta. Sendo o Estado sujeito passivo da consulta, Cabral muito bem observa que os juízes não podem assumir o papel de consulentes na forma do art. 30 da LINDB. Isso não impede, contudo, que exerçam jurisdição consultiva por meio de cooperação judiciária. (CABRAL, Antonio do Passo. *Jurisdição sem decisão:* non liquet e consulta jurisdicional no direito processual civil. 2022. Tese (Professor Titular de Direito) – Faculdade de Direito, Universidade do Estado do Rio de Janeiro, Rio de Janeiro, 2022. p. 86-205).

115. "Em vista dessa premissa de que a aplicabilidade das normas está "impregnada de fato", a consulta deve remeter a um quadro fático específico, e do consulente se exige que demonstre haver alguma situação concreta que atraia a incidência e aplicabilidade de normas sobre as quais parte incerteza jurídica, e respeito da qual se deseje obter uma resposta interpretativa do juízo." (CABRAL, Antonio do Passo. *Jurisdição sem decisão:* non liquet e consulta jurisdicional no direito processual civil, op. cit., p. 168).

116. CABRAL, Antonio do Passo. *Jurisdição sem decisão:* non liquet e consulta jurisdicional no direito processual civil, op. cit., p. 157.

117. "Deve-se salientar ainda que o juízo consulente continuará responsável pela condução do processo e decisão da causa. Não há aqui qualquer delegação ou transferência de cognição entre os juízos cooperantes. Não é correto pensar que ao juiz-consultor caberá com exclusividade a cognição, e ao juiz natural somente a decisão, à moda da divisão de tarefas entre *sapiens* e *iudex* no direito intermédio. Aqui haverá duas cognições: uma exercida pelo juiz-consultor, que nesta atividade exaure

Diferentemente das hipóteses de concertação tratadas acima, na cooperação para fins de consulta não há deslocamento de competência entre os juízos: a ambos caberá o exercício de cognição (que não se confunde com a atividade de decidir), sendo certo que a participação do juízo consultor se esgota com a emissão da opinião. Trata-se, pois, de cognição auxiliar e instrumental à atividade decisória do outro órgão julgador, a ser prestada por cooperação judiciária.

A despeito de a consulta carecer de imperatividade, Antonio do Passo Cabral entende que o fato de ser emitida pelo Poder Judiciário adiciona um elemento autoritativo à atividade opinativa[118]. Com efeito, a premissa é reforçada em se tratando de consulta estipulada mediante cooperação judiciária, já que o próprio juiz natural do caso ou órgão externo solicitante terá entendido, no exame de sua competência, pela necessidade de receber contribuições de outro juízo previamente à prolação de decisão sobre determinada questão. Como bem recordado por Antonio do Passo Cabral, a consulta sem vinculatividade já ocorre com os pareceres emitidos pelo Ministério Público na qualidade de *custos legis*[119], que possuem relevante papel na formação do convencimento do órgão decisor.

Por evidente, a escolha do juízo consultor deve necessariamente ter como premissa ser este juízo o mais adequado para emitir parecer sobre determinado tema (necessariamente sob o ponto de vista da especialização à luz da matéria objeto de consulta). E, como todo enunciado de raciocínio, a opinião deve ser fundamentada pelo magistrado, em demonstração à racionalidade empregada[120].

Seguindo essa linha, o CNJ, por meio da Resolução nº. 499/2023[121], alterou a Resolução nº. 350/2020 para expressamente incluir no rol de atos

---

sua participação; e outra desempenhada pelo juízo natural, como antecedente da atividade de julgamento". (CABRAL, Antonio do Passo. *Jurisdição sem decisão:* non liquet e consulta jurisdicional no direito processual civil, op. cit., p. 161).

118. Segundo Antonio do Passo Cabral, aplica-se ao caso o mesmo raciocínio desenvolvido para defender a existência de uma eficácia reflexa de decisões judiciais, que não se confunde com extensão da coisa julgada. (CABRAL, Antonio do Passo. *Jurisdição sem decisão:* non liquet e consulta jurisdicional no direito processual civil, op. cit., p. 182-183).

119. "Note-se que o instrumento normativo que atribui a competência consultiva não é a lei, mas um ato concertado entre juízes cooperantes (art.69, IV e § 2º do CPC), e neste ato devem-se estabelecer as funções e poderes do juiz-consultor. Essas prerrogativas podem variar a depender das peculiaridades do caso e dos objetivos que os juízos cooperantes querem atingir. Não obstante, se nada houver dispondo acerca dos poderes e deveres de cada qual, devem-se assegurar ao juiz consultor prerrogativas similares à do Ministério Público na posição de custos legis, manifestando-se imediatamente antes das decisões judiciais." (CABRAL, CABRAL, Antonio do Passo. *Jurisdição sem decisão:* non liquet e consulta jurisdicional no direito processual civil, op. cit., p. 160-161).

120. CABRAL, Antonio do Passo. *Jurisdição sem decisão:* non liquet e consulta jurisdicional no direito processual civil, op. cit., p. 179.

121. BRASIL. *Resolução Nº 499, de 10 de maio de 2023*. Brasília, DF: Conselho Nacional de Justiça, 2023.

de cooperação judiciária a formulação de consulta. De acordo com a nova redação do inciso XXI do art. 6º da Resolução nº. 350/2020[122], é cabível a prática de cooperação para que um juízo, no exercício da atividade jurisdicional, formule uma consulta a outro magistrado ou órgão do Poder Judiciário (por exemplo, comitês e grupos de trabalho) ou, ainda, a ente externo ao Poder Judiciário, hipótese em que a cooperação terá natureza interinstitucional.

Conforme será visto na última parte deste livro, os processos estruturais, dentre os quais a recuperação judicial, são campos férteis para o exercício da consulta mediante cooperação judiciária, na medida em que não raras as vezes os juízos responsáveis pela condução de processos dessa natureza tornam-se verdadeiros "peritos" em matérias específicas, tornando as suas contribuições bastante valiosas para imprimir maior segurança jurídica ao processo decisório de outros órgãos.

2.2.5. A impugnação do ato cooperado e das decisões proferidas a partir de sua celebração

Vimos, acima, que o uso da cooperação judiciária, na qualidade de ferramenta de maximização da eficiência processual, não deve estar condicionado à concordância das partes. Apesar disso, relativa à cooperação que tenha como objeto a prática de ato jurisdicional, gerando efeitos, portanto, dentro dos processos, às partes deve ser conferida a oportunidade de manifestação prévia à realização da cooperação, bem como de, eventualmente, impugnar o conteúdo do ato conjunto e dos provimentos jurisdicionais proferidos a partir dele pelos órgãos julgadores envolvidos.

Segundo o parágrafo único do art. 9º e o § 3º do art. 8º, ambos da Resolução nº 350, os atos de cooperação poderão ser impugnados pelos meios previstos na legislaçao processual e alvo de pedidos de esclarecimentos e ajustes, nos termos do art. 357, § 1º, do CPC. Por certo, o que irá definir o meio de impugnação a ser empregado são a natureza do ato e os limites de atuação de cada órgão julgador.

Caso a cooperação seja materializada na forma de um ato concertado entre os juízos, o ato conjunto não consistirá em um provimento jurisdicional, possuindo natureza normativa. Na hipótese de ter sido firmado ao arrepio da lei ou com claro abuso de poder, em violação às garantias das partes, torna-se possível questionar a sua prática mediante a impetração de

122. Embora a Resolução nº. 499/2023 tenha incluído o inciso "XXI", houve um erro, pois já havia inciso XXI no art. 6º. O inciso incluído é, na verdade, XXII.

um mandado de segurança, nos termos da Lei nº 12.106/2009, observados os requisitos exigidos à demonstração do cabimento da medida[123].

Admita-se, por hipótese, que esse ato conjunto tenha partido de um adequado juízo de eficiência e legalidade e estabelecido a divisão de tarefas entre os juízos cooperantes para a prática de atos em um mesmo processo. Então, o desrespeito ao procedimento convencionado pode configurar invasão de um juízo na competência do outro, materializada na forma de um conflito positivo de competência.

Isso porque dois juízos estariam exercendo a mesma competência em um mesmo processo, em aparente desconformidade com a regra (prevista no ato conjunto) que estabeleceu os termos e condições em que tal exercício seria compartilhado. Assim, torna-se cabível o manejo do conflito de competência, nos termos do art. 66 do CPC, para controlar a atuação coordenada dos juízos cooperantes em observância ao procedimento estabelecido no ato conjunto fruto da cooperação[124].

Note-se que, quanto mais abertos, transparentes, participativos e previsíveis forem a cooperação e o termo de ajuste resultante do ato, menos resistência tendem a gerar nos litigantes, que ficarão satisfeitos e confiantes no alcance dos ganhos de eficiência projetados[125].

Outra é a sistemática aplicável aos provimentos jurisdicionais resultantes da cooperação, isto é, às decisões e sentenças judiciais que venham a ser proferidas a partir dos dados colhidos na cooperação ou com base no procedimento estipulado no ato conjunto firmado pelos juízos.

A título ilustrativo, mencionam-se a decisão que ordenar a redistribuição de um processo em atenção às regras previstas no ato conjunto para a tramitação de demandas em curso e a decisão que aplicar o entendimento sobre determinada questão, firmado pelo juízo que, na forma do ato coo-

---

123. CABRAL, Antonio do Passo. *Juiz natural e eficiência processual*: flexibilização, delegação e coordenação de competências no processo civil. São Paulo: Thomson Reuters Brasil, 2021. p. 478. Além do cabimento do mandado de segurança, Nilsiton Aragão destaca que os magistrados estão sujeitos, de forma geral, ao controle administrativo de seus atos, na forma das legislações aplicáveis à magistratura federal e estadual. (ARAGÃO, Nilsiton Rodrigues de Andrade. A atuação dos sujeitos processuais na cooperação judiciária. *In*: DIDIER JR., Fredie; CABRAL, Antonio do Passo (Coord.). *Cooperação judiciária nacional*. São Paulo: Juspodivm, 2021. p. 196).

124. Embora pareça menos comum, Leonardo Carneiro da Cunha pontua que a situação reversa também pode ocorrer caso nenhum dos juízos pratique os atos processuais esperados, ao fundamento de que deveriam ter sido realizados pelo outro juízo cooperante, hipótese em que estaria configurado um conflito negativo de competência. (CUNHA, Leonardo Carneiro da. O conflito de competência no âmbito da cooperação judiciária nacional. *In*: DIDIER JR., Fredie; CABRAL, Antonio do Passo (Coord.). *Cooperação judiciária nacional*. São Paulo: Juspodivm, 2021. p. 619).

125. CABRAL, Antonio do Passo. *Juiz natural e eficiência processual*: flexibilização, delegação e coordenação de competências no processo civil. São Paulo: Thomson Reuters Brasil, 2021. p. 470.

perado, ficou responsável por valorar a prova produzida sobre essa questão, que seria comum a vários processos.

Nesses casos e sem prejuízo de valer-se das medidas de que tratamos acima para impugnar o próprio ato ou os limites da atuação jurisdicional de cada órgão, às partes será possível impugnar os provimentos jurisdicionais resultantes da cooperação nos termos da legislação civil, mediante o emprego dos recursos conforme cabíveis[126].

2.2.6. O conteúdo dogmático do dever de cooperação

Ao tratar das principais características do sistema nacional de cooperação judiciária, propositalmente deixamos de abordar naquela oportunidade a problemática envolvendo o "dever de recíproca cooperação" que teria sido imposto a todos os magistrados e servidores do Poder Judiciário, nos termos do art. 67 do CPC e art. 2º da Resolução nº. 350 do CNJ.

Parte da doutrina dedicada ao estudo da cooperação judiciária vem defendendo a existência de um dever específico de cooperação imposto aos magistrados e servidores, cujo descumprimento poderia levar, inclusive, à imposição de sanções disciplinares[127]. Não podemos concordar com essas ideias, haja vista que o conteúdo do dever de recíproca cooperação deve ser extraído em consonância com uma de suas principais características – a consensualidade –, de modo que seria um contrassenso afirmar que o juízo provocado é obrigado a acatar o pedido de cooperação do juízo solicitante[128].

Nesse ponto, recorda-se que o art. 6º da Resolução nº. 350 é categórico ao afirmar que os atos cooperados são consensuais, o que é incompatível com a sujeição de um juízo à vontade do outro. Outro detalhe relevante é que, ao se valer do vocábulo "recíproco", o legislador deixou claro que o cumprimento desse dever deve ser, no mínimo, razoável para todos os envolvidos.

---

126. Ibid., p. 478.

127. Nilsiton Rodrigues de Andrade Aragão trata a cooperação como um dever imposto ao magistrado, cujo descumprimento pode gerar a imposição de sanção disciplinar. Admite, contudo, a possibilidade de recusa fundamentada. José Eduardo Resende Chaves Jr. afirma que não seria possível a recusa, eis que contrária à lógica de cooperação. Já Gabriela Macedo Ferreira diz que não se deve ignorar a literalidade do art. 67 do CPC, mas isso não significa que inexistiria uma margem de discricionariedade para eventualmente recusar o pedido. ((i) ARAGÃO, Nilsiton Rodrigues de Andrade. A atuação dos sujeitos processuais na cooperação judiciária. *In:* DIDIER JR., Fredie; CABRAL, Antonio do Passo (Coord.). *Cooperação judiciária nacional.* São Paulo: Juspodivm, 2021. p. 182-191; (ii) CHAVES JR., José Eduardo Resende. Cooperação Judiciária na Justiça do Trabalho. *Revista do Tribunal Regional do Trabalho da 3ª Região.* n. 92, Belo Horizonte, 2016, p. 110; (iii) FERREIRA, Gabriela Macedo. *Ato concertado entre juízes cooperantes:* esboço de uma teoria para o direito brasileiro. 2021. Dissertação (Mestrado em Direito) – Faculdade de Direito, Universidade Federal de Bahia, Salvador, 2021. p. 159.

128. CAMPOS, Maria Gabriela. *O compartilhamento de competências no processo civil:* um estudo do sistema de competências sob o paradigma da cooperação nacional. São Paulo: Juspodivm, 2020, p. 126.

Ainda que os benefícios concretos sejam diretamente verificados pelo juízo solicitante, a exemplo de um pedido de cooperação que tenha como objetivo a prática de um ato diretivo ou instrutório, o juízo solicitado não deve sentir-se demasiadamente onerado para a sua prática[129].

A realidade das varas judiciais dos tribunais brasileiros, assoberbadas de muitos processos e marcadas pela escassez de recursos e pessoal, nem sempre permitirá que o juízo solicitado atenda prontamente o pedido do juízo solicitante, sob pena de dar preferência às necessidades do colega em detrimento da gestão adequada de seu próprio acervo.

A estrutura da vara pode, portanto, interferir nas condições, na celeridade e na intensidade com que o ato cooperado poderá ser praticado, sendo de todo equivocado admitir que o magistrado solicitado pode ser sancionado por alegado descumprimento do dever de cooperação. Para que a cooperação seja de fato recíproca, as necessidades e possibilidades de ambos os juízos devem ser sopesadas[130].

Essas considerações levam-nos a concluir que o conteúdo do dever recíproco de cooperação é de engajamento e comprometimento[131], não necessariamente para a prática do ato nos exatos termos sugeridos pelo juízo solicitante, mas, principalmente, para ouvir suas demandas e procurar atendê-las, ainda que mediante alternativas que se revelem mais viáveis e adequadas à realidade estrutural da vara do juízo solicitado[132].

---

129. Esse também é o entendimento de Antonio do Passo Cabral (CABRAL, Antonio do Passo. *Juiz natural e eficiência processual:* flexibilização, delegação e coordenação de competências no processo civil. São Paulo: Thomson Reuters Brasil, 2021. p. 451, nota 459).

130. Também por essas razões, não concordamos com o posicionamento de Edilton Meireles acerca do cabimento de conflito de competência a ser suscitado pelo juízo solicitante da cooperação diante da recusa do outro juízo em celebrar o ato concertado, ao fundamento de que haveria uma controvérsia sobre a reunião ou separação de processos, a ser resolvida pelo respectivo tribunal (MEIRELES, Edilton. *Cooperação judiciária como instrumento de controle judicial da competência adequada.* Londrina: Thoth, 2024. p. 202-203). A nosso ver, não cabe a um terceiro hierarquicamente superior decidir sobre a conveniência da cooperação judiciária, que depende da consensualidade dos órgãos julgadores cooperantes.

131. Para Moacir Ribeiro, a eficiência é o delimitador de hipótese de incidência da norma que estabelece o dever de recíproca cooperação (só há que se falar em cooperação entre os juízos se a cooperação for eficiente), que deve ser entendido como um dever comportamental. Tal dever estabelece um padrão comportamental de conduta entre juízos, correspondente ao dever de engajar-se para <<dar atenção a, ouvir, responder, estar disponível, receber, esclarecer>> o pedido de cooperação. Esse dever de engajamento não gera um dever de <<cumprir, satisfazer, obedecer>> ao pedido de cooperação. (SILVA JÚNIOR, Moacir Ribeiro. Cooperação judiciária nacional: o(s) dever(es) de engajamento e a relação jurídica processual entre juízos. Londrina, PR: Thoth, 2023. Livro eletrônico). No mesmo sentido é o posicionamento de Sílvio Neves Baptista Filho (BAPTISTA FILHO, Sílvio Neves. *Atos concertados e a centralização de processos repetitivos.* Londrina: Thoth, 2023. p. 71).

132. Essa é a percepção de Antonio do Passo Cabral ao falar que a cooperação tem como base a "reciprocidade judicial". (CABRAL, Antonio do Passo. *Juiz natural e eficiência processual*: flexibilização, delegação e coordenação de competências no processo civil. São Paulo: Thomson Reuters Brasil, 2021. p. 452).

Compreender a possibilidade de engajamento mútuo de órgãos julgadores exige assimilar um segundo aspecto da teoria da competência: as competências jurisdicionais nem sempre se manifestam como uma imposição autoritária de um poder[133].

Em se tratando de relações jurídicas colaborativas entre diferentes órgãos jurisdicionais, impera o que Antonio do Passo Cabral denominou de "lógica da influência reflexiva", que parte do reconhecimento do outro (alteridade): ao invés de sujeição de um sujeito processual ao outro, a transferência do exercício da competência depende da sua assunção pelo juízo solicitado. Considerando o caráter consensual e recíproco da cooperação, o juízo provocado pode tanto aceitar quanto recusar, fundamentadamente, a sua prática[134].

Em primeiro momento, o juízo provocado deverá realizar um juízo de legalidade sobre o uso da cooperação, podendo recusá-la de imediato caso constate que a sua prática importará violação ao conteúdo rígido do procedimento ou às garantias das partes[135].

Nessa análise, nada impede que o órgão julgador adote como parâmetro os critérios elencados pelo legislador para a recusa fundamentada de cumprimento de cartas de ordem e precatória[136], obviamente, mediante as devidas adaptações para a cooperação judiciária, que é, naturalmente, um instrumento menos formalizado e burocratizado do que as cartas para fins de interação entre os órgãos jurisdicionais.

Em segundo momento, cumpre ao juízo que recebeu o pedido analisar a possibilidade de engajar-se com o juízo solicitante no exercício da coope-

---

133. "[...] ao contrário da lógica recursal, que é autoritativa, de formato piramidal, e que se baseia na manutenção da unidade interpretativa do direito e na correção retrospectiva do erro do juízo *a quo*, as interações cooperativas são dialogais e em rede, exigindo uma postura fora da lógica de poder exercido coativamente, até porque muitas vezes a cooperação se estabelece em modo prospectivo, visando a uma atuação futura, para resolver novas questões e ultrapassar novos desafios administrativos." (Ibid., p. 452-453). No mesmo sentido: "[. . .] os poderes processuais do juiz são visivelmente detectados quando condena, declara, determina, mas a competência não é apenas exercício decisório de poder, mas também exercício dialógico e relacional da posição jurídica de dever". (SILVA JÚNIOR, Moacir Ribeiro. Competência como situação jurídica processual e como conteúdo de relação jurídica processual. *Revista de Processo*, São Paulo, v. 47, n. 324, p. 59-72, fev., 2022).

134. CABRAL, Antonio do Passo. *Juiz natural e eficiência processual*: flexibilização, delegação e coordenação de competências no processo civil. São Paulo: Thomson Reuters Brasil, 2021. p. 451-452. Para Luiz Henrique Volpe Camargo, a cooperação seria compulsória e, portanto, não passível de recusa. (CAMARGO, Luiz Henrique Volpe. *A centralização de processos como etapa necessária do Incidente de Resolução de Demandas Repetitivas*. 2017. Tese (Doutorado em Direito) – Faculdade de Direito, Pontifícia Universidade Católica de São Paulo, São Paulo, 2017. p. 304-305).

135. MEIRELES, Edilton. Notas introdutórias sobre a cooperação judiciária nacional. *In*: DIDIER JR., Fredie; CABRAL, Antonio do Passo (Coord.). *Cooperação judiciária nacional*. São Paulo: Juspodivm, 2021. p. 95.

136. ARAGÃO, Nilsiton Rodrigues de Andrade. A atuação dos sujeitos processuais na cooperação judiciária. *In:* DIDIER JR., Fredie; CABRAL, Antonio do Passo (Coord.). *Cooperação judiciária nacional*. São Paulo: Juspodivm, 2021. p. 184.

ração, considerando não apenas os ganhos de eficiência projetados com a medida, como também suas eventuais limitações estruturais[137].

Nesse sentido, o juízo deverá averiguar, por exemplo, se é o mais adequado para praticar determinado ato ou atuar de forma coordenada com o solicitante, bem como se possui condições de cumprir satisfatoriamente a finalidade da cooperação, considerando, dentre outros critérios, sua localidade, sua especialidade, o número de pessoal disponível na sua vara, a possibilidade de comprometer-se com outros objetivos além das metas já desenhadas para os seus próprios processos etc.

Buscando conferir alguns parâmetros, o STF, na Resolução nº. 775 de 2022, que teve como objetivo regulamentar o uso da cooperação naquela Corte, ressalvou a possibilidade de recusa do pedido de cooperação, desde que de forma fundamentada, tendo em vista que a prática do ato deve ser analisada considerando "a complexidade do processo, os custos envolvidos, o tempo necessário para a implementação das medidas pertinentes e a eficiência dos resultados projetados" (cf. art. 1º, § 2º).

Sobre o tema, Sílvio Neves Baptista Filho vai além para afirmar que a recusa, embora seja possível, deve estar fundamentada na existência de "prejuízo para os destinatários da atividade jurisdicional ou para o sistema de justiça de um modo geral", eis que, por força do art. 20 do Código de Ética da Magistratura Nacional – que impõe aos magistrados o dever de garantir a máxima pontualidade dos atos processuais –, os juízes não poderiam recusar a prática da cooperação quando essa tiver como objetivo trazer maior celeridade aos trâmites processuais[138]. De fato, parece correto admitir que sobre os magistrados destinatários do pedido de cooperação recai o ônus argumentativo de demonstrar ao juízo solicitante que a concertação pode ser prejudicial aos processos envoltos no próprio ato cooperado ou, se for o caso, ao trâmite de outros processos que estejam em curso naquele órgão julgador, considerando os impactos que a sua prática pode trazer sobre a gestão de acervo.

A despeito de ser possível a recusa fundamentada, compreender a cooperação como engajamento fortalece a ideia de que o Poder Judiciário é uma rede de trabalho: um mesmo juízo ora será solicitante, ora será solicitado, o que, por si só, deve ser compreendido como um estímulo para

---

137. DIDIER JR., Fredie. *Cooperação judiciária nacional:* esboço de uma teoria para o direito brasileiro (arts. 67-69, CPC). São Paulo: Juspodivm, 2020. p. 106.

138. BAPTISTA FILHO, Sílvio Neves. *Atos concertados e a centralização de processos repetitivos*. Londrina: Thoth, 2023. p. 75.

que se coloque no lugar do outro e encontre uma forma de atender àquele pedido de cooperação[139].

2.2.7. A afinidade da cooperação judiciária com o ambiente estrutural da recuperação judicial

Por tudo que se expôs ao longo deste capítulo, ficou claro que a cooperação judiciária é ferramenta de gestão processual e administração da Justiça, sendo útil ao tratamento de um único processo complexo ou multipolarizado, de um bloco de processos afins ou de processos interligados, que, de modo geral, demandem a atuação coordenada de mais de um órgão julgador ou de um órgão julgador com determinada instituição externa ao Poder Judiciário.

Em qualquer hipótese, é oportuno refletir que as ferramentas de cooperação judiciária e seus impactos no sistema de competências não são facilmente explicados a partir da dogmática tradicional do processo civil. Com efeito, os fundamentos normativos do sistema nacional de cooperação evidenciam que se trata de instituto a ser compreendido à luz do pragmatismo processual, na medida em que as suas vantagens são apresentadas sob o prisma da eficiência, da adequação e dos resultados projetados[140].

Com efeito, no ambiente processual cooperativo e diante da complexidade das relações sociais contemporâneas, ganha relevo a visão processual pragmatista, segundo a qual as soluções jurídicas devem ser pensadas a partir de suas consequências práticas, tendo como referencial a necessidade de conduzir a uma prestação jurisdicional adequada, que proporcione ao jurisdicionado não apenas a resolução do *processo*, mas do *problema* que lhe deu origem[141].

---

139. Nesse sentido é o Enunciado nº. 710 do FPPC: "(art. 67) Antes de recusar a cooperação ou suscitar conflito de competência, o magistrado deve engajar-se em tratativas ou pedir esclarecimentos aos demais cooperantes para compreender a extensão da cooperação, os objetivos pretendidos e os custos envolvidos".

140. Neste livro, não se pretende, até porque não haveria espaço nestas páginas, aprofundar o conceito e as diferentes correntes pragmatistas, bem como as críticas à sua concepção como teoria normativa da decisão judicial. Para o que importa a esta publicação, registra-se que o pragmatismo jurídico se apoia em três principais noções, extraídas do pragmatismo filosófico: antifundacionalismo (rejeição de dogmas e conceitos abstratos como bases de um argumento), contextualismo (os problemas devem ser analisados dentro de seu contexto de tempo e espaço) e consequencialismo (deve-se considerar, na opção decisória, as melhores consequências práticas). Sob essa perspectiva, as soluções jurídicas podem ser pensadas a partir da experiência prática e dos efeitos de determinada decisão. Sobre o tema na doutrina nacional, ver: (i) ATAIDE JÚNIOR, Vicente de Paula. *Processo civil pragmático*. 2013. Tese (Doutorado em Direito) – Faculdade de Direito, Universidade Federal do Paraná, Curitiba, 2013; (ii) ARGUELHES, Diego Werneck; LEAL, Fernando. Pragmatismo como [meta] teoria normativa da decisão judicial: caracterização, estratégias e implicações. *In*: SARMENTO, Daniel (Coord.). *Filosofia e teoria constitucional contemporânea*. Rio de Janeiro: Lumen Juris, 2009.

141. ATAIDE JÚNIOR, Vicente de Paula. *Processo civil pragmático*, op. cit., p. 115.

Ao romper com as amarras do formalismo processual, o juiz pragmático busca o diálogo com todos os sujeitos do processo e, se necessário, com outros órgãos julgadores para o desenvolvimento de soluções criativas e elásticas, valorizando-se a experiência prática à luz dos efeitos de determinada decisão – por óbvio, sem se descurar do dever de motivação de suas decisões e da necessidade de oportunizar o contraditório. Idealmente, não bastará que a solução corresponda a um conceito legal ou que esteja em conformidade abstrata com determinada teoria, sendo necessário atestar a sua utilidade para o resultado almejado[142].

Nessa ordem de ideias, a cooperação judiciária é uma forma pragmática de pensar o processo: a sua utilização será tão necessária e adequada ao caso quanto for a necessidade de flexibilização do procedimento (e do sistema de competências) em prol da otimização da prestação jurisdicional em concreto, o que poderá ser aferido, por sinal, a partir de resultados alcançados com outras práticas cooperativas em situações similares.

A relevância da experiência prática na seara da cooperação é tamanha que uma das funções dos Núcleos de Cooperação é "consolidar os dados e as boas práticas junto ao respectivo tribunal" (art. 17 da Resolução nº. 350/2020 do CNJ). Por isso, a doutrina aponta a utilidade das ferramentas cooperativas no tratamento de litígios estruturais[143], que geralmente demandam o aprimoramento das interações entre o Poder Judiciário e as entidades estatais e privadas envolvidas, bem como a incorporação de técnicas processuais capazes de aprimorar o gerenciamento e o sopesamento de todos os interesses afetados[144].

Embora referindo-se a litígio estrutural envolvendo a tutela do meio-ambiente, materializado em processos em curso em mais de um ramo do Poder Judiciário, José Arthur Castilho de Macedo e Thaís Amoroso Paschoal pontuam com relevante acerto que as ferramentas do sistema nacional de

---

142. ATAIDE JÚNIOR, Vicente de Paula. *Processo civil pragmático*, op. cit., p. 117.

143. Nesse sentido: (i) DIDIER JR., Fredie; ZANETI JR., Hermes. *Curso de direito processual civil:* processo coletivo. 15. ed. rev., atual. e ampl. São Paulo: Juspodivm, 2021. p. 618; (ii) LAMÊGO, Gustavo. Técnicas de cooperação judiciária nacional aplicadas a processos estruturais. *In*: DIDIER JR., Fredie; CABRAL, Antonio do Passo (Coord.). *Cooperação judiciária nacional.* São Paulo: Juspodivm, 2021. p. 749-774.

144. Em trabalho precedente, tivemos a oportunidade de abordar o tema à luz da possibilidade de incorporação de técnicas processuais da LREF ao procedimento comum coletivo dos litígios estruturais como forma de resolver os déficits de participação, gestão e efetividade desses processos. Na ocasião, defendemos a compatibilidade entre os procedimentos e as técnicas precisamente porque a recuperação judicial também apresenta uma função estruturante. (DAVID, Fernanda Rocha. A incorporação de técnicas processuais diferenciadas da Lei 11.101/2005 aos processos estruturais. *Revista de Processo*, São Paulo, vol. 328, ano 47, p. 253-283, jun., 2022).

cooperação judiciária permitem superar os entraves decorrentes da divisão estática das competências[145].

A título explicativo, a cooperação judiciária permite que uma questão de fato comum a todos os processos seja objeto de uma única instrução probatória, garantindo-se a coerência na valoração da questão controvertida, ainda que os processos estejam tramitando em diferentes juízos e, até mesmo, em diferentes justiças.

Em última análise, esse engajamento entre os órgãos julgadores é medida pragmática de gestão processual, capaz de racionalizar a atuação do Poder Judiciário, economizando tempo e recursos, além de conferir coerência sistêmica e eficiência processual em benefício dos jurisdicionados.

Como processo estrutural que é (consoante cuidamos de demonstrar no tópico 1.2), o ambiente da recuperação judicial exige do juiz e dos sujeitos envolvidos soluções criativas e operacionais com o fim de melhor equilibrar os objetivos de preservação da empresa e de satisfação dos credores. A bem da verdade, talvez os processos de reestruturação sejam um dos exemplos mais palpáveis de pragmatismo processual.

Por estar sempre atento às consequências de suas decisões judiciais para uma gama de interessados, o juízo da recuperação judicial conduz o processo de forma criativa, muitas vezes adotando medidas que fogem da estrita legalidade[146] – a exemplo da dispensa de certidões do art. 57 da LREF[147] e da prorrogação do *stay period* antes da reforma operada pela Lei nº. 14.112/2020, quando tal possibilidade era expressamente vedada pela antiga redação do art. 6º, § 4º, da LREF.

Inexistem dúvidas, portanto, de que as práticas de cooperação judiciária, destinadas a imprimir eficiência e efetividade ao tratamento de questões que exijam a atuação de mais de um juízo, caem como luva na recuperação

---

145. Os autores referem-se ao caso do Rio Doce, apontando que muitas questões repetitivas discutidas nas diversas ações poderiam ser resolvidas de forma compartilhada, contribuindo também para a eficiência do processo e do Judiciário. (MACEDO, José Arthur Castilho de; PASCHOAL, Thaís Amoroso. Tutela Coletiva, cooperação e transfederalismo. *In*: DIDIER JR., Fredie; CABRAL, Antonio do Passo (Coord.). *Cooperação judiciária nacional*. São Paulo: Juspodivm, 2021. p. 501).

146. Sem pretender adentrar no debate sobre a natureza da recuperação judicial – se é jurisdição voluntária ou contenciosa –, relevante mencionar que Fredie Didier Jr., Paula Sarno Braga e Felipe Vieira Batista assentam a legitimidade das medidas de flexibilização do procedimento e de mitigação de regras específicas pelo juízo da recuperação na incidência do art. 723, parágrafo único, do CPC, que confere à jurisdição voluntária um viés criativo próprio. Para os autores, a sua aplicação seria possível ao caso porque a recuperação é processo de jurisdição voluntária, tendo em vista que não há propriamente um prévio litígio, considerando o objetivo principal do processo: a homologação do plano de recuperação judicial. (DIDIER JR., Fredie; BRAGA, Paula Sarno; BATISTA, Felipe Vieira. A recuperação judicial como jurisdição voluntária: um ponto de partida para estruturação do procedimento. *Revista do Ministério Público do Estado do Rio de Janeiro*, Rio de Janeiro, n. 79, p. 119-142, jan./mar., 2021).

147. Sobre o tema, vide nota 369.

judicial, sobretudo se considerado tratar-se de ambiente marcado pelo exercício fragmentado de cognição judicial sobre as mais diversas questões afetas ao estado de crise.

Por tudo isso, é insuficiente esperar unicamente do devedor e dos credores (ainda que em parte) uma posição engajada e consentânea com os fins da recuperação judicial. É preciso que os órgãos julgadores envolvidos na gestão dos bens e interesses do devedor também se engajem nesse objetivo, considerando a relevância da manutenção da empresa para a sociedade e as consequências práticas dos provimentos jurisdicionais em processos dessa natureza. É o que cuidamos de demonstrar na parte final do nosso livro.

Capítulo 3

REPENSANDO A UNIVERSALIDADE DO JUÍZO DA RECUPERAÇÃO JUDICIAL A PARTIR DO SISTEMA NACIONAL DE COOPERAÇÃO JUDICIÁRIA: A FORMAÇÃO DE ESTRUTURAS COMBINATÓRIAS DE COMPETÊNCIAS

3.1. A UNIVERSALIDADE DO JUÍZO RECUPERACIONAL INFORMADA PELA VISÃO COOPERATIVA DE PROCESSO: MAIS ARTICULAÇÃO E DIÁLOGO, MENOS CONDICIONAMENTO E IMPOSIÇÃO

Na primeira parte deste livro, vimos que a LREF procurou estabelecer, na recuperação judicial, um ambiente cooperativo e deliberativo, em que os credores e demais interessados podem decidir pela aprovação do plano de recuperação judicial com a consequente reestruturação do passivo, mediante a adoção dos mais diversos meios recuperatórios, ou pela decretação da falência do devedor.

Nesse ponto, é importante rememorar a natureza do concurso que se forma na recuperação judicial, que não apresenta o mesmo viés liquidatório que justifica a sua instauração na falência. Na recuperação judicial, os credores concursais são reunidos compulsoriamente perante um único juízo para que se alcance uma confluência de interesses suficiente para fins de aprovação do plano e para que o juízo recuperacional tenha melhor controle sobre o patrimônio social do devedor, que passa a responder pela viabilidade da própria reestruturação[1].

---

1. Consoante expusemos no tópico 1.3 do presente livro, aos credores não é facultado decidir sobre a submissão de seus créditos aos efeitos do plano, consoante extrai-se do art. 49, *caput*, da LREF.

Não há dúvidas de que somente os créditos concursais se submetem ao processo de renegociação e novação de obrigações, passando a serem exigíveis do devedor exclusivamente nos termos do plano aprovado. Por outro lado, é igualmente inconteste que a recuperação judicial produz efeitos para além dos créditos a ela submetidos, seja em razão da competência do juízo da recuperação judicial para proteger o patrimônio do devedor – inclusive, contra investidas de credores extraconcursais –, seja ainda porque, no plano do direito material, o estado de crise pode guardar identidade com o objeto de outras relações jurídicas do devedor, influenciando as soluções jurídicas aplicáveis. É por essas razões que se torna possível defender a existência de outra espécie de concurso na recuperação judicial, de natureza cooperativa, que se forma em razão da necessidade de sopesamento dos múltiplos interesses envolvidos[2].

Nesse cenário, considerando-se a natureza cooperativa do concurso que se forma na recuperação judicial e os efeitos que seu deferimento produzem no plano material para além dos créditos concursais, é equivocado excluir dos efeitos do concurso cooperativo os sujeitos que possuem outras relações jurídicas com o devedor, eventualmente judicializadas perante outros órgãos.

Todos os sujeitos que se relacionam com o devedor são afetados pelo estado de crise, submetidos ou não aos efeitos do plano, convergentes ou divergentes em seus interesses, razão pela qual devem cooperar para a obtenção de um resultado comum: o sucesso da recuperação judicial, salvo se concluírem ser mais vantajoso o decreto de quebra. O concurso cooperativo estende-se, portanto, para além dos credores concursais, abarcando todos aqueles que se relacionam, em alguma medida, com o devedor e que, consequentemente, seriam (em tese) impactados de forma negativa pela decretação da falência.

Ainda que de forma dissociada do viés liquidatório e do típico concurso característicos da falência[3], reconhece-se que o juízo da recuperação judicial é dotado de uma universalidade peculiar, indispensável ao tratamento adequado de questões afetas ao devedor e ao estado de crise.

---

2. As conclusões estão no tópico 1.8 deste livro.
3. Conforme expusemos no tópico 1.4.3 do presente livro, ainda que a indivisibilidade do juízo falimentar comporte exceções, ele se torna o único competente "para conhecer todas as ações sobre bens, interesses e negócios do falido, ressalvadas as causas trabalhistas, fiscais e aquelas não reguladas nesta Lei em que o falido figurar como autor ou litisconsorte ativo", consoante prevê o art. 76 da LREF. Com efeito, considerando que o patrimônio do devedor não é suficiente para a satisfação de todas as pretensões dos credores, a indivisibilidade na falência tem como função garantir que elas sejam apreciadas e julgadas em igualdade de condições, observadas as peculiaridades da situação de insolvência do devedor e garantindo-se, com isso, a isonomia.

Nada obstante, não se pode ignorar que a recuperação judicial é processada ao tempo em que outros juízos exercem, simultaneamente, suas competências para decidir sobre questões que, eventualmente, podem impactar o sucesso da recuperação judicial. Para que fique claro, o juízo da recuperação judicial é divisível, diferenciando-se nesse ponto da falência, como tem de ser, uma vez que a recuperação judicial é transitória e o concurso típico é mais restrito.

De modo algum a divisibilidade do juízo recuperacional deve ser um óbice à atribuição dessa outra espécie de universalidade, na medida em que a teorização da universalidade na recuperação é de todo essencial ao reconhecimento da competência do juízo recuperacional nas situações em que for evidente a influência do estado de crise na solução jurídica aplicável à questão controversa, possibilitando a consecução dos objetivos do concurso cooperativo em toda a sua extensão.

Ainda que a divisibilidade não seja um óbice à universalização, é preciso pensar, cuidadosamente, na sua forma de implementação, sob pena de admitir-se que juízos de mesmo nível hierárquico tenham o seu atuar condicionado ao que restar decidido pelo juízo da recuperação judicial. Além da fragilidade dogmática, imposições dessa ordem não têm se revelado o melhor caminho, o que é facilmente perceptível a partir da quantidade de conflitos que continuam chegando ao STJ, fruto de uma atuação descoordenada dos órgãos julgadores envolvidos na gestão de bens e interesses do devedor.

Note-se, contudo, que a atual sistemática processual pode mudar esse paradigma, permitindo uma virada de chave no modo de reconhecimento e implementação da universalidade na recuperação judicial.

Consoante vimos no capítulo anterior ao tratarmos do modelo cooperativo de processo, espera-se não apenas que as partes cooperem com o juiz, como também que o juiz coopere com outros órgãos jurisdicionais se constatado que o exercício coordenado de competências é capaz ou essencial à otimização da prestação jurisdicional.

Desse modo, se há mais de um juízo competente para tratar de questões envolvendo o devedor, a universalidade do juízo da recuperação judicial deve ser pensada sob um prisma combinatório, compatível com a divisibilidade, que é característica desse órgão julgador, mas que deve ser informada pela visão cooperativa de processo.

Não é exagero afirmar, portanto, que o diálogo franco e recíproco entre esses juízos é o arremate que falta à implementação eficiente de uma universalidade para a recuperação judicial, de modo a garantir o tratamento adequado e coordenado das questões e a evitar a prática de atos processuais desnecessários (no que se inserem os conflitos que poderiam ser evitados[4]) e prejuízos concretos à consecução dos objetivos do processo recuperacional.

Dito de forma simples, uma vez constatado casuisticamente que a fragmentação da cognição judicial pode ser prejudicial ao processo de soerguimento, os efeitos deletérios da divisibilidade podem e devem ser mitigados mediante o exercício dialogado das competências, a partir do qual se decidirá se e em qual medida é o caso de estender-se, episodicamente, a competência do juízo recuperacional para além das questões concursais propriamente ditas, garantindo-se que a visão naturalmente parcial do juízo individual seja complementada pela visão universal do juízo recuperacional.

3.2. A FORMAÇÃO DE ESTRUTURAS COMBINATÓRIAS DE COMPETÊNCIA MEDIANTE COOPERAÇÃO JUDICIÁRIA

3.2.1. A positivação de um dever específico de cooperação no contexto recuperacional: a inclusão dos §§ 7º-A e 7º-B no art. 6º da LREF

Antes de tratar da inclusão dos §§ 7º-A e 7º-B no art. 6º da LREF[5] e da sua relevância para o tema objeto do presente livro, são necessárias breves considerações sobre a divergência jurisprudencial que pairava sobre a definição da competência para análise e controle de atos constritivos praticados por juízos fiscais contra bens do devedor.

Paralelamente à recuperação judicial, as execuções fiscais prosseguem em razão do que dispõe o art. 187 do CTN[6], de modo que, ao menos até a reforma operada pela Lei nº. 14.112/2020[7], eram bastante comuns os conflitos

---

4. CUNHA, Leonardo Carneiro da. O conflito de competência no âmbito da cooperação judiciária nacional. *In*: DIDIER JR., Fredie; CABRAL, Antonio do Passo (Coord.). *Cooperação judiciária nacional*. São Paulo: Juspodivm, 2021. p. 621.

5. "Art. 6º. [...]

§ 7º-A. O disposto nos incisos I, II e III do *caput* deste artigo não se aplica aos créditos referidos nos §§ 3º e 4º do art. 49 desta Lei, admitida, todavia, a competência do juízo da recuperação judicial para determinar a suspensão dos atos de constrição que recaiam sobre bens de capital essenciais à manutenção da atividade empresarial durante o prazo de suspensão a que se refere o § 4º deste artigo, a qual será implementada mediante a cooperação jurisdicional, na forma do art. 69 da Lei nº 13.105, de 16 de março de 2015 (Código de Processo Civil), observado o disposto no art. 805 do referido Código.

§ 7º-B. O disposto nos incisos I, II e III do *caput* deste artigo não se aplica às execuções fiscais, admitida, todavia, a competência do juízo da recuperação judicial para determinar a substituição dos atos de constrição que recaiam sobre bens de capital essenciais à manutenção da atividade empresarial até o encerramento da recuperação judicial, a qual será implementada mediante a cooperação jurisdicional, na forma do art. 69 da Lei nº 13.105, de 16 de março de 2015 (Código de Processo Civil), observado o disposto no art. 805 do referido Código."

6. Nesta obra, não se pretende adentrar nos debates envolvendo os privilégios conferidos aos créditos fiscais no contexto recuperacional.

7. Vemos, adiante, que há uma tendência de redução do número de conflitos após a reforma, tendo em vista que o STJ passou a condicionar o seu conhecimento à demonstração de que o juízo fiscal se opôs à deliberação do juízo recuperacional acerca da essencialidade do bem.

envolvendo a prática de atos constritivos contra o patrimônio do devedor para satisfação de créditos fiscais.

A questão ganha contornos complexos, primeiramente, porque o legislador não se preocupou em dispor sobre o cabimento ou não de atos constritivos com vistas à satisfação desses créditos, já que, nos termos dos arts. 57 e 58 da LREF, a concessão da recuperação judicial depende, em tese, da prova da regularização tributária da empresa, mediante a apresentação da certidão negativa de débitos (CND) ou da certidão positiva com efeitos de negativa (CPEN), conforme arts. 151, 205, 206 do CTN. Tal regra se fez necessária de modo a assegurar o interesse do fisco, já que, em grande parte dos casos, as empresas em crise econômico-financeira têm débitos fiscais[8].

Assim, considerando-se que o processo de recuperação judicial tem como finalidade viabilizar a preservação da empresa e a sua função social, o art. 47 da LREF, se aplicado o princípio da proporcionalidade, sobrepor-se-ia ao art. 57, que trata da obrigação de regularidade fiscal[9]. Apesar do advento do parcelamento especial nos termos do art. 10-A da Lei nº. 10.522/2002, incluído pela Lei nº. 13.304/2014, o STJ vinha mantendo o entendimento pela competência do juízo da recuperação judicial para decidir sobre a relativização da exigência do art. 57[10], que seria admissível ao argumento de que não haveria um parcelamento de dívidas tributárias adequado para as empresas em recuperação judicial.

No entanto, após a entrada em vigor da Lei nº. 14.112/2020, que aumentou para 10 (dez) anos o prazo de parcelamento dos débitos tributários das empresas em recuperação judicial, conforme passou a prever o art. 10-A, inciso V, da Lei nº. 10.522/2002, o STJ passou a considerar válida a exigência de apresentação de certidões de regularidade fiscal como condição para a concessão da recuperação judicial, conforme exige o art. 57 da LREF. Em caso de não cumprimento dessa exigência, o processo recuperacional deve ser suspenso, sem prejuízo da retomada das execuções individuais e de eventuais pedidos de falência[11]. Importante mencionar que, ainda segundo o

8. Sobre o tema, sugere-se conferir: MAZZEI, Rodrigo; GONÇALVES, Tiago Figueiredo. Exigência de regularidade fiscal para a concessão de recuperação judicial e conflitos de competência: afetação no RESp 1.712.484/SP e no REsp 1.757.145/RJ. *In*: DIDIER JR., Fredie; CUEVA, Ricardo Vilas Bôas. *Processo civil empresarial e o Superior Tribunal de Justiça*. São Paulo: Ed. Juspodivm, 2021. p. 87-104.

9. Nesse sentido, consultar: BRASIL. Superior Tribunal de Justiça (Corte Especial). REsp 1.187.404/MT. Relator: Min. Luis Felipe Salomão, 19 de junho de 2013. *Diário de Justiça Eletrônico:* 21 de agosto de 2013.

10. Nesse sentido, consultar: BRASIL. Superior Tribunal de Justiça (4. Turma). AgInt no AREsp n. 1.871.079/PR. Relator: Min. Raul Araújo, 9 de maio de 2022. *Diário de Justiça Eletrônico:* 10 de junho de 2022.

11 Nesse sentido, consultar: BRASIL. Superior Tribunal de Justiça (3. Turma). RESp n. 2.082.781/SP. Relator: Min. Ricardo Villas Bôas Cueva, 28 de novembro de 2023. *Diário de Justiça Eletrônico*: 06 de dezembro de 2023.

STJ, o novo entendimento não se aplica às decisões homologatórias do plano anteriores à vigência da Lei nº. 14.112/2020, por força do princípio *tempus regit actum*, previsto no art. 5º, XXXVI, da CRFB e no art. 6º da LINDB[12].

Até a vigência da Lei nº. 14.112/2020, a Segunda Seção e a Primeira Seção do STJ[13] possuíam entendimentos diferentes sobre o cabimento de atos constritivos contra o patrimônio do devedor, especificamente para a satisfação de créditos fiscais.

Conforme explorado linhas acima, a Segunda Seção entendia que, embora a execução fiscal não se suspendesse com o deferimento da recuperação judicial, os atos de constrição e de alienação de bens voltados contra o patrimônio social do devedor submetiam-se ao crivo do juízo da recuperação judicial, em consonância com o princípio da preservação da empresa.

A Primeira Seção, por outro lado, adotava o entendimento de que a execução fiscal não se suspende pelo deferimento da recuperação judicial, permitindo-se a realização de atos constritivos, sobretudo quando evidenciada a inércia do devedor em adotar as medidas necessárias à suspensão da exigibilidade dos créditos tributários, como o parcelamento especial disciplinado pelo art. 10-A da Lei nº. 10.522/2002, incluído pela Lei nº. 13.043/2014[14].

Com a reforma operada na LREF pela Lei nº 14.112/2020, a controvérsia foi sanada para consagrar a interpretação jurisprudencial da Segunda Seção, na medida em que os §§ 7º-A e 7º-B do art. 6º atribuem ao juízo recuperacional a competência para decidir sobre a manutenção de atos constritivos ordenados por outros juízos que recaem sobre bens de capital essenciais à manutenção da empresa[15].

---

12. Nesse sentido, consultar: BRASIL. Superior Tribunal de Justiça (4. Turma). REsp n. 1.955.325/PE. Relator: Min. Antonio Carlos Ferreira, 12 de março de 2024. *Diário de Justiça Eletrônico*: 22 de abril de 2024.

13. Nos autos do CC 120.432/SP, a Corte Especial do STJ decidiu que compete à Segunda Seção o julgamento de conflito de competência entre o juízo da recuperação e o da execução fiscal. Enquanto a matéria chega à cognição da Segunda Seção por meio de conflitos de competência positivos envolvendo o juízo da recuperação judicial e o juízo da execução fiscal, a Primeira Seção detém competência para julgamento dos recursos especiais em matéria de direito público, em face de acórdãos que tenham decidido sobre a manutenção ou revogação de atos de bloqueio contra o devedor em recuperação judicial. (BRASIL. Superior Tribunal de Justiça (2. Seção). AgRg no CC 120.432/SP. Relator: Min. Antonio Carlos Ferreira, 14 de dezembro de 2016. *Diário de Justiça Eletrônico:* 19 de dezembro de 2016).

14. BRASIL. Superior Tribunal de Justiça (2. Turma). REsp 1.673.421/RS. Relator: Min. Herman Benjamin, 17 de outubro de 2017. *Diário de Justiça Eletrônico*: 23 de outubro de 2017.

15. Convém mencionar que, antes da reforma legislativa e considerando-se a pendência de diversos recursos especiais tratando do prosseguimento de execuções fiscais por dívidas tributárias e não tributárias, o STJ, de ofício, afetou alguns desses recursos ao rito dos recursos especiais repetitivos, submetendo a seguinte questão central: "Possibilidade da prática de atos constritivos, em face de empresa em recuperação judicial, em sede de execução fiscal de dívida tributária e não tributária" (Tema 987 do STJ). Com a alteração legislativa, os recursos foram destacados de ofício pelo relator em duas decisões: (i) BRASIL. Superior Tribunal de Justiça (1. Seção). ProAfR no REsp n. 1.694.261/SP. Relator: Min. Mauro Campbell Marques, 20 de fevereiro de 2018. *Diário de Justiça Eletrônico:* 27 de

Enquanto o § 7º-B se refere às execuções fiscais, o § 7º-A refere-se aos créditos referidos nos §§ 3º e 4º do art. 49 da LREF, ou seja, às ações do credor fiduciante e às demais previstas no § 3º, bem como às restituições por adiantamento sobre contrato de câmbio. Embora apresentem redações similares, cabe notar que o legislador tratou de forma diversa os créditos fiscais dos demais créditos extraconcursais, referidos nos §§ 3º e 4º do art. 49 da LREF.

A *suspensão* de que trata o § 7º-A do art. 6º somente seria possível durante o *stay period*, enquanto a *substituição* referida no § 7º-B encontraria lugar durante todo o processo de recuperação judicial. Como o § 7º-B aparentemente não autorizaria a suspensão do ato praticado pelo juízo da execução fiscal durante o *stay period*, devendo o juízo da recuperação judicial, se for o caso, decidir pela substituição por outro bem, parece-nos que o legislador buscou garantir um privilégio adicional ao crédito fazendário, o que é questionável[16].

Sem prejuízo de voltarmos mais à frente nesse ponto, por ora, é certo afirmar que a reforma legislativa – precisamente a inclusão do § 7º-B – conciliou a divergência que pairava entre as Seções do STJ, na medida em que permite a prática do ato constritivo (o que, necessariamente, pressupõe a inexistência de aderência do devedor aos programas de parcelamento) sem se descurar da competência do juízo da recuperação judicial para controlar a sua prática, à luz da necessidade de viabilizar a manutenção da empresa e o cumprimento do plano[17].

A questão é que, mais do que conciliar a divergência jurisprudencial, os referidos §§ 7º-A e 7º-B preveem que o controle a ser exercido pelo juízo

fevereiro de 2018 e (ii) BRASIL. Superior Tribunal de Justiça (1. Seção). ProAfR no REsp n. 1.757.145/RJ. Relator: Min. Mauro Campbell Marques, 13 de março de 2019. *Diário de Justiça Eletrônico:* 10 de maio de 2019.

16. CAVALLI, Cassio. *Levando as preferências creditórias a sério:* a suspensão das execuções fiscais contra empresa em recuperação judicial e a jurisprudência das Cortes Superiores. *Cássio Cavalli Advogados*, [*S.l.*], 28 de setembro de 2022.

17. Manoel Justino Bezerra Filho apresenta uma visão mais pessimista sobre a inovação legislativa, porque, em seu entendimento, todo bem é essencial à atividade empresária, o que tornaria difícil implementar a substituição: "Retornando especificamente ao § 7º-B ora em exame, o dispositivo prevê que não se suspende a execução, mas se a penhora recair sobre bens de capital essenciais à atividade empresarial, no caso de recuperação, pode o juiz da recuperação determinar que a constrição recaia sobre outros tipos de bens. Para quem acompanha o processo de recuperação no dia a dia e as execuções que o fisco movimenta com extrema lentidão, parece difícil implementar essa determinação, principalmente ante o princípio de que todo bem é essencial para a atividade empresária, até prova em contrário, prova a cargo do exequente. Enfim, sob o aspecto do fisco, como várias vezes será examinado neste livro, parece que ainda não foi encontrado o caminho correto a ser seguido na recuperação judicial; na falência, o caminho se simplifica, pois não se pensa em manutenção da sociedade empresária, que é dissolvida com o decreto de falência". (BEZERRA FILHO, Manoel Justino. *Lei de recuperação de empresas e falência – Lei 11.101/2005:* comentada artigo por artigo. 15. ed. rev., atual. e ampl. São Paulo: Thomson Reuters, 2021. p. 105).

da recuperação judicial, ora para suspender os atos de bloqueio, ora para substituir os bens penhorados, será implementado por ato de cooperação judiciária, na forma do art. 69 do CPC.

Ilustrativamente, a deliberação pode ser iniciada por meio de um pedido de auxílio direto, nos termos do art. 69, I, do CPC, culminado, se preciso, na celebração de um ato concertado, na forma do art. 69, § 2º, IV e § 3º, do CPC. Por meio dele, os juízos podem convencionar o procedimento e as condições para que o ato constritivo seja realizado, substituindo o bem bloqueado ou determinando a sua suspensão por prazo determinado.

A despeito da inexistência de referência expressa no texto normativo até a reforma operada pela Lei nº. 14.112/2020, demonstramos, ao longo deste livro, que o juízo da recuperação judicial possui poderes implícitos de gestão do patrimônio social do devedor.

Isso porque o deferimento do processamento subtrai tanto do devedor quanto de seus credores (inclusive daqueles não submetidos ao concurso, ao menos, durante o *stay period*) a possibilidade de disposição e oneração dos ativos, de modo que passam a responder na integralidade pelo sucesso do soerguimento e pelo cumprimento do plano de recuperação judicial.

Embora os §§ 7º-A e 7º-B tenham positivado um dever específico de cooperação para fins de exercício das competências de cada um dos juízos, em nosso entendimento, não há, propriamente, uma inovação normativa especificamente no que concerne ao reconhecimento da competência do juízo da recuperação judicial para suspender atos de bloqueio ou substituir o bem penhorado, ainda que esse reconhecimento seja de todo relevante para conciliar a divergência jurisprudencial.

A nosso sentir, o que parece ainda mais significativo na alteração legislativa é que os §§ 7º-A e 7º-B do art. 6º da LREF atribuem a diferentes juízos competências jurisdicionais em um mesmo processo sobre diferentes questões, cujo exercício será implementado por cooperação judiciária nacional.

Por certo, a decisão envolvendo a penhora de um ativo não necessariamente se limita à análise sobre sua penhorabilidade à luz da essencialidade do bem na recuperação judicial. Há outras questões que, eventualmente, deverão ser enfrentadas quando da análise do pedido de bloqueio para a satisfação do crédito extraconcursal, a exemplo de alegação de excesso de bloqueio ou mesmo de impenhorabilidade por outras razões[18]. Ainda que

18. O fenômeno também foi percebido por Daniela Bomfim, Guilherme Lamego e Gustavo Lamego: "Poderão ser submetidas à cognição judicial questões diversas sobre o objeto do ato de constrição, como questões sobre a ordem de preferência ou a penhorabilidade do bem. Mesmo quanto à penhorabilidade do bem, a questão a ser conhecida não necessariamente se tratará sobre a sua essencialidade para o plano. É possível que se trate de requisitos ferais ou negociais sobre a penho-

o juízo da recuperação judicial seja o mais adequado para decidir sobre a essencialidade do bem, isso não o torna mais adequado para decidir sobre outras questões.

O que fez o legislador de 2020, portanto, foi atribuir ao juízo da recuperação judicial a competência para decidir especificamente sobre uma questão (a essencialidade do bem penhorado), confirmando o poder de proteção do patrimônio social do devedor. Por conseguinte, os §§ 7º-A e 7º-B do art. 6º da LREF são exemplos legislativos da atribuição de competência *ad actum* a partir da análise da melhor cognição para a decisão de cada uma das questões envolvendo o ato constritivo.

Para que sejam observados os limites do exercício da competência para a prática de cada ato decisório, os §§ 7º-A e 7º-B do art. 6º da LREF estipularam um dever específico de cooperação, culminado em uma decisão coordenada acerca da (im)penhorabilidade do bem.

O ato decisório sobre o bloqueio passa a estar repartido, cabendo a cada um dos juízos decidir sobre a questão que lhe cabe[19]. Enquanto o juízo da recuperação judicial é o competente para decidir sobre a essencialidade do bem, o juízo da execução do crédito fiscal ou do crédito extraconcursal é o competente para decidir sobre as demais questões envolvendo a prática do ato decisório[20].

Embora sejam atos decisórios distintos, considerando-se que há questões distintas a serem decididas, o legislador impôs que sejam atos decisórios coordenados, até porque se referem a um mesmo processo, precisamente, ao mesmo requerimento da parte. Como o pedido e a prestação jurisdicional

---

rabilidade. Ou seja, o pedido a ser apreciado poderá abranger questões múltiplas, incluindo, mas não se limitando, à questão sobre a essencialidade do bem a ser constrito". (BOMFIM, Daniela Santos; LAMÊGO, Guilherme Cavalcanti; LAMÊGO, Gustavo Cavalcanti. Execução de créditos extraconcursais em face de devedores em recuperação: impacto da Lei nº 14.112/2020 nos entendimentos firmados no CC 114.987/SP e no REsp 1.512.118/SP. *In*: DIDIER JR., Fredie; CUEVA, Ricardo Vilas Bôas. *Processo civil empresarial e o Superior Tribunal de Justiça*. São Paulo: Ed. JusPodivm, 2021. p. 122).

19. Para Juliana Melazzi e Fernanda Vogt, a decisão sobre a essencialidade seria conjunta: "Dessa forma, o diálogo promovido pela cooperação evitaria os conflitos de competência que são instaurados em razão de divergências entre os juízos de recuperação judicial e falência e juízos de execuções civis e fiscais, o que obstaria contínuas interrupções ao andamento dos processos. Por meio da cooperação, os juízes podem, conjuntamente, decidir se determinado bem é essencial à manutenção da atividade de uma recuperanda e se é possível a penhora no juízo de uma execução, p. ex. Não apenas não há hierarquia entre juízes de primeira instância, pelo que a decisão de um não deve se sobrepor a do outro – tanto que são instaurados conflitos de competência julgados por órgão superior para sanar eventuais divergências –, como também uma decisão conjunta dos juízes envolvidos, após a oitiva das partes e do administrador judicial, pode assegurar a maior concordância das partes, evitando a interposição de recursos". (ANDRADE, Juliana Melazzi; VOGT, Fernanda Costa. Cooperação judiciária nacional nos processos de execução. *In*: ASSIS, Araken de; BRUSCHI, Gilberto Gomes (Coord.). *Processo de execução e cumprimento da sentença:* temas atuais e controvertidos. São Paulo: Thomson Reuters Brasil, 2021. v. 2, p. 187).

20. Ibid., p. 123.

são únicos, a decisão deve ser conjunta, ainda que observados os limites da competência por questão a ser decidida.

Como os recursos especiais chegavam ao STJ sem que houvesse interação prévia entre os órgãos julgadores, a Primeira Seção determinou a devolução dos autos aos respectivos juízos das execuções fiscais para que adotassem as providências cabíveis, isto é, para que cooperassem com o juízo da recuperação judicial acerca da medida constritiva praticada[21].

Após a reforma legislativa, a Segunda Seção do STJ, por sua vez, entendeu que "a caracterização de conflito de competência [...] pressupõe a materialização da oposição concreta do Juízo da execução fiscal à efetiva deliberação do Juízo da recuperação judicial a respeito do ato constritivo"[22], o que deve ser implementado mediante cooperação judiciária[23].

Com base no novo entendimento, a Segunda Seção do STJ passou a condicionar o conhecimento dos conflitos de competência entre o juízo da recuperação judicial e o juízo da execução fiscal à ocorrência de três eventos: (i) efetiva determinação de ato constritivo pelo juízo da execução contra o patrimônio do devedor; (ii) prolação de decisão do juízo da recuperação judicial exercendo o respectivo exame de controle (manutenção e/ou substituição) sobre o ato constritivo exarado pelo juízo da execução, valendo-se do uso da cooperação nos moldes do art. 69 do CPC; e (iii) deliberação do juízo da execução fiscal opondo-se, concretamente, à deliberação do juízo da recuperação judicial a respeito da constrição judicial[24].

---

21. Conforme decisão de desafetação dos recursos especiais do Tema 987: BRASIL. Superior Tribunal de Justiça (1. Seção). REsp n. 1.694.261/SP. Relator: Min. Mauro Campbell Marques, 26 de junho de 2021. *Diário de Justiça Eletrônico*: 28 de junho de 2021.
22. BRASIL. Superior Tribunal de Justiça (2. Seção). CC 181.190/AC. Relator: Marco Aurélio Bellizze, 30 de novembro de 2021. *Diário de Justiça Eletrônico*: 7 de dezembro de 2021.
23. Na mesma linha é o Enunciado nº 713 do FPPC: "(art. 69; art. 6º, §§ 7º-A e 7ª-B, da Lei nº 11.101/2005) Nos casos do art. 6º, §§ 7º-A e 7º-B, da Lei nº 11.101/2005, a instauração de conflito de competência entre o juízo da execução e o da recuperação depende da frustração da tentativa de cooperação judiciária".
24. Nesse sentido, consultar: (i) BRASIL. Superior Tribunal de Justiça (2. Seção). AgInt no CC n. 175.426/ES. Relator: Min. Marco Buzzi, 31 de maio de 2022. *Diário de Justiça Eletrônico*: 6 de junho de 2022; (ii) BRASIL. Superior Tribunal de Justiça (2. Seção). AgInt nos EDcl no CC n. 184.308/SP. Relator: Min. Ricardo Villas Bôas Cueva, 4 de outubro de 2022. *Diário de Justiça Eletrônico*: 10 de outubro de 2022; (iii) BRASIL. Superior Tribunal de Justiça (2. Seção). AgInt no CC n. 185.568/SC. Relator: Min. Antonio Carlos Ferreira, 28 de junho de 2022. *Diário de Justiça Eletrônico*: 1º de julho de 2022; (iv) BRASIL. Superior Tribunal de Justiça (2. Seção). AgInt no CC n. 181.379/PE. Relator: Min. Paulo de Tarso Sanseverino, 14 de junho de 2022. *Diário de Justiça Eletrônico*: 17 de junho de 2022; (v) BRASIL. Superior Tribunal de Justiça (2. Seção). AgInt no RCD no AgInt no CC n. 177.390/PE. Relatora: Min. Maria Isabel Gallotti, 17 de maio de 2022. *Diário de Justiça Eletrônico*: 26 de maio de 2022; (vi) BRASIL. Superior Tribunal de Justiça (2. Seção). AgInt no CC n. 182.063/SP. Relator: Min. Raul Araújo, 17 de maio de 2022. *Diário de Justiça Eletrônico*: 14 de junho de 2022; (vii) BRASIL. Superior Tribunal de Justiça (2. Seção). AgInt no CC n. 182.505/PR. Relatora: Min. Nancy Andrighi, 15 de março de 2022. *Diário de Justiça Eletrônico*: 17 de março de 2022; (viii) BRASIL. Superior Tribunal de Justiça (2. Seção). AgInt

Adotando igual posicionamento, a Primeira e a Segunda Turmas do STJ, que recebem os recursos especiais oriundos das execuções fiscais ajuizadas contra devedores em recuperação judicial, também passaram a reconhecer a competência do juízo da recuperação judicial para analisar a essencialidade do bem e decidir sobre a sua manutenção ou substituição em caso de penhora pelo juízo fazendário[25].

Vale lembrar que a alteração legislativa impactou não apenas o modo de satisfação das execuções fiscais, como também dos credores extraconcursais do art. 49, §§ 3º e 4º, da LREF. De acordo com o § 7º-A do art. 6º da LREF, o juízo da recuperação judicial pode determinar a suspensão dos atos de constrição ordenados nas ações ajuizadas por esses credores durante o *stay period*, devendo os juízos orientarem-se por meio do uso da cooperação judiciária.

Em recentes conflitos de competência envolvendo o tema, o STJ vem reforçando que, embora o crédito extraconcursal não se satisfaça na forma do plano de recuperação judicial, a fiscalização dos atos de alienação de bens essenciais insere-se na competência do juízo da recuperação judicial[26].

A despeito do correto reconhecimento da competência do juízo da recuperação judicial, o STJ não tem condicionado o conhecimento dos outros conflitos à comprovação de que os juízos dialogaram previamente com vistas à suspensão do ato praticado. Quer dizer, o diálogo prévio e a oposição do juízo individual estão sendo exigidos pelo STJ apenas nos conflitos que envolvem execuções fiscais, aparentemente porque o § 7º-B do art. 6º da LREF ordena a substituição caso não seja possível manter a penhora, enquanto o

no CC n. 181.733/PE. Relator: Min. Marco Aurélio Bellizze, 15 de março de 2022. *Diário de Justiça Eletrônico*: 18 de março de 2022.

25. Nesse sentido, consultar: (i) BRASIL. Superior Tribunal de Justiça (1. Turma). AgInt no REsp n. 2.076.030/PR. Relator: Min. Gurgel de Faria, 29 de abril de 2024. *Diário de Justiça Eletrônico*: 7 de maio de 2024; (ii) BRASIL. Superior Tribunal de Justiça (2. Turma). AgInt no REsp n. 2.108.819/SP. Relator: Min. Herman Benjamin, 29 de abril de 2024. *Diário de Justiça Eletrônico*: 3 de maio de 2024; (iii) BRASIL. Superior Tribunal de Justiça (1. Turma). AgInt no REsp n. 2.298.931/SP. Relator: Min. Benedito Gonçalves, 26 de fevereiro de 2024. *Diário de Justiça Eletrônico*: 29 de fevereiro de 2024; (iv) BRASIL. Superior Tribunal de Justiça (1. Turma). AgInt no REsp n. 2.029.204/DF. Relator: Min. Paulo Sérgio Domingues, 13 de novembro de 2023. *Diário de Justiça Eletrônico*: 17 de novembro de 2023.

26. Nesse sentido, consultar: (i) BRASIL. Superior Tribunal de Justiça (2. Seção). AgInt nos EDcl no CC n. 180.564/PA. Relator: Min. Moura Ribeiro, 5 de março de 2024. *Diário de Justiça Eletrônico:* 7 de março de 2024; (ii) BRASIL. Superior Tribunal de Justiça (2. Seção). EDcl no AgInt no CC n. 161.236/RJ. Relator: Min. Marco Buzzi, 10 de agosto de 2022. *Diário de Justiça Eletrônico*: 31 de agosto de 2022; (iii) BRASIL. Superior Tribunal de Justiça (2. Seção). AgInt nos EDcl no CC n. 164.040/RJ. Relator: Min. Marco Buzzi, 15 de março de 2022. *Diário de Justiça Eletrônico*: 18 de março de 2022; (iv) BRASIL. Superior Tribunal de Justiça (2. Seção). AgInt no CC n. 168.425/RJ. Relator: Min. Marco Buzzi, 23 de fevereiro de 2022. *Diário de Justiça Eletrônico*: 2 de março de 2022; (v) BRASIL. Superior Tribunal de Justiça (2. Seção). AgInt no CC n. 161.236/RJ. Relator: Min. Marco Buzzi, 15 de junho de 2021. *Diário de Justiça Eletrônico*: 17 de junho de 2021.

§ 7º-A fala apenas em "suspensão" do ato durante o *stay period*, o que, em tese, poderia ser implementado de ofício pelo juízo recuperacional.

Isso não quer dizer que, na hipótese do art. 6º, § 7º-A, da LREF, os juízos não devam, preferencialmente, cooperar tão logo o devedor noticiar a um ou a outro juízo a essencialidade do bem, evitando a instauração do conflito. A cooperação revela-se adequada, pois é por meio do diálogo que os juízos poderão equilibrar os interesses envolvidos, decidindo, conjuntamente, o período pelo qual o ato deverá permanecer suspenso ou encontrando uma forma alternativa de satisfação da obrigação extraconcursal paralelamente ao cumprimento do plano.

Vale mencionar que os Tribunais Estaduais, a exemplo do TJ/RJ e do TJ/SP, também passaram a adotar o entendimento de que compete ao juízo da recuperação judicial exercer o controle sobre atos de bloqueio eventualmente adotados por outros juízos no curso da recuperação judicial, mediante cooperação judiciária entre os órgãos julgadores[27]. De forma mais específica, o TJ/RJ tem consignado que a constrição não dependeria de uma prévia aceitação do juízo da recuperação judicial, tendo em vista a natureza de "controle superveniente", a ser exercido na hipótese de insurgência do devedor contra eventual medida de bloqueio que recaia sobre bens de capital essenciais ao exercício da atividade[28].

Em qualquer caso, a atribuição de um dever específico de cooperação judiciária nas hipóteses em que há a necessidade de satisfação de um crédito fiscal ou titulado pelos credores listados nos §§ 3º e 4º do art. 49 da LREF

27. Nesse sentido, consultar: (i) RIO DE JANEIRO (Estado). Tribunal de Justiça do Estado do Rio de Janeiro. AI nº 0076345-02.2023.8.19.0000. 13. Câmara de Direito Privado. Relator: Benedicto Ultra Abicair, 16 de abril de 2024; (ii) RIO DE JANEIRO (Estado). Tribunal de Justiça do Estado do Rio de Janeiro. AI nº 0097450-35.2023.8.19.0000. 5. Câmara de Direito Público. Relator: ALEXANDRE TEIXEIRA DE SOUZA, 29 de fevereiro de 2024; (iii) RIO DE JANEIRO (Estado). Tribunal de Justiça do Estado do Rio de Janeiro. AI nº 0029794-61.2023.8.19.0000. 6. Câmara de Direito Público. Relator: Marco Antonio Ibrahim, 7 de novembro 2023; (iv) RIO DE JANEIRO (Estado). Tribunal de Justiça do Estado do Rio de Janeiro. AI nº 0074713-72.2022.8.19.0000. 22. Câmara de Direito Privado. Relatora: Sônia de Fátima Dias, 17 de maio de 2023; (v) SÃO PAULO (Estado). Tribunal de Justiça do Estado de São Paulo. AI nº 3004333-07.2024.8.26.0000. 4. Câmara de Direito Público. Relator: Maurício Fiorito, 17 de junho de 2024; (vi) SÃO PAULO (Estado). Tribunal de Justiça do Estado de São Paulo. AI nº 2139024-72.2024.8.26.0000. 4. Câmara de Direito Público. Relator: Vicente de Abreu Amadei, 19 de junho de 2024; (vii) SÃO PAULO (Estado). Tribunal de Justiça do Estado de São Paulo. AI nº 3008772-95.2023.8.26.0000. 13. Câmara de Direito Público. Relatora: Isabel Cogan, 19 de junho de 2024; (viii) SÃO PAULO (Estado). Tribunal de Justiça do Estado de São Paulo. AI nº 2134933-36.2024.8.26.0000. 3. Câmara de Direito Público. Relatora: Paola Lorena, 20 de junho de 2024.

28. Nesse sentido, consultar: (i) RIO DE JANEIRO (Estado). Tribunal de Justiça do Estado do Rio de Janeiro. AI nº 0046208-71.2022.8.19.0000. 1. Câmara de Direito Privado. Relator: Adriano Celso Guimarães, 12 de dezembro de 2023; (ii) RIO DE JANEIRO (Estado). Tribunal de Justiça do Estado do Rio de Janeiro. AI nº 0029408-31.2023.8.19.0000. 2. Câmara de Direito Público. Relator: Bernardo Moreira Garcez Neto, 26 de maio de 2023.

resolve o problema de inefetividade do direito reconhecido por outros juízos, o que apontamos no tópico 1.9.

Antes da reforma legislativa, a atribuição de competência exclusiva ao juízo da recuperação judicial para afastar o ato constritivo levava, na prática, à inexigibilidade da verba extraconcursal durante o processamento da recuperação, sob a máxima da necessidade de preservação da empresa.

Agora, mediante o uso da cooperação judiciária, o juízo da recuperação deve zelar, também, pela efetividade do direito extraconcursal, devendo decidir, de forma dialogada com o outro juízo, (i) pela manutenção do ato de bloqueio, caso recaia sobre bem não essencial, (ii) pela substituição do bem penhorado, caso seja essencial à atividade do devedor; ou, ainda, (iii) pela suspensão do ato de penhora, sem prejuízo da busca, por cooperação judiciária, de uma forma alternativa de satisfação da obrigação.

3.2.2. Parâmetros para definição da melhor cognição: visão universal do juízo da recuperação judicial *versus* visão parcial do juízo individual

Conforme restou positivado nos §§ 7º-A e 7º-B do art. 6º da LREF, inexistem dúvidas quanto à competência do juízo da recuperação judicial para decidir sobre a essencialidade dos bens do devedor diante da prática de atos constritivos por juízos de execuções fiscais ou, ainda, por juízos responsáveis pelo processamento de ações ajuizadas pelos credores extraconcursais listados no art. 49, §§ 3º e 4º, da LREF.

Para essas situações, o próprio legislador já atribuiu competência *ad actum* ao juízo da recuperação, por ser o órgão que possui melhores condições para decidir sobre a penhorabilidade do bem, à luz de sua essencialidade para a empresa[29].

Assim como a competência para a análise da essencialidade dos bens foi atribuída ao juízo da recuperação judicial especificamente nas hipóteses dos §§ 7º-A e 7º-B no art. 6º da LREF, é possível identificar diversas outras situações concretas nas quais o juízo da recuperação judicial, pela incidência do princípio da competência adequada, deterá a melhor cognição para decidir sobre determinada situação que esteja interferindo no processamento da recuperação judicial.

---

29. Para Fredie Didier Jr., Elie Pierre Eid e Leandro Santos de Aragão, a alteração legislativa é uma manifestação do princípio da competência adequada. (DIDIER JR., Fredie; EID, Elie Pierre; ARAGÃO, Leandro Santos de. Recuperação judicial, execução fiscal, *stay period*, cooperação judiciária e preservação da empresa: compreendendo o § 7º-B do art. 6º da Lei 11.101/2005. *Revista de Processo*, São Paulo, v. 47, n. 323, jan., 2022).

Note-se que a incidência do princípio da competência adequada para fins de atribuição de competência ao juízo da recuperação judicial não é propriamente uma novidade. Embora sem menção expressa, a teorização da universalidade do juízo da recuperação judicial tem como base o fato de que esse é o juízo que detém o domínio da informação sobre as razões da crise e as condições financeiras do devedor, bem como os termos e as condições do plano.

Com efeito, são diversas as situações em que o STJ atribuiu ao juízo da recuperação competência para decidir sobre questões que possam impactar ou mesmo inviabilizar o sucesso da reestruturação, justamente por ser o juízo "mais próximo da realidade das empresas em dificuldades"[30].

Em situações como essa, o STJ nada mais fez do que reconhecer a competência do juízo da recuperação judicial, considerando sua aptidão cognitiva para enfrentar questões relacionadas ao estado de crise e seus impactos, comumente invocando a incidência do princípio da preservação da empresa.

A confirmar a incidência do princípio da competência adequada, há outras situações em que o STJ afastou a competência do juízo da recuperação judicial ao fundamento de que o referido juízo careceria de competência para decidir sobre questões desvinculadas do processo recuperacional[31].

Ocorre que, ainda que a preservação da empresa seja o objetivo da reestruturação, é frágil, do ponto de vista dogmático, fundamentar no art. 47 da LREF a adequação do juízo recuperacional e o deslocamento da competência, como tem reiteradamente decidido o STJ. É que, em qualquer hipótese, a flexibilização da regra de competência no caso concreto pelo critério da adequação encontra limites no ordenamento jurídico (a exemplo da especialização dos órgãos julgadores[32]) e deve ser orientada por critérios objetivos (relativos ao objeto da causa), impessoais (sem manipulações subjetivas) e invariáveis (que possam ser aplicados a casos similares)[33].

---

30. BRASIL. Superior Tribunal de Justiça (3. Turma). REsp 1.630.702/RJ. Relatora: Min. Nancy Andrighi, 2 de fevereiro de 2017. *Diário de Justiça Eletrônico*: 10 de fevereiro de 2017.

31. Ilustrativamente e sem prejuízo de outros julgados nessa linha citados ao longo desta publicação, menciona-se que o STJ, nos autos do CC nº. 157.099/RJ, decidiu que o fato de constar, no plano de recuperação judicial aprovado, uma previsão de aumento de capital para pagamento de dívidas não subtraía a competência do árbitro para examinar a licitude da manifestação da vontade dos órgãos da devedora quanto à consecução desse aumento, caso haja previsão estatutária que obriga a adoção dessa via para a solução de litígios societários. (BRASIL. Superior Tribunal de Justiça (2. Seção). CC n. 157.099/RJ. Relator: Min. Marco Buzzi. Relatora para acórdão: Min. Nancy Andrighi, 10 de outubro de 2018. *Diário de Justiça Eletrônico*: 30 de outubro de 2018).

32. CABRAL, Antonio do Passo. *Juiz natural e eficiência processual*: flexibilização, delegação e coordenação de competências no processo civil. São Paulo: Thomson Reuters Brasil, 2021. p. 496.

33. Remetemos ao leitor ao tópico 2.2.1.4 deste livro.

Nesse cenário, o deslocamento pelo critério da adequação pressupõe o cotejo dos órgãos julgadores para definição da melhor cognição no caso concreto, a ser orientado por critérios que permitam identificar quando e quais questões devem ser submetidas à cognição do juízo da recuperação judicial, ainda que o litígio esteja sendo processado em outro juízo.

De início, parece importante estabelecer um primeiro parâmetro, prévio à análise da melhor cognição, a partir da seguinte pergunta: o processo decisório sobre determinada questão submetida à cognição do juízo individual depende de uma visão mais ampla (universal) do processo de recuperação judicial? A resposta será positiva sempre que os objetivos gerais da recuperação judicial influenciarem ou condicionarem, em alguma medida, a solução jurídica aplicável à questão controversa.

Rememorando o que tratamos no tópico 1.8, a concepção de uma universalidade para o juízo recuperacional tem origem na influência que o processamento do pedido exerce nas mais diversas relações jurídicas do devedor, levando à formação de zonas distintas de interesses, que podem se contrapor em prejuízo dos objetivos gerais da reestruturação. Nesse cenário, é somente a partir de uma visão *universal* do problema, naturalmente oposta à visão *parcial* detida pelo juízo individual, que os conflitos reflexos podem ser adequadamente tratados à luz da função social da empresa.

Perceber o estado de crise como um problema estrutural e a recuperação judicial como um processo estrutural facilita compreender a coordenação como a forma mais eficiente de atender à multipolaridade que é inerente a processos dessa natureza, tendo em vista que soluções pautadas em visões parciais do problema não são capazes de considerar todos os aspectos da crise e todos os interesses envolvidos.

Estabelecido que o tratamento adequado da multipolaridade depende da visão global do contexto recuperacional, entra em cena o indicador mais relevante para definir a melhor cognição no caso concreto: a expertise e o conhecimento do órgão julgador diante do tecnicismo do objeto do processo de reestruturação[34].

Na qualidade de órgão julgador conhecedor de todo o contexto evolvendo a crise[35] e das medidas adotadas com vistas ao soerguimento da empresa,

34. CABRAL, Antonio do Passo. *Juiz natural e eficiência processual*: flexibilização, delegação e coordenação de competências no processo civil. São Paulo: Thomson Reuters Brasil, 2021. p. 495.

35. Vale lembrar que todas as ações propostas contra o devedor são levadas ao conhecimento do juízo da recuperação judicial, tanto aquelas ajuizadas antes do protocolo quanto aquelas ajuizadas no curso do processo. Nos termos do art. 51, IX, da LREF, a inicial deve ser instruída, dentre outros documentos, com "a relação, subscrita pelo devedor, de todas as ações judiciais e procedimentos arbitrais em que este figure como parte, inclusive as de natureza trabalhista, com a estimativa dos respectivos valores demandados". Já nos termos do art. 6º, § 6º, as ações propostas contra o devedor

o juízo da recuperação judicial reúne as condições estruturais necessárias para assimilar adequadamente as informações e os dados necessários à formação de decisão judicial envolvendo o estado de crise e seus impactos nas relações jurídicas do devedor, bem como o cumprimento do plano de recuperação judicial[36].

Como o processo decisório na recuperação judicial conta com a ativa participação do administrador judicial, que conhece os aspectos econômico-financeiros da atividade empresária e, por isso, opina sobre questões relevantes a serem decididas, a presença de um auxiliar dessa natureza torna mais qualificada a cognição do juízo da recuperação judicial para valorar questões referentes ao estado de crise e ao cumprimento do plano[37].

Além disso, em diversas situações, o juízo vale-se da prévia oitiva do Ministério Público para decidir, garantindo-se que os procedimentos e as condutas adotadas estejam em consonância com os procedimentos legais aplicáveis e que não atentem contra os direitos e as garantias dos credores, especialmente, dos mais vulneráveis.

Afora possuir a melhor e mais informada habilidade cognitiva, o juízo da recuperação judicial detém a capacidade de proporcionar, quando preciso, o diálogo e a participação de todos os interessados no processo decisório, considerando a natureza coletiva do processo recuperacional e as técnicas processuais previstas na LREF (como a publicação de editais e a submissão de questões ao comitê de credores, caso tenha sido constituído, ou à assembleia geral de credores).

---

no curso da recuperação judicial deverão ser comunicadas ao juízo pelo juiz competente, quando do recebimento da petição inicial, ou pelo devedor, imediatamente após a citação.

36. Segundo Renata Dezem, "é o juízo da recuperação judicial, por acompanhar toda a extensão do estado de crise da empresa, que tem maiores condições de fomentar o exercício de condutas, por parte de todos os envolvidos, direcionadas à recuperação da empresa, coibindo, por outro lado, condutas atentatórias aos objetivos da recuperação, obviamente tendo como parâmetro a sistemática jurídica dispostas, o que nem sempre pode ser reconhecido prontamente em outros contextos individuais". (DEZEM, Renata Mota Maciel Madeira. *A universalidade do juízo da recuperação judicial.* São Paulo: Quartier Latin, 2017. p. 219).

37. "Toda decisão expedida por qualquer juízo diverso do da recuperação que repercuta sobre o domínio de um bem do patrimônio do devedor e possa comprometer o esforço recuperatório deve, portanto, passar pelo juízo da recuperação. É esse juízo que conta com auxiliares técnicos (administrador judicial, p.ex.) e domina, com maior profundidade, claras informações dos recuperandos." (DIDIER JR., Fredie; EID, Elie Pierre; ARAGÃO, Leandro Santos de. Recuperação judicial, execução fiscal, *stay period*, cooperação judiciária e preservação da empresa: compreendendo o § 7º-B do art. 6º da Lei 11.101/2005. *Revista de Processo*, São Paulo, v. 47, n. 323, jan., 2022). Como bem pontuado por Renata Dezem, nem mesmo os credores mais diligentes conhecem de forma aprofundada os aspectos da empresa e a viabilidade do negócio, já que há informações que o devedor, por questões mercadológicas, deixa de revelar no curso de qualquer negociação. Por outro lado, em contrapartida ao benefício legal da recuperação, a LREF exige que o devedor haja com transparência, fornecendo ao administrador judicial informações que permitam atestar sobre as reais possibilidades da empresa. (Ibid., p. 292). É evidente que esse aspecto também qualifica a cognição do juízo da recuperação judicial, que será o mais adequado para atestar sobre as reais possibilidade de pagamento do devedor.

Quer dizer, além de possuir conhecimento técnico sobre os aspectos da crise e a viabilidade econômica do plano, o juízo da recuperação judicial possui condições de ampliar o debate, garantir a participação-influência dos interessados no processo decisório e conferir ampla publicidade aos atos praticados que interessem a toda coletividade[38].

Portanto, é forçoso concluir que, havendo uma demanda por uma visão global do contexto recuperacional, o juízo da recuperação judicial será o mais apto para decidir porque (i) conhece profundamente os aspectos econômico-financeiros da empresa em crise e a viabilidade econômica do plano de recuperação judicial – elementos que, naturalmente, fogem ao conhecimento de outros juízos, e (ii) detém a possibilidade de submeter a questão à análise do administrador judicial e do Ministério Público e, se for o caso, da coletividade de credores, com a garantia de que todos os múltiplos interesses serão sopesados.

A flexibilização *ad actum* da competência nos termos ora propostos reforça que ao juízo da recuperação judicial pode ser conferida universalidade. O deslocamento da competência se dá a partir do cotejo dos órgãos julgadores para definição da melhor cognição no caso concreto. Nesse cotejo, não há qualquer pretensão de condicionar um juízo à atuação do outro, mas de identificar as questões relevantes ao processo decisório e garantir que sejam valoradas pelos órgãos julgadores mais adequados, de forma consensual, coordenada e dialogada.

A coordenação revela-se indispensável quando se constata que a LREF não estabelece qualquer ordem de preferência entre os objetivos que justificam o tratamento organizado da insolvabilidade: ao Poder Judiciário, cabe zelar tanto pela preservação da empresa quanto pela satisfação dos interesses dos credores e demais interessados.

Ao passo que a manutenção da empresa assume, na sociedade, o relevante papel de fonte produtora e geradora de postos de trabalho, o interesse privado dos credores acaba encontrando limites na função social da empresa e na proteção da atividade econômica. Por conta disso, as particularidades do caso concreto podem revelar que os interesses dos credores não são absolutos, devendo ser atendidos nos limites em que seus objetivos convirjam

38. Embora se referindo a outros tipos de litígio, Antonio do Passo Cabral cita como indicadores de comparação entre os juízos, ao lado de outros critérios, a maior proximidade das pessoas e dos fatos, bem como a maior facilidade de conferir publicidade aos atos praticados, critérios que se aplicam ao contexto recuperacional. (CABRAL, Antonio do Passo. *Juiz natural e eficiência processual*: flexibilização, delegação e coordenação de competências no processo civil, op. cit., p. 497-499 e 501-502).

com os objetivos de proteção da função social da empresa e de estímulo à atividade econômica[39].

Nessa ordem de ideias, reduzir a análise da competência de um e de outro juízo a momentos específicos, com base no princípio da competência adequada e observadas as peculiaridades das questões controvertidas, as aptidões cognitivas e as condições estruturais dos órgãos decisórios, revela-se um meio eficiente de buscar o equilíbrio e a convergência entre os interesses em jogo, ainda que, evidentemente, essa tarefa não seja simples.

Cabe reiterar que a análise da melhor cognição é realizada pelo juiz no exame de sua própria competência (princípio *Kompetenz-Kompetenz*), quando ele pode, eventualmente, identificar a existência de outro centro cognitivo mais adequado a partir de um cotejo das aptidões para conhecer a questão[40]. Isto é, em primeira análise e a partir das alegações das partes em contraditório, caberá ao órgão julgador identificar se o objeto da relação jurídica pode ser relevante para a superação do estado de crise ou se, ao revés, não impacta a função organizacional da recuperação judicial.

Assim, pensando sob o ponto de vista do juízo individual, a propositura de um arranjo jurisdicional cooperativo com o juízo da recuperação deve ocorrer, preferencialmente, antes da prática do ato processual, tão logo seja identificada a relação de influência entre a recuperação judicial e a relação jurídica material que justifique a coordenação de competências.

Não há dúvidas de que o alinhamento prévio é a melhor forma de entender o grau de complexidade da matéria e, se for o caso, buscar o adequado equilíbrio entre os interesses em jogo, evitando a interferência indevida de um juízo na atuação do outro, prejuízos concretos ao processo de soerguimento e, ainda, que eventuais interferências tenham de ser impositivamente remediadas por um terceiro, normalmente, o STJ.

Em qualquer cenário, é indispensável que os juízos cooperantes fundamentem o cabimento da cooperação e, consequentemente, a flexibilização da regra geral de competência, de forma objetiva, impessoal e invariável, ou seja, demonstrando que a atuação coordenada dos órgãos julgadores se faz necessária em razão do objeto da causa e de sua interferência nos objetivos da recuperação judicial, como forma de evitar o inadequado sopesamento de todos os interesses envolvidos.

---

39. NEGRÃO, Ricardo. *A eficiência do processo judicial na recuperação de empresa*. São Paulo: Saraiva, 2010. p. 144. Por certo e conforme ressalvamos ao longo deste livro, isso não significa que a preservação da empresa deve ser buscada a qualquer custo. A incidência do princípio deve estar sempre associada à demonstração da viabilidade da empresa e de seu relevante interesse social.

40. VOGT, Fernanda Costa. *Cognição do juiz no processo civil:* flexibilidade e dinamismo dos fenômenos cognitivos. 2. ed. rev. atual. e ampl. São Paulo: Editora JusPodivm, 2022. p. 224-226.

Por tudo que se expôs até aqui, é relevante mencionar que a nossa compreensão difere, a partir desse ponto, do entendimento de Renata Dezem, para quem o deferimento do processamento da recuperação judicial atrairia para o juízo da recuperação "todas as relações jurídicas, discutidas ou não em ações individuais, nas quais o estado de crise da empresa integre o campo lógico ou imperativo daquelas relações, a ponto de condicionar, de algum modo, o seu conhecimento e a sua solução"[41].

A partir do exame da própria competência pelo juízo individual, reduzido a momentos específicos (competência *ad actum*), defende-se, neste livro, a possibilidade de coordenação das competências para a construção de uma solução jurídica dialogada, que acresça ao processo decisório a visão universal e multipolarizada que somente o juízo da recuperação judicial pode fornecer.

Uma vez implementada por ato de cooperação dos próprios órgãos julgadores, não há, a nosso sentir, necessidade de centralização impositiva das relações jurídicas relevantes ou impactadas pelo estado de crise no juízo recuperacional, bastando a coordenação entre os órgãos julgadores para garantir a proteção dos objetivos gerais da recuperação judicial.

Além de evitar a instauração de conflito de competência para que seja atribuída a um ou a outro juízo, o tratamento da matéria via cooperação judiciária pode levar a uma melhor conformação das partes com o processo decisório, que terá sido o mais qualificado possível do ponto de vista cognitivo, evitando, ainda, a interposição de recursos.

Em qualquer caso, cabe aos órgãos julgadores buscar, previamente à prática do ato processual, esse alinhamento com o outro juízo, evitando uma interferência na atuação do outro e, consequentemente, a materialização de conflitos, que, normalmente, surgem em razão das dificuldades práticas de definir-se a extensão da competência do juízo recuperacional no caso concreto.

3.2.3. Outros arranjos jurisdicionais cooperativos para inclusão do juízo recuperacional em mais processos decisórios

No presente tópico, pretendemos demonstrar que é possível atribuir competência ao juízo da recuperação judicial, de forma objetiva, impessoal e invariável, para além das hipóteses expressamente reguladas nos §§ 7º-A e 7º-B do art. 6º da LREF, precisamente em todas as situações em que se constatar, casuisticamente, que o processo decisório sobre determinada questão submetida à cognição do juízo individual depende de uma visão mais ampla (universal) do processo de recuperação judicial.

41. DEZEM, Renata Mota Maciel Madeira, op. cit., p. 407.

3.2.3.1. Decisões sobre o cabimento de atos de constrição sobre bens do devedor

A interpretação literal dos §§ 7º-A e 7º-B do art. 6º da LREF pode levar a uma compreensão limitada das possibilidades de atribuição de competência *ad actum* ao juízo da recuperação judicial para a análise da alegada essencialidade de bens do devedor – a qual pretendemos afastar nesse tópico.

Em primeiro lugar, a redação dos referidos parágrafos sugere que a análise da essencialidade do bem se materializaria especificamente para controle dos atos praticados sempre em segundo momento – para decidir sobre a manutenção do ato ou pela substituição do bem *após* determinação da penhora pelo juízo da execução.

Não se ignora que o STJ está condicionando o conhecimento dos conflitos de competência à efetiva ordem de bloqueio pelo juízo da execução fiscal[42]. No entanto, com base no critério teleológico e valendo-se de um juízo de adequação, é possível interpretar extensivamente os referidos dispositivos legais para admitir que impõem um limite negativo à própria penhorabilidade do bem, à luz de uma análise sobre a sua essencialidade – para a qual inexistem dúvidas de que o juízo da recuperação judicial é o mais adequado[43].

Aliás, essa é a interpretação que mais se coaduna com os objetivos finalísticos do processo de recuperação judicial, já que a análise prévia da essencialidade é a medida mais adequada para evitar os prejuízos concretos que o bloqueio de um bem essencial pode causar ao devedor e ao sucesso da reestruturação.

Não à toa, o STJ, ao decidir os conflitos de competência envolvendo bloqueio de ativos do devedor em recuperação judicial, geralmente, concede a medida de urgência para atribuir, de imediato, a competência ao juízo da recuperação judicial para decidir sobre a manutenção do ato constritivo,

---

42. Vide nota 379.

43. Essa interpretação também é identificada por Daniela Bomfim, Guilherme Lamego e Gustavo Lamego, embora sem pretensão de adotá-la como sendo a mais adequada. (BOMFIM, Daniela Santos; LAMÊGO, Guilherme Cavalcanti; LAMÊGO, Gustavo Cavalcanti. Execução de créditos extraconcursais em face de devedores em recuperação: impacto da Lei nº 14.112/2020 nos entendimentos firmados no CC 114.987/SP e no RESp 1.512.118/SP. *In*: DIDIER JR., Fredie; CUEVA, Ricardo Vilas Bôas. *Processo civil empresarial e o Superior Tribunal de Justiça*. São Paulo: Ed. Juspodivm, 2021. p. 121). Para Fredie Didier Jr., Elie Pierre Eid e Leandro Santos de Aragão, há uma espécie de "impenhorabilidade transitória". (DIDIER JR., Fredie; EID, Elie Pierre; ARAGÃO, Leandro Santos de. Recuperação judicial, execução fiscal, *stay period*, cooperação judiciária e preservação da empresa: compreendendo o § 7º-B do art. 6º da Lei 11.101/2005. *Revista de Processo*, São Paulo, v. 47, n. 323, jan., 2022).

reconhecendo, portanto, que há um prejuízo concreto decorrente da prática do ato que deve ser imediatamente remediado[44].

Em segundo lugar, a literalidade do § 7º-B indica que, em se tratando de crédito fiscal, ao juízo recuperacional restaria tão somente apontar a necessidade de substituição do bem, sendo vedada a suspensão do ato, independentemente da fase do processo recuperacional, já que não há qualquer menção, nesse parágrafo, ao *stay period*.

Pelas mesmas razões apresentadas para o primeiro ponto, a análise da essencialidade dos bens do devedor pode levar o juízo da recuperação judicial a concluir pela impossibilidade de substituição do bem por outro ativo "menos essencial" naquele momento, em especial, se o processo ainda estiver na fase de deliberação do plano, quando sequer os credores trabalhistas preferenciais receberam os seus créditos.

Nessa fase, cabe ao juízo recuperacional zelar pelo patrimônio do devedor, que responde na integralidade pela viabilidade econômica do plano. Se for o caso, ao juízo da recuperação judicial deve ser conferida a possibilidade de postergar a substituição – valendo-se de um poder geral de cautela[45] –, sobretudo se o pleito de substituição for apresentado antes do pagamento dos créditos trabalhistas (ou, ao menos, antes de iniciado tal pagamento, nos termos do plano).

Qualquer interpretação diferente conferiria ao crédito fiscal um tratamento mais privilegiado do que aquele dado crédito trabalhista, o que contraria a própria redação do art. 186 do CTN. Nesse sentido, é precisa a conclusão de Cassio Cavalli[46], que aponta inexistir, no ordenamento ju-

---

44. Nesse sentido são as decisões liminares concedidas na grande maioria dos conflitos positivos de competência citados ao longo desta obra.

45. "Em um sentido mais restrito, esse "poder geral", de cautela e de antecipação de efeitos da tutela, consiste na possibilidade de o juiz conceder medidas (de natureza cautelar ou antecipada) em casos não previstos, expressamente, pelo legislador. Assim, por exemplo, costumava-se dizer que os procedimentos cautelares específicos referidos nos arts. 813 ss. do CPC/1973 corresponderiam às medidas cautelares nominadas (ou típicas), enquanto aquelas concedidas com base no "poder geral de cautela" extraído do art. 798 do CPC/1973 seriam as medidas cautelares inominadas (ou atípicas). Esse "poder geral", mesmo na vigência do CPC/1973, vinha ganhando nova e mais ampla dimensão, e essa tendência veio a ser incorporada pelo CPC/2015". (MEDINA, José Miguel Garcia. *Novo código de processo civil comentado*. 4. ed. São Paulo: Revista dos Tribunais, 2016. Livro eletrônico).

46. "A preferência manifesta-se independentemente de o devedor ser solvente ou insolvente. Assim, a preferência se manifesta em concurso especial de credores que penhoram um mesmo bem de devedor solvente (art. 908, § 2º, do CPC c/c art. 186 do CTN). Porém, a preferência tem ainda maior razão de ser em caso de insolvência do devedor, pois, neste caso, violar a ordem de preferência coloca em risco a efetiva satisfação do crédito preferencial. Por isso, em caso de o devedor comum estar em recuperação judicial, não pode o Estado permitir que a execução fiscal prossiga de modo a violar a preferência do crédito trabalhista, mormente pelo fato de que a recuperação judicial suspende a execução trabalhista. Neste caso, a competência para a tutela da satisfação do crédito trabalhista é deslocada para o juízo recuperacional, consoante já decidiu o Tribunal Pleno do STF em recurso com repercussão geral. Com efeito, compete ao juízo recuperacional assegurar a obser-

rídico brasileiro, norma que atribua preferência ao pagamento do crédito tributário frente ao crédito trabalhista. Desse modo, estando o devedor em recuperação judicial, cabe ao juízo recuperacional zelar pela observância das preferências creditícias.

Se a própria reclamação trabalhista é suspensa para que o crédito seja novado e pago na forma do plano, não se pode admitir que o Estado prossiga com a execução fiscal antes disso. Encerrado o *stay period* e iniciado o cumprimento do plano, espera-se que o devedor encontre uma forma de satisfação dos créditos fiscais, até porque, ao menos em tese, a viabilidade econômica do plano terá sido desenhada também à luz da necessidade de quitação concomitante de obrigações extraconcursais.

Em terceiro lugar, uma interpretação literal do § 7º-A do art. 6º da LREF poderia sugerir que a competência do juízo da recuperação judicial para a suspensão dos atos destinados à satisfação dos créditos dos §§ 3º e 4º do art. 49 da LREF se esgotaria com o decurso do *stay period*.

Contudo, os termos e as condições do plano de recuperação judicial aprovado podem justificar, a partir de um juízo de adequação, a atribuição de competência *ad actum* ao juízo recuperacional para decidir, após o *stay period*, sobre a possibilidade de constrição ou expropriação de determinado bem durante a fase de cumprimento do plano. Isso porque, a depender dos meios recuperatórios previstos no plano, determinado ativo do devedor pode revelar-se ainda mais essencial na segunda fase do processo[47].

Como o juízo da recuperação judicial possui conhecimento sobre o acervo de bens do devedor e as condições do plano, não se pode admitir que esses atos sejam ordenados independentemente da análise da essencialidade do bem pelo órgão julgador mais adequado para valorar a questão, sob pena de risco à viabilidade econômica do plano e prejuízo à coletividade de credores.

Por fim, mas não menos relevante, a competência para analisar a essencialidade de bens do devedor deve ser reconhecida em todas as hi-

---

vância da preferência do crédito trabalhista, competência, esta, que se sobrepõe inclusive à do juízo da execução fiscal." (CAVALLI, Cassio. Levando as preferências creditórias a sério: a suspensão das execuções fiscais contra empresa em recuperação judicial e a jurisprudência das Cortes Superiores. *Cássio Cavalli Advogados*, [*S.l.*], 28 de setembro de 2022).

47. Veja-se que o STJ já decidiu nesse sentido: "o mero decurso do prazo de 180 dias previsto no art. 6º, § 4º, da LFRE não é bastante para, isoladamente, autorizar a retomada das demandas movidas contra o devedor, uma vez que a suspensão também encontra fundamento nos arts. 47 e 49 daquele diploma legal, cujo objetivo é garantir a preservação da empresa e a manutenção dos bens de capital essenciais à atividade na posse da recuperanda". O mesmo entendimento foi reafirmado para confirmar decisão que suspendeu o leilão extrajudicial de imóvel alienado fiduciariamente ao credor do devedor em recuperação judicial. ((i) BRASIL. Superior Tribunal de Justiça (3. Turma). REsp 1610860/PB. Relatora: Min. Nancy Andrighi, 13 de dezembro de 2016. *Diário de Justiça Eletrônico*: 19 de dezembro de 2016; (ii) BRASIL. Superior Tribunal de Justiça (3. Turma). AgInt no TP nº 3.137/MT. Relator: Min. Marco Aurélio Bellizze, 10 de maio de 2021. *Diário de Justiça Eletrônico*: 13 de maio de 2021).

póteses em que se pretender a satisfação de um crédito não submetido ao concurso, a exemplo daqueles constituídos após o ajuizamento do pedido. Afinal, como o próprio legislador já reconheceu ser o juízo da recuperação judicial o mais adequado para decidir sobre a essencialidade nas hipóteses dos créditos mencionados nos §§ 7º-A e 7º-B do art. 6º da LREF, o mesmo juízo de adequação deve ser exercido sempre que se pretender o pagamento de verbas extraconcursais, pois o que justifica a interferência do juízo recuperacional é o fato de se buscar um cumprimento paralelo de obrigações.

Logo, sempre que se fizer necessário um juízo sobre a essencialidade do bem para fins de satisfação de dívida não submetida ao concurso, impõe-se atribuir competência ao juízo da recuperação judicial para decidir sobre a prática do ato de bloqueio (previamente ou após a sua realização) por ser esse o juízo detentor da melhor habilidade cognitiva, seja porque conhece os aspectos econômico-financeiros da empresa em crise, que fogem ao conhecimento de outros juízos, seja porque essa é a única forma de controlar o impacto de questões relevantes submetidas a outros juízos no processo de reestruturação.

Por certo, assim como fez o legislador na parte final dos §§ 7º-A e 7º-B do art. 6º da LREF, a decisão sobre a essencialidade do bem e o cabimento do ato constritivo deve ser dialogada e implementada por cooperação judiciária nos termos do art. 69 do CPC, observados os limites da competência por questão a ser decidida (vale lembrar que o ato de bloqueio pode demandar a análise de outros aspectos, para os quais o juízo individual permanece sendo competente).

3.2.3.2. Decisões envolvendo relações jurídicas essenciais para a preservação da empresa

Consoante vimos no tópico 1.6, em diversas situações o STJ estende a competência do juízo da recuperação judicial para decidir sobre questões que vão além da satisfação de créditos, do cumprimento do plano e da proteção do patrimônio do devedor, mas que demandariam intervenção em proteção ao resultado útil do processo de soerguimento.

Essas situações envolveriam, por exemplo (sem qualquer pretensão exaustiva), a rescisão ou a manutenção de contrato tido como essencial para a atividade do devedor, a desocupação de um imóvel locado, a devolução de máquinas arrendadas, a possibilidade de realização de um aumento de capital contra a vontade de sócios minoritários etc.

Esses casos são marcados pela influência que a recuperação judicial exerce na relação jurídica de direito material submetida à cognição de outro juízo. Justamente por ser uma relação relevante para ou impactada pela recuperação judicial, defende-se a atribuição de competência ao juízo da recuperação judicial, que possui uma visão global sobre a reestruturação e reúne as melhores condições para decidir, sopesando todos os interesses envolvidos.

Contudo, na prática, o grau de complexidade de cada uma das situações pode tornar bastante desafiador atribuir a um ou a outro juízo a competência para decidir. *A priori*, determinadas posições jurídicas detidas por terceiros contra o devedor não deveriam ser obstadas pela eventual prevalência da função social da empresa, o que afastaria a necessidade de atribuir competência ao juízo recuperacional sob a máxima da universalidade.

A título de exemplo, Renata Dezem[48] cita o entendimento do STJ acerca da possibilidade de prosseguimento de ações de despejo no juízo individual contra o devedor durante a recuperação judicial. Ainda que o crédito locatício seja concursal e, portanto, inexigível de imediato e nas condições originárias na ação de cobrança c/c despejo, o processamento da recuperação judicial não se sobreporia ao direito de propriedade do locador[49]. Desse modo, embora a pretensão de cobrança seja suspensa nos termos do art. 6º, § 4º, da LREF, o despejo, em si, não poderia ser obstado por ordem do juízo recuperacional.

A confirmar a complexidade da questão, é relevante mencionar que esse entendimento não é pacificado, existindo decisões de tribunais estaduais pela possibilidade de prosseguimento do despejo somente se o crédito locatício tiver sido constituído após o deferimento do processamento do pedido[50]. De igual modo, o próprio STJ já reconheceu a competência do juízo recuperacional para decidir sobre o cabimento de despejo do devedor de imóvel em que desempenha a atividade empresarial[51].

---

48. DEZEM, Renata Mota Maciel Madeira. *A universalidade do juízo da recuperação judicial*. São Paulo: Quartier Latin, 2017. p. 328.

49. BRASIL. Superior Tribunal de Justiça (2. Seção). AgRg no CC n. 133.612/AL. Relator: Min. João Otávio de Noronha, 14 de outubro de 2015. *Diário de Justiça Eletrônico*: 19 de outubro de 2015.

50. (i) SÃO PAULO (Estado). Tribunal de Justiça do Estado de São Paulo. AC nº 1006308-59.2018.8.26.0566. 31. Câmara de Direito Privado. Relator Des. Adilson de Araujo, 23 de abril de 2019; (ii) MATO GROSSO (Estado). Tribunal de Justiça de Mato Grosso. AC nº 1005825-57.2016.8.11.0003. 2. Câmara de Direito Privado. Relator Des. Marilsen Andrade Addario, 27 de janeiro de 2021; (iii) CEARÁ (Estado). Tribunal de Justiça do Ceará. AI nº 0622773-21.2018.8.06.0000. 1. Câmara de Direito Privado. Relator Des. Heraclito Vieira de Sousa Neto, 10 de outubro de 2018.

51. BRASIL. Superior Tribunal de Justiça (3. Turma). AgInt no REsp nº 1.784.027/SP. Relator. Min. Paulo de Tarso Sanseverino, 6 de junho de 2022. *Diário de Justiça Eletrônico*: 9 de junho de 2022. Em sentido similar, o STJ também já atribuiu ao juízo da recuperação a competência para decidir a reintegração de posse envolvendo o devedor, ao fundamento de que os bens e interesses da empresa em recuperação não poderiam ser afetados por decisões de juízo diverso. (BRASIL. Superior Tribunal de Justiça (1. Turma). AgInt no REsp 1.663.859/SP. Relator: Min. Regina Helena Costa, 19 de setembro de 2017. *Diário de Justiça Eletrônico:* 19 de outubro de 2017).

Guardando igual complexidade, há situações envolvendo a possibilidade de manutenção compulsória de contratos essenciais para o devedor, de modo a evitar a interrupção ou a drástica redução da atividade do devedor, sem a qual a reestruturação se tornaria inviável. Em hipóteses como essa, vimos, ao longo desta obra, que há decisões de todas as ordens, admitindo e afastando a possibilidade de intervenção do Poder Judiciário nas relações jurídicas privadas[52]. As diferentes soluções jurídicas aplicadas a cada caso demonstram que sob nenhum ângulo é trivial decidir pela prevalência de um ou de outro direito em situações complexas, em que há claro conflito entre direitos individuais tidos como absolutos (por exemplo, direito à propriedade e autonomia da vontade de contratar) e a função social da empresa.

Mais uma vez, fica claro que a superação do estado de crise se trata de um problema estrutural de alta complexidade: a multipolaridade decorrente da contraposição dos interesses envolvidos dificulta sobremaneira definir a melhor solução jurídica para o caso concreto, sobretudo porque as soluções tradicionais chegam a ser incompatíveis entre si.

Entretanto, mesmo nesses casos mais complexos, é preciso compreender que a natureza estrutural do problema exige do magistrado condutor da recuperação judicial um engajamento capaz de garantir que a sua visão global do problema seja considerada em todos os provimentos jurisdicionais que possam afetar os objetivos gerais da recuperação judicial.

Em outros termos, a resolução do problema de forma eficiente exige do juízo recuperacional o exercício de seu papel catalisador inclusive sobre relações jurídicas que eventualmente estejam em curso perante outros juízos, sempre que for constatada a sua relevância para e/ou impacto nos objetivos gerais da reestruturação. A ideia é reforçada pela natureza cooperativa do concurso que, como vimos, se estende para além daqueles que possuem obrigações submetidas aos efeitos do plano.

---

52. O TJ/SP já reconheceu a competência do juízo da recuperação judicial para impedir a resolução de contratos tidos como essenciais ao exercício da atividade do devedor: (i) SÃO PAULO (Estado). Tribunal de Justiça do Estado de São Paulo. *AI nº 2272878-41.2019.8.26.0000*. 1. Câmara Reservada de Direito Empresarial. Relator: Des. Alexandre Lazzarini, 19 de maio de 2020; (ii) SÃO PAULO (Estado). Tribunal de Justiça do Estado de São Paulo. *AI nº 2094959-07.2015.8.26.0000*. 2. Câmara Reservada de Direito Empresarial. Relator: Des. Carlos Alberto Garbi, 5 de outubro de 2015; (iii) SÃO PAULO (Estado). Tribunal de Justiça do Estado de São Paulo. *AI nº 2017701-76.2019.8.26.0000*. 2. Câmara Reservada de Direito Empresarial. Relator: Des. Maurício Pessoa, 10 de junho de 2019. Há decisões em sentido contrário. O mesmo TJ/SP já afastou a competência do juízo da recuperação judicial para decidir sobre a manutenção de contrato administrativo. (SÃO PAULO (Estado). Tribunal de Justiça do Estado de São Paulo. *AI nº 2104385-72.2017.8.26.0000*. 1. Câmara Reservada de Direito Empresarial. Relator: Des. Cesar Ciampolini, 22 de janeiro de 2018).

Com efeito, uma vez constatado que a recuperação judicial exerce influência na solução a ser dada para a controvérsia, o juízo individual, no exame de sua própria competência, poderá reconhecer que a fragmentação da cognição é prejudicial aos objetivos gerais da recuperação judicial. Nesse passo, mediante o uso da cooperação judiciária, a competência para decidir a matéria (por exemplo, possibilidade de rescisão de um contrato alegadamente essencial para o devedor) poderá ser compartilhada com o juízo recuperacional, a quem caberá acrescer ao processo decisório a sua visão universal sobre a situação financeira do devedor e dos demais aspectos do processo de soerguimento.

Havendo uma relevância da relação jurídica para a preservação da empresa, os órgãos julgadores poderão, em conjunto, trabalhar de forma a garantir o melhor sopesamento possível de interesses, eventualmente, encaminhando as partes para uma solução que, a um só tempo, evite a drástica interrupção da atividade empresária e proporcione condições comerciais mais favoráveis ao outro contratante, considerando a sua relevante contribuição no processo de superação do estado de crise do devedor.

A atuação dialogada não apenas garantirá o exercício da competência pelo juízo recuperacional sobre a questão afeta à recuperação, como evitará a sua interferência em questões que, eventualmente, devem permanecer no campo de análise do órgão julgador individual.

Ilustrativamente, em se tratando de um imóvel locado que não esteja sendo utilizado no processo produtivo do devedor ou de máquinas arrendadas que estejam "encostadas" no parque fabril por estratégia comercial do devedor, eventual litígio judicial envolvendo a desocupação e a devolução desses ativos não interfere nos objetivos gerais da recuperação judicial, tornando inadequado e desnecessário o exercício coordenado das competências.

Um caso concreto julgado pelo STJ reforça o que ora se defende. O STJ admitiu a possibilidade de penhora de quotas sociais[53] de empresa em recuperação judicial, efetivada por outro juízo, tendo em vista a inexistência de expressa vedação legal e que o ato de penhora não se confunde com liquidação das quotas.

Sem se descurar que a liquidação poderia, futuramente, abalar a *affectio societatis* e o valor agregado da empresa, prejudicando os objetivos gerais da recuperação judicial, o STJ cuidou de ressaltar que a futura liquidação das

53. Não se pretende adentrar, no presente livro, na controvérsia que recai sobre a possibilidade de penhora de quotas ou ações por dívida pessoal do sócio, valendo pontuar, apenas, que, nos últimos anos, a questão parece ter sido pacificada à luz do CPC, que autoriza a penhora e disciplina seu procedimento no art. 861.

quotas poderia interferir no bom andamento da reestruturação, tornando recomendado aos juízos envolvidos analisar a questão no decorrer da execução, valendo-se do instituto da cooperação judiciária[54].

O entendimento adotado pelo STJ no referido caso deixa claro ser possível, a partir da redução da análise da competência a momentos específicos, atribuir ao juízo da recuperação judicial a competência para decidir, futuramente, no momento de eventual liquidação da quota se o ato pode ser prejudicial ao bom andamento da recuperação judicial[55]. Por evidente, a atribuição dessa competência de forma casuística e episódica dependerá da estruturação de um arranjo cooperativo entre os juízos cooperantes, definindo os limites de atuação de cada órgão.

Diante de todos esses elementos, não restam dúvidas de que, mesmo nos casos mais complexos, em que há maior dificuldade de atribuir a um ou a outro juízo a competência para decidir, a cooperação judiciária é recomendada para que a visão global do juízo recuperacional seja considerada no processo decisório, garantindo-se, dessa forma, o adequado sopesamento do interesse privado com os objetivos gerais da recuperação judicial.

3.2.3.3. *Cooperação para exercício da função de consulta pelo juízo recuperacional*

Até aqui, tratamos da possibilidade de atribuição de competência *ad actum* ao juízo da recuperação judicial a partir da análise da melhor cognição, considerando, de um modo geral, a necessidade de proteger o patrimônio social do devedor e os objetivos da recuperação judicial.

Ao lado da atuação coordenada dos órgãos julgadores para a prática do ato decisório, há de se ressaltar o cabimento da cooperação judiciária para obtenção de pronunciamento opinativo do juízo da recuperação, precisamente nas situações em que não há um efetivo risco aos objetivos gerais do processo.

Nessas outras hipóteses, a cooperação é para fins de consulta, quando não há propriamente um fundamento para compartilhar ou transferir a competência para a prática do ato decisório, mas a formação do arranjo cooperativo justifica-se para proporcionar maior segurança jurídica ao juízo individual ou a órgão externo do Poder Judiciário (cooperação interinstitucio-

---

54. BRASIL. Superior Tribunal de Justiça (3. Turma). REsp n. 1.803.250/SP. Relator: Min. Marco Aurélio Bellizze. Relator para acórdão: Min. Ricardo Villas Bôas Cueva, 23 de junho de 2020. *Diário de Justiça Eletrônico*: 1º de julho de 2020.

55. A menção ao uso da cooperação judiciária também foi bem identificada por Antonio do Passo Cabral: CABRAL, Antonio do Passo. Cooperação judiciária e execução de quotas sociais. *In*: DIDIER JR., Fredie; CUEVA, Ricardo Vilas Bôas. *Processo civil empresarial e o Superior Tribunal de Justiça*. São Paulo: Ed. Juspodivm, 2021. p. 175-196.

nal) relativamente à aplicação de normas, considerando dados e informações que se encontram sob o domínio do juízo da recuperação.

Rememorando as notas introdutórias do tópico 2.2.4 sobre a função jurisdicional de consulta mediante cooperação judiciária, não há dúvidas acerca de sua adequação aos litígios estruturais como um todo, nos quais o juízo condutor da causa, em razão de sua proximidade com o problema estrutural, conhece todos os impactos da aplicabilidade de determinada norma àquele contexto fáctico complexo e multipolar.

Nesse cenário, revela-se bastante pertinente a formulação de consultas prévias ao juízo responsável pela condução do litígio estrutural sobre os eventuais impactos de determinada medida – a exemplo da concessão de uma cautelar em ação individual que possa comprometer as medidas estruturantes em curso sob a gestão do juízo responsável pelo processo estrutural. Em casos assim, o objetivo da consulta é mapear esses impactos de modo a evitar que a atuação isolada de um órgão julgador comprometa o objetivo de reestruturação que esteja sendo desenvolvido por outro juízo.

Como processo estrutural que é, a mesma percepção aplica-se à recuperação judicial. A partir do deferimento do pedido, o juízo da recuperação judicial, auxiliado pelo administrador judicial, passa a conhecer profundamente a atividade empresária que se busca preservar, o patrimônio do devedor, os termos e as condições previstos no plano e os interesses afetados pelo estado de crise, tornando-se verdadeiro "perito" em matérias específicas envolvendo o devedor e a atividade empresária. É, nesse cenário, relevante fonte de consulta para que outros juízos e órgãos externos ao Poder Judiciário se municiem de informações técnicas previamente à tomada de decisões envolvendo o devedor ou aspectos do plano de recuperação judicial.

É possível imaginar diversas situações em que o juízo da recuperação judicial pode contribuir com o processo decisório de outros órgãos mediante a prestação cooperativa de consulta – casos em que a sua cognição será exercida para fins meramente opinativos, não havendo transferência de competência para a prática de ato decisório[56]. Um exemplo prático ilustra bem o que ora se propõe.

Recorda-se o entendimento do STJ sobre a competência para analisar as tentativas de atribuição de responsabilidade pelo pagamento de obrigação concursal ao terceiro adquirente de ativos alienados pelo devedor na forma do art. 60 da LREF. Em sede de execução, ação de cobrança ou incidente de desconsideração da personalidade jurídica em que o credor pretenda atribuir

56. CABRAL, Antonio do Passo. *Jurisdição sem decisão:* non liquet e consulta jurisdicional no direito processual civil. 2022. Tese (Professor Titular de Direito) – Faculdade de Direito, Universidade do Estado do Rio de Janeiro, Rio de Janeiro, 2022. p. 161.

responsabilidade pelo pagamento da dívida ao terceiro adquirente, o STJ pacificou a sua jurisprudência para conferir ao juízo da recuperação judicial a competência para aferir a (in)existência de sucessão nas obrigações entre alienante e adquirente[57], por ser o juízo que melhor conhece a "extensão e a higidez da alienação"[58].

Assumindo não se tratar de uma das hipóteses legais em que a ausência de sucessão é afastada (cf. art. 141, § 1º, da LREF), tentativas de responsabilização dessa natureza acabam gerando insegurança jurídica e desencorajando a aquisição de ativos no ambiente recuperacional. Apesar disso, seguro afirmar que não há propriamente um prejuízo direto ao patrimônio social do devedor ou à manutenção da atividade empresária. Em verdade, a questão envolve uma interpretação equivocada sobre os efeitos jurídicos da operação de venda de ativos realizada no bojo da recuperação judicial.

Assentadas essas premissas, é perfeitamente possível que o juízo individual, responsável pelo processamento da ação em que se esteja buscando responsabilizar o terceiro adquirente de ativos pelo pagamento de dívida do devedor, estabeleça um arranjo cooperativo com o juízo da recuperação judicial para fins de consulta sobre a "extensão e a higidez da alienação". Uma vez municiado de informações técnicas, fornecidas por sujeito imparcial e indubitavelmente conhecedor dos aspectos da operação de alienação de ativos, o juízo individual terá reunido todos os elementos necessários à prolação de decisão sobre a (in)existência de sucessão nas obrigações entre alienante e adquirente, sem que seja necessário deslocar o processo para o juízo recuperacional.

Embora meramente colaborativa, cabe reiterar que a opinião do juízo recuperacional não pode ser completamente ignorada no processo decisório. Conforme expusemos no tópico 2.2.4, até mesmo para justificar a razão de ser do próprio ato cooperado, a opinião do juízo consultor, considerando a sua aptidão cognitiva para opinar sobre a matéria, deve ser considerada e abordada na fundamentação da decisão do órgão decisor.

Assim como no implemento da cooperação judiciária para coordenação de competências, o objetivo da cooperação para fins de consulta é garantir que a visão universal do juízo recuperacional seja considerada em processos

57. Justamente porque a recuperação judicial é destinada a viabilizar a superação da crise da empresa, eventuais operações envolvendo a alienação de ativos no âmbito desse procedimento são realizadas sem sucessão do arrematante nas obrigações do devedor, nos termos dos art. 60, parágrafo único e art. 141, inciso II, ambos da LREF. O objetivo do legislador com essa regra é facilitar a transferência dos ativos como meio de geração de caixa para o devedor, que precisa cumprir o plano de modo a evitar o decreto de quebra.

58. Vide nota 182.

decisórios (internos ou externos ao Poder Judiciário) envolvendo o devedor, mais uma vez, sem que seja necessário centralizar nesse juízo toda e qualquer questão que seja relevante ao soerguimento da atividade.

É a universalidade do juízo recuperacional manifestando-se em situações em que não há propriamente um fundamento para interferência do órgão julgador na atuação do outro ente (senão via ativismo judicial pernicioso, que deve ser coibido).

3.2.3.4. *Hipóteses-tipo de utilização da cooperação para questões operacionais*

Além das situações complexas envolvendo os bens e interesses do devedor, oportuno trazer ao leitor hipóteses-tipo de utilização da cooperação no contexto recuperacional para gestão adequada de questões mais simples, de cunho operacional, mas que, igualmente, demandam uma atuação coordenada e colaborativa dos órgãos julgadores, com vistas a imprimir maior eficiência ao processo recuperacional e evitar provimentos jurisdicionais conflitantes.

3.2.3.4.1. Desbloqueio de bens constritos para pagamento de dívidas concursais, transferência de recursos do devedor ao juízo da recuperação judicial e extinção das execuções

Um dos conflitos de competência mais comuns envolve a constrição de bens do devedor para satisfação de verbas concursais[59]. Em algumas vezes, há bens ou valores penhorados ou depositados à disposição do juízo individual por ocasião do deferimento do processamento da recuperação judicial. Em outras situações, pode ocorrer de os ativos serem penhorados, arrestados ou sequestrados no curso da recuperação judicial, contrariando a ordem de suspensão dos incisos do art. 6º da LREF.

A questão é que, tratando-se de verba submetida aos efeitos do plano, em nenhum cenário esses recursos poderão ser levantados pelos credores para satisfação de suas obrigações. Com a aprovação e a homologação do plano e, consequentemente, com a concessão da recuperação judicial ao devedor,

---

59. "O conflito de competência que vem se tornando comum nos processos de recuperação judicial tem como atores a Justiça do Trabalho que, em muitos casos, mesmo havendo recuperações aprovadas e até mesmo planos em fase de implementação, entende ser competente para prosseguir com a fase executória das reclamações e a Justiça Comum, competente para processar as recuperações judiciais, que tem entendido que uma vez deferida a recuperação judicial, a competência para decidir sobre a constrição ou alienação de qualquer ativo da empresa é dela". (WAISBERG, Ivo. Justiça do trabalho e recuperação judicial. *Revista de Direito Bancário e do Mercado de Capitais*, São Paulo, v. 37, p. 245-258, jul.-set. 2007).

os créditos submetidos à recuperação judicial são novados na forma do art. 59 da LREF e deverão ser satisfeitos na forma do plano.

Com a novação, deixa de existir o inadimplemento que havia justificado a adoção de medidas constritivas contra o patrimônio do devedor antes do processamento do pedido[60]. Por essa razão, afirma-se que a novação operada na forma do plano, ainda que sob condição resolutiva[61], é causa de extinção das execuções em curso nos juízos individuais, sobretudo porque, caso o plano não seja aprovado (e os credores deixem de optar pela deliberação de um plano alternativo, na forma do art. 56, § 4º), impõe-se a decretação da falência do devedor com a arrecadação de todos os seus bens para a satisfação da coletividade de credores, aqui incluídos aqueles que, inicialmente, não estariam submetidos aos efeitos do plano.

Portanto, uma vez deferido o processamento do pedido e a não ser que os credores concordem, em assembleia, com o pedido de desistência formulado pelo devedor (art. 52, § 4º, da LREF), em nenhuma hipótese as ações judiciais que demandem do devedor o pagamento de quantias líquidas submetidas aos efeitos do plano poderão prosseguir em seus respectivos juízos[62], justificando-se que todos os bens e recursos penhorados e/ou depositados à disposição de juízos individuais sejam remetidos ao juízo da recuperação judicial e, naturalmente, destinados ao cumprimento de obrigações do próprio plano e das obrigações correntes do devedor.

Nesse sentido, são diversas as decisões do STJ atribuindo competência ao juízo da recuperação judicial para a execução das verbas concursais, isto é, para promover o pagamento na forma do plano, após a liquidação do valor no juízo competente. Como a ordem de suspensão das ações não apenas impõe a interrupção da prática de atos constritivos, como impede a expropriação de eventual ativo que já esteja à disposição do juízo responsável pela execução ou cumprimento de sentença, a jurisprudência do STJ formou-se pela necessidade de transferência de eventuais recursos penhorados ou depositados (incluídos, aqui, os chamados "depósitos recursais" exigidos

---

60. SACRAMONE, Marcelo Barbosa. *Comentários à lei de recuperação de empresas e falência*. 2. ed., São Paulo: Saraiva, 2021. p. 93.

61. Vide nota 65 deste livro.

62. Há entendimento do STJ sobre a possibilidade de o credor que não tenha sido habilitado na recuperação judicial ajuizar ou prosseguir com a sua execução após o encerramento da recuperação judicial, o qual esgota a jurisdição do juízo recuperacional. Ainda assim, o STJ esclareceu, em sede de embargos de declaração, que, em razão da novação operada na forma do art. 59 da Lei nº. 11.101/2005, a satisfação da dívida deverá ocorrer na forma e condições do plano de recuperação judicial homologado. Portanto, em nenhum cenário a execução individual poderá prosseguir para satisfação da obrigação nas condições originarias, admitindo-se, no máximo, em caso de ausência de habilitação, a retomada da execução para pagamento da dívida na forma do plano. (BRASIL. Superior Tribunal de Justiça (4. Turma). EDcl no REsp n. 1.851.692/RS. Relator: Min. Luis Felipe Salomão, 24 de maio de 2022. *Diário de Justiça Eletrônico:* 9 de setembro de 2022).

na Justiça do Trabalho) perante os juízos individuais para uma conta judicial vinculada ao juízo da recuperação judicial[63].

Como dito acima, a aprovação do plano também é causa de extinção das execuções de verbas concursais de credores listados no quadro geral de credores que estão sendo pagos na forma do plano[64]. É que, ocorrendo o inadimplemento do plano, três caminhos podem ser adotados pelos credores: (i) caso o inadimplemento se dê durante o período de fiscalização judicial (cf. art. 61, *caput*), a hipótese é de convolação da recuperação em falência; (ii) após o encerramento da recuperação judicial por sentença, qualquer credor poderá, em caso de inadimplemento, promover a execução específica da obrigação assumida no plano de recuperação; ou (iii) pedir a falência do devedor, nos termos do art. 94 da LREF[65]. Portanto, de uma forma ou de outra, o caminho natural é a extinção das execuções individuais.

Todas essas questões justificam que o juízo da recuperação judicial e os juízos das execuções e cumprimentos de sentença em curso contra o devedor que tenham como objetivo a satisfação de créditos concursais cooperem para garantir que os bens e recursos eventualmente à disposição desses juízos sejam imediatamente desbloqueados ou colocados à disposição do juízo da recuperação judicial, bem como que as execuções sejam extintas tão logo o plano seja aprovado.

Essa cooperação pode ser iniciada pelo simples envio de um comunicado informando ao juízo individual a concursalidade da verba e solicitando a transferência de recursos ou o levantamento de constrições. O uso da cooperação, nessas hipóteses, é a medida mais adequada para evitar prejuízos concretos ao devedor e a sobreposição de execuções de um mesmo crédito. Afinal, durante a fase de cumprimento do plano, não há dúvidas de que o

---

63. "[...] É da competência do juízo da recuperação a execução de créditos líquidos apurados em outros órgãos judiciais, inclusive a destinação dos depósitos recursais feitos no âmbito do processo do trabalho." (BRASIL. Superior Tribunal de Justiça (2. Seção). CC n. 162.769/SP. Relatora: Min. Maria Isabel Gallotti, 24 de junho de 2020. *Diário de Justiça Eletrônico:* 30 de junho de 2020).

64. Nesse ponto, o STJ mitiga a aplicação do art. 6º, § 4º, da LREF, que asseguraria aos credores o direito de prosseguir em suas execuções individuais após o transcurso do *stay period* por entender que sua aplicação não se coaduna com o escopo da recuperação judicial: "O entendimento desta Corte preconiza que, via de regra, deferido o processamento ou, posteriormente, aprovado o plano de recuperação judicial, é incabível a retomada automática das execuções individuais, mesmo após decorrido o prazo de 180 dias previsto no art. 6º, § 4º, da Lei 11.101/2005". (BRASIL. Superior Tribunal de Justiça (2. Seção). AgRg no CC n. 130.138/GO. Relator: Min. Raul Araújo, 9 de outubro de 2013. *Diário de Justiça Eletrônico:* 21 de novembro de 2013).

65. (i) BRASIL. Superior Tribunal de Justiça (4. Turma). Recurso Especial nº 1.272.697/DF. Relator: Min. Luis Felipe Salomão, 2 de junho de 2015. *Diário de Justiça Eletrônico:* 18 de junho de 2015; (ii) BRASIL. Superior Tribunal de Justiça (2. Seção). AgRg no CC 132.285/SP. Relator: Min. Ricardo Villas Bôas Cueva, 14 de maio de 2014. *Diário de Justiça Eletrônico:* 19 de maio de 2014; (iii) BRASIL. Superior Tribunal de Justiça (2. Seção). AgRg no CC 125.697/SP. Relator: Min. Paulo de Tarso Sanseverino, 4 de fevereiro de 2013. *Diário de Justiça Eletrônico:* 15 de fevereiro de 2013.

processo recuperacional ganha uma feição executiva, que tem como título executivo o contrato coletivo firmado com os credores, sendo indevida qualquer tentativa de satisfação no juízo individual do crédito novado concomitantemente ao cumprimento do plano.

Como bem aponta Renata Dezem, apesar da previsão legal de suspensão das execuções e do entendimento do STJ sobre a competência do juízo da recuperação judicial para decidir sobre constrições (que também pode ser extraída dos poderes implícitos de proteção do patrimônio do devedor), o fato de o juízo individual praticar o ato já indica que ele se reconheceu competente, tornando necessário remediar a questão via conflito, já que são juízos de mesma hierarquia[66]. Portanto, na prática, ou esse embate é resolvido por cooperação judiciária ou por conflito de competência, do que se denota que o uso da cooperação é o meio mais eficaz de evitar-se novos conflitos.

3.2.3.4.2. Definição da natureza do crédito (concursal ou extraconcursal), considerando a data do ajuizamento do pedido e o fato gerador da obrigação

Em algumas situações, é possível que a atuação sobreposta do juízo individual e do juízo recuperacional na satisfação de dívidas encontre razão na existência de uma dúvida objetiva sobre a concursalidade da verba. Tratando-se de verba extraconcursal, o juízo individual pode entender pelo cabimento de determinada medida constritiva.

Embora isso não afaste a competência *ad actum* do juízo da recuperação judicial sobre a análise da essencialidade do bem que, eventualmente, tenha sido constrito, há uma questão antecedente que pode ser remediada por cooperação judiciária: o estabelecimento de critérios para definir se o crédito está ou não sujeito aos termos do plano.

Historicamente, o STJ atribui ao juízo recuperacional a competência para decidir sobre a natureza do crédito (concursal ou extraconcursal), já que essa análise integra o processo de verificação e classificação das verbas[67].

---

66. DEZEM, Renata Mota Maciel Madeira. *A universalidade do juízo da recuperação judicial.* São Paulo: Quartier Latin, 2017. p. 325.

67. "[...] É inviável, na estreita sede do conflito de competência, a deliberação acerca da natureza extraconcursal do crédito, o que é da estrita competência do Juízo da recuperação, a partir daí cabendo, se for o caso, os recursos pertinentes." (BRASIL. Superior Tribunal de Justiça (2. Seção). CC n. 153.473/PR. Relatora: Min. Maria Isabel Gallotti. Relator para acórdão: Min. Luis Felipe Salomão, 9 de maio de 2018. *Diário de Justiça Eletrônico:* 26 de junho de 2018). Por sinal, o STJ recentemente decidiu que a concursalidade definida pelo juízo da recuperação judicial não pode ser alterada posteriormente nos autos de ação autônoma. (BRASIL. Superior Tribunal de Justiça (3. Turma). Recurso Especial n. 1.963.556/SC. Relatora: Min. Nancy Andrighi, 7 de dezembro de 2021. *Diário de Justiça Eletrônico:* 13 de dezembro de 2021).

Ocorre que nada impede que essa verificação seja realizada por cooperação judiciária para fins de consulta, bastando que o juízo da recuperação judicial informe aos juízos individuas que processam execuções contra o devedor os critérios a serem observados na definição da natureza do crédito (se submetido ou não ao concurso).

Essa verificação demanda, basicamente, a identificação de dois dados: (i) do dia do ajuizamento do pedido da recuperação judicial, que é a data de corte para a identificação dos créditos sujeitos aos efeitos da recuperação judicial, ainda que não vencidos, excetuados os créditos dos §§ 3º e 4º do art. 49 da LREF; e (ii) do fato gerador da obrigação inadimplida e que é objeto da execução em curso contra o devedor[68].

Desse modo, uma vez constatado pelo juízo individual que se trata de crédito extraconcursal, a possibilidade de prosseguimento dessa execução, em específico, poderá ser comunicada ao juízo recuperacional, até mesmo para que este já se manifeste sobre a possibilidade de eventual adoção de atos constritivos contra o patrimônio do devedor objetivando o cumprimento da obrigação extraconcursal e considerando-se todos os aspetos relevantes a tal análise.

3.2.3.4.3. Coordenação das fases de liquidação e habilitação dos créditos trabalhistas

Por expressa previsão do art. 6º, § 2º, da LREF, as reclamações trabalhistas prosseguem em seus respectivos juízos até a liquidação do valor devido para posterior habilitação no quadro geral de credores da recuperação judicial[69]. Com base nessa previsão, o STJ já teve a oportunidade de afirmar, diversas vezes, que a competência do juízo individual se esgota na liquidação do valor[70].

---

68. A Segunda Seção do STJ, sob o rito dos recursos especiais repetitivos (Tema 1.051), estabeleceu a tese de que, para o fim de submissão aos efeitos da recuperação judicial, considera-se que a existência do crédito é determinada pela data em que ocorreu seu fato gerador. (BRASIL. Superior Tribunal de Justiça (2. Seção). REsp n. 1.843.332/RS. Relator: Min. Ricardo Villas Bôas Cueva, 9 de dezembro de 2020. *Diário de Justiça Eletrônico:* 17 de dezembro de 2020).

69. "Art. 6º [...]

    § 2º É permitido pleitear, perante o administrador judicial, habilitação, exclusão ou modificação de créditos derivados da relação de trabalho, mas as ações de natureza trabalhista, inclusive as impugnações a que se refere o art. 8º desta Lei, serão processadas perante a justiça especializada até a apuração do respectivo crédito, que será inscrito no quadro-geral de credores pelo valor determinado em sentença."

70. "[...] É iterativo o entendimento do STJ, no sentido de que 'compete à Justiça do Trabalho apreciar e julgar os pedidos formulados em ações versando sobre apuração dos créditos individuais trabalhistas promovidos contra empresas falidas ou em recuperação judicial – Lei 11.101/2005. Ultrapassada, no entanto, a fase de apuração e liquidação dos referidos créditos trabalhistas, os montantes apurados deverão ser habilitados nos autos da falência ou da recuperação judicial para posterior pagamento.'

Por outro lado, o art. 9º, II, da LREF é claro ao prever que o pedido de habilitação de crédito deve indicar "o valor do crédito, atualizado até a data da decretação da falência ou do pedido de recuperação judicial, sua origem e classificação". Nada obstante isso, não raras vezes o juízo do trabalho deixa de observar a data do ajuizamento do pedido, fazendo com que o pedido de habilitação seja instruído com uma certidão de crédito apontando um valor superior ao devido, atualizado até a data de sua expedição ou até a data da sentença, que pode ser posterior ao ajuizamento[71].

A razão para que os encargos incidam sobre os créditos concursais até a data do ajuizamento do pedido é bastante lógica: todos os credores devem ser habilitados no quadro geral de credores pelo valor de face dos créditos na data em que é instaurada a recuperação judicial, visto que o plano passará a reger as novas condições de pagamento a partir dessa data e tendo como base o valor de face do crédito. Admitir a habilitação de créditos atualizados de forma distinta causaria um tratamento desigual entre credores de uma mesma classe[72].

Considerando-se que a parte final do § 2º do art. 6º determina que o crédito trabalhista será "inscrito no quadro-geral de credores pelo valor determinado em sentença" – o qual não raras vezes está errado –, o problema foi precisamente identificado nas razões que levaram à elaboração do Enunciado 73 da II Jornada de Direito Comercial, que condiciona a eficácia da parte final do § 2º à correta atualização do crédito trabalhista "para não se ferir a *par condicio creditorum* e observarem-se os arts. 49, *caput*, e 124 da Lei n. 11.101/2005".

Na prática, caso o valor seja atualizado de forma equivocada, caberá ao administrador judicial o refazimento dos cálculos, gerando um trabalho adicional que, certamente, pode ser evitado se os juízos coordenarem as fases de liquidação e habilitação de crédito fazendo uso da cooperação judiciária[73].

(ut. CC 155.496/RJ, Rel. Min. Marco Aurélio Bellizze, DJe de 06/04/2020) Precedentes. [...]" (BRASIL. Superior Tribunal de Justiça (2. Seção). AgInt nos EDcl no CC n. 168.556/PR. Relator: Min. Marco Buzzi, 28 de setembro de 2021. *Diário de Justiça Eletrônico:* 1º de outubro de 2021).

71. O problema foi identificado por Renata Dezem: "[...] Na prática, porém, não é o que acontece, porque os juízos do trabalho normalmente não observam que os créditos devem ser atualizados até a data da decretação da falência ou do pedido de recuperação judicial, assim como devem ser individualizadas as origens e a classificação dos créditos, o que acaba por apresentar situação de completa incongruência, na medida em que, não obstante a sentença trabalhista e a apuração do crédito perante a justiça laboral, o juízo da recuperação judicial necessitará refazer os cálculos [...]" (DEZEM, Renata Mota Maciel Madeira. A Universalidade do Juízo da Recuperação Judicial. São Paulo: Quartier Latin, 2017. p. 299).

72. SACRAMONE, Marcelo Barbosa. *Comentários à lei de recuperação de empresas e falência*. 2. ed., São Paulo: Saraiva, 2021. p. 125.

73. "[...] pode-se sustentar, com toda a segurança, que a coordenação entre juízos do trabalho e concursal importaria em um ganho de tempo excepcional e benéfico a todos os interessados." (DEZEM,

3.2.4. As boas práticas cooperativas em matéria de recuperação judicial

Na linha do que se propôs acima, é relevante mencionar a celebração de alguns termos de cooperação judiciária em matéria de recuperação judicial.

Em 17 de janeiro de 2023, o TJ/RJ e o TRT-1, representados pelos seus respectivos Presidentes e contando com a intermediação dos Núcleos de Cooperação Judiciária, firmaram o denominado "Ato Concertado de Cooperação Jurisdicional", tendo como objetivo, em suma, tratar adequadamente os créditos concursais da classe trabalhista submetidos à recuperação judicial de empresas sediadas no Estado do Rio de Janeiro e viabilizar a troca de informações entre os tribunais[74].

O referido ato regulamenta, dentre outras questões, o envio da relação de processos trabalhistas em curso contra o devedor ao juízo da recuperação judicial, com a identificação dos casos em fase de conhecimento, liquidação e execução. O objetivo é permitir a célere habilitação dos créditos em fase de execução e reservar valores para aqueles que ainda não tiverem sido liquidados.

Além disso, na linha do que sugerimos no tópico 3.2.3.4.1 deste livro, o ato prevê que valores eventualmente penhorados pelos juízos do trabalho não serão levantados pelos reclamantes, cabendo ao órgão centralizador das execuções, integrante do TRT-1, disponibilizar os recursos penhorados ao juízo da recuperação judicial e ao administrador judicial.

Com objetivos similares, o TJ/PE, o TRF-5 e o TRT-6, também por meio de seus respectivos Presidentes e com a intermediação dos Núcleos de Cooperação Judiciária, firmaram, em 28 de março de 2023, o "Termo de Cooperação Judiciária" visando articular a prática de atos de cooperação pelos seus órgãos julgadores, considerando que "há diversas ações e execuções contra empresas em recuperação judicial, havendo a necessidade de aperfeiçoar a comunicação com as unidades judiciárias estaduais que processam as recuperações judiciais, bem como o fato de serem comuns atos constritivos oriundos das varas federais e trabalhistas que podem implicar prejuízo à recuperação judicial"[75].

Renata Mota Maciel Madeira. *A universalidade do juízo da recuperação judicial.* São Paulo: Quartier Latin, 2017. p. 300).

74. PODER JUDICIÁRIO DO ESTADO DO RIO DE JANEIRO. Tribunal de Justiça do Rio e TRT-1 assinam ato sobre processos de recuperação judicial. *Assessoria de Imprensa*, Rio de Janeiro, 24 de janeiro de 2023. Disponível em: https://www.tjrj.jus.br/noticias/noticia/-/visualizar-conteudo/5111210/135464719. Acesso em: 19 fev. 2023.

75. PODER JUDICIÁRIO DO ESTADO DE PERNAMBUCO. Presidência do Tribunal de Justiça do Estado de Pernambuco. Termo de cooperação Judiciária. *Diário de Justiça Eletrônico*, Ed. 58, 2023, Recife, 29 de março de 2023.

Segundo prevê o item 1.1 do referido termo de cooperação, no caso de deferimento do processamento de uma recuperação judicial, os juízos estaduais responsáveis deverão expedir um ofício eletrônico aos Núcleos de Cooperação Judiciária do TJ/PE, do TRF-5 e do TRT-6, informando os principais dados do processo recuperacional – a data da distribuição do pedido e o nome do administrador judicial, dentre outras informações – e solicitando o envio da lista com todos os processos em fase de conhecimento, liquidação e execução que tramitem em cada um dos tribunais em face do devedor. A providência revela-se salutar, na medida em que permitirá ao juízo da recuperação judicial, por exemplo, o imediato conhecimento das ações que permanecerão em trâmite paralelamente ao processo de soerguimento.

Indo além, esse termo de cooperação regulamenta o chamado "ato concertado de substituição da penhora", com o objetivo de sugerir um passo a passo a ser seguido pelos órgãos julgadores para fins de cumprimento dos §§ 7º-A e 7º-B do art. 6º da LREF.

Segundo o procedimento sugerido no termo, uma vez realizada a penhora pelo juízo individual, o devedor deverá ser intimado para se manifestar sobre a eventual essencialidade do bem alvo da constrição e, caso não aponte a essencialidade, a execução prosseguirá. Porém, apontada a essencialidade do bem pelo devedor, caberá ao juízo individual revogar de imediato o ato ou, mantendo-o, comunicar a sua decisão ao juízo da recuperação judicial, ao qual competirá deliberar sobre a efetiva essencialidade do bem constrito, determinando a sua manutenção, a substituição do bem por outro que não seja essencial ou a ineficácia do ato de penhora. Uma vez informado sobre a decisão do juízo da recuperação judicial acerca da substituição ou do cancelamento do ato de penhora, o termo prevê a adoção das medidas processuais cabíveis pelo juízo individual, incluindo a intimação do credor sobre o quanto decidido. Por outro lado, em caso de inclusão do bem em leilão, o juízo da recuperação judicial deverá ser informado pelo juízo individual.

O termo recomenda, ainda, que os juízos individuais evitem a penhora de ativos financeiros e, em caso de realização de constrição dessa natureza, comuniquem o juízo da recuperação judicial.

De forma bastante similar, o TRF-2, o TJ/RJ e o TRT-1 celebraram, em 23 de janeiro de 2024, o "Acordo de Cooperação nº. TRF-2-ACC-2024/00005", também representados pelos respectivos Presidentes dos tribunais signatários. O referido acordo prevê a comunicação entre os tribunais sobre o deferimento do processamento de recuperações judiciais no Estado do Rio de Janeiro, como forma de identificar e mapear os processos judiciais que podem ser suspensos ou, em alguma medida, impactados pelo processamento do processo de reestruturação[76].

Além disso, também conta com o estabelecimento de um rito a ser observado pelos juízos em caso de penhora de bens do devedor, descrito no item 3 do Acordo de Cooperação. Segundo o item 3.3, ao deliberar sobre a essencialidade do bem, poderá o juízo da recuperação judicial manter a constrição (caso o bem não seja essencial), determinar a substituição por outro bem idôneo ou propor ao juízo individual que tenha realizado a penhora a celebração de um ato concertado "para atuação conjunta em busca de uma solução mais adequada". Ou seja, na hipótese de não ser possível, naquele momento, manter a penhora senão em prejuízo da preservação da empresa, o próprio termo de cooperação sugere que os órgãos julgadores cooperem em busca de uma solução que pondere todos os interesses envolvidos.

Por fim, o Acordo de Cooperação nº. TRF-2-ACC-2024/00005 dispõe, no item 4.4, sobre a forma de expedição da certidão de crédito pelo juízo individual trabalhista após a liquidação da verba, com vistas a garantir a sua célere habilitação na recuperação judicial, bem como estabelece a destinação de eventuais recursos que estejam depositados em outros juízos, a exemplo dos depósitos recursais em processos trabalhistas.

Embora ainda não seja possível constatar, na prática, todos os ganhos de eficiência projetados pelos tribunais com a celebração desses acordos de cooperação judiciária, a prática de atos dessa natureza demonstra louvável engajamento de tribunais integrantes dos diferentes ramos da Justiça no objetivo comum de aprimorar o processamento das recuperações judiciais e a tramitação paralela dos processos judiciais impactados pelo seu ajuizamento.

3.2.5. O exercício coordenado de competências no combate à proliferação de conflitos de competência

Por tudo que apresentamos ao leitor até aqui, não há dúvidas de que o uso da cooperação é o arremate que falta à universalização eficiente do juízo recuperacional, tanto para o adequado tratamento de questões complexas (que exijam a visão universal do juízo da recuperação no processo decisório) quanto para a gestão eficiente de questões operacionais, igualmente relevantes para a consecução célere dos objetivos da reestruturação.

Precisamente à luz do § 7º-B do art. 6º da LREF, o STJ tem exigido, para o conhecimento de conflito de competência entre o juízo da recuperação

76. TRIBUNAL REGIONAL FEDERAL DA 2ª REGIÃO. *Acordo de cooperação judiciária nos Processos de Recuperação Judicial*. Rio de Janeiro, 23 de janeiro de 2024. Disponível em: https://static.trf2.jus.br/nas-internet/documento/transparencia/acordos/2024/03-acordo-cooperacao-judiciaria-trf2-trt1-tjrj.pdf. Acesso em: 28 jun. 2024.

judicial e o juízo da execução fiscal envolvendo a constrição de bens essenciais do devedor, a demonstração da materialização da oposição concreta entre os órgãos julgadores[77]. A reforma tende, portanto, a reduzir os conflitos positivos de competência que chegam ao STJ envolvendo esses juízos, a não ser que os órgãos julgadores se recusem (ou deixem de se engajar como se espera) na adoção dos meios cooperativos.

É relevante mencionar que há outras situações em que o STJ vem sinalizando a preferência pela adoção de meios cooperativos em detrimento da tentativa de condicionamento de um juízo à atuação do outro. Por certo, na falta da positivação de um dever específico de cooperação, o STJ não possui meios de obstar o conhecimento do conflito, mas o estímulo à cooperação é de todo válido na difícil tarefa de semear as práticas cooperativas, sobretudo porque é inegável a potencialidade da cooperação judiciária na prevenção dos conflitos[78].

Em um conflito de competência envolvendo o juízo que processa a recuperação judicial da Samarco Mineração S.A. e o juízo da 12ª Vara Federal de Belo Horizonte, responsável pelo processamento das demandas envolvendo o rompimento da Barragem do Fundão, em Mariana/MG, o STJ destacou que os órgãos jurisdicionais devem tentar acomodar a reorganização da atividade empresarial e o cumprimento das obrigações assumidas pela Samarco junto à Fundação Renova em Termo de Acordo celebrado no juízo federal, o qual regula a reparação dos danos ocasionados às inúmeras vítimas do desastre ambiental[79]. No caso, o cabimento da cooperação foi levantado a partir da previsão geral do art. 69, § 3º, do CPC, que trata do uso da cooperação entre órgãos jurisdicionais de diferentes ramos do Poder Judiciário.

Já na seara do Direito da criança e do adolescente, o STJ reconheceu a competência do juízo do domicílio da residência do adolescente para decidir, sob o prisma do melhor interesse, sobre a possibilidade de o menor participar de espetáculos públicos, inclusive realizados em outras comarcas.

A fixação da competência nesses moldes teve como fundamento, ainda que não expressamente adotado, o princípio da competência adequada, visto que restou consignado no acórdão que o juízo do domicílio do menor é o "que possui maior proximidade com a entidade familiar, conhece seu perfil,

---

77. BRASIL. Superior Tribunal de Justiça (2. Seção). CC n. 181.190/AC. Relator: Min. Marco Aurélio Bellizze, 30 de novembro de 2021. *Diário de Justiça Eletrônico*: 7 de dezembro de 2021.

78. Sobre a prevenção e a eliminação de conflitos de competência por cooperação judiciária, ver: CUNHA, Leonardo Carneiro da. O conflito de competência no âmbito da cooperação judiciária nacional. *In*: DIDIER JR., Fredie; CABRAL, Antonio do Passo (Coord.). *Cooperação judiciária nacional*. São Paulo: Juspodivm, 2021. p. 607-624.

79. BRASIL. Superior Tribunal de Justiça. CC 185.203/MG. Relator: Min. Og Fernandes, 17 de dezembro de 2021. *Diário de Justiça Eletrônico*: 1º de fevereiro de 2022.

as suas necessidades e possibilidades". A despeito disso, o STJ destacou que as condições a que o adolescente será exposto podem ser fornecidas com mais precisão (considerando o distanciamento físico) pelo juízo da comarca onde a atividade será realizada.

Quer dizer, embora o STJ tenha fixado a competência no juízo do domicílio do menor, não afastou a aptidão cognitiva do juízo do local da atividade para o fornecimento de informações, destacando, ao final do acórdão, que "o hipotético prejuízo decorrente da concentração da competência do juízo da comarca do domicílio [...] pode ser drasticamente reduzido, quiçá eliminado, se porventura vier a ser utilizado, de maneira adequada, o instituto da cooperação judiciária nacional"[80].

Em todos esses casos, a sinalização do STJ pela adoção dos meios cooperativos em situações nas quais inexiste um dever específico de cooperação reforça que a colaboração é um dever geral atribuído a todos os órgãos do Poder Judiciário, em especial na gestão de questões complexas envolvendo a atuação de mais de um órgão julgador.

Especificamente no contexto recuperacional, em qualquer cenário, o uso de cooperação deve ser preferencial, considerando-se a complexidade das questões suscitadas, os múltiplos interesses envolvidos e o interesse público que permeia a recuperação judicial.

A título de exemplo, menciona-se a tentativa de cooperação judiciária intentada pelo juízo da 4ª Vara Empresarial da Comarca da Capital do Estado do Rio de Janeiro, responsável pelo processamento da falência de uma empresa (processo nº 0405866-57.2016.8.19.0001). Como outra empresa do grupo empresarial estava submetida a processo de recuperação judicial em curso no juízo da 1ª Vara Empresarial de Belo Horizonte/MG (processo nº 2988666-18.2014.8.13.0024), o juízo do Rio de Janeiro, com o auxílio do administrador judicial, iniciou tratativas para o estabelecimento de uma cooperação.

---

80. Confira-se o seguinte trecho do acórdão: "[...] o hipotético prejuízo decorrente da concentração da competência do juízo da comarca do domicílio do adolescente para autorizar a participação do recorrente em eventos como disc-jockey, em especial em comarcas distintas, pode ser drasticamente reduzido, quiçá eliminado, se porventura vier a ser utilizado, de maneira adequada, o instituto da cooperação judiciária nacional. [...] Como se percebe, o juízo da comarca do domicílio do adolescente poderá, de maneira muito mais simples e objetiva, solicitar providências ou obter informações a quaisquer outros juízos de comarcas em que o recorrente se apresentar, seja antes ou após o evento, a fim de verificar se as diretrizes estabelecidas estão sendo fielmente cumpridas, se há necessidade de ajustes ou aprimoramentos e, enfim, se está sendo concretizado o princípio do melhor interesse". (BRASIL. Superior Tribunal de Justiça. (3. Turma). Recurso Especial 1.947.740/PR. Relatora: Min. Nancy Andrighi, 5 de outubro de 2021. *Diário de Justiça Eletrônico*: 8 de outubro de 2021).

Em suma, diante da sobreposição de ativos e da identidade parcial do quadro geral de credores, o juízo do Rio de Janeiro sugeriu ao juízo de Belo Horizonte a celebração de um termo de cooperação, tendo como objetivo, principalmente, coordenar a arrecadação de ativos e o pagamento dos credores após a unificação dos quadros, evitando-se, com isso, pagamentos duplicados.

Ocorre que, segundo informado pelo juízo fluminense nos autos da falência, o juízo mineiro não retornou sobre a possibilidade de cooperação, dando seguimento aos procedimentos de alienação dos ativos arrecadados em Belo Horizonte, em claro prejuízo aos credores da massa falida – o que, aliás, acabou chegando ao STJ via conflito de competência[81].

Após o STJ conceder a tutela para suspender os atos de alienação do patrimônio iniciados pelo juízo mineiro[82], a situação acabou sendo contornada mediante a reunião dos feitos por conexão perante o juízo do Rio de Janeiro, especialmente porque a recuperação judicial em curso em Belo Horizonte foi convolada em falência[83].

Apesar de o termo de cooperação não ter sido efetivamente firmado, é digno de nota o engajamento do juízo do Rio de Janeiro em tentar contornar, via cooperação judiciária, os problemas práticos decorrentes da coexistência de mais de um juízo competente para decidir sobre questões atinentes aos bens e interesses do devedor.

Há outro relevante exemplo, também oriundo do TJ/RJ, embora não tenha sido, na ocasião, identificado como uma prática colaborativa. Nos autos de uma das maiores recuperações judiciais do país (processo

81. "Assim, visando permitir uma atuação conjunta/coordenada entre este Juízo Falimentar da holding e o Juízo da controlada, até então Recuperacional, buscou-se, com lastro no artigo 69 do CPC, uma cooperação judicial, inicialmente voltada para a troca de informações entre os feitos, de forma a permitir uma integralização das medidas tendentes à satisfação dos créditos dos credores, seja em sede falimentar da holding, seja em sede de Recuperação Judicial da controlada (caso reformada fosse a sentença de quebra da MMX Sudeste Mineração S/A). A providência, registre-se, foi buscada pela antiga Administração Judicial com a ressalva de que, eventualmente confirmada a quebra da operacional MMX Sudeste Mineração S/A, fosse analisada a necessidade de unificação das falências, com arrecadação de todos os bens/direitos das sociedades para pagamento do quadro geral de credores do grupo, em estreita observância da ordem legal prevista no artigo 83 da Lei nº 11.101/2005, que, inclusive, contou com o integral acolhimento do Ministério Público, conforme manifestação de fls. 10.340. O pedido de cooperação foi instrumentalizado através das manifestações da Administração Judicial de fls. 10.630/2 e 11.863/8, com expedições de ofício ao Juízo da 1ª Vara Empresarial de Belo Horizonte/MG, sem registro de resposta até a presente data" (RIO DE JANEIRO. Tribunal de Justiça do Estado do Rio de Janeiro. *Processo nº 0405866-57.2016.8.19.0001*. Juízo da 4ª Vara Empresarial da Comarca do Rio de Janeiro. Juiz de Direito Paulo Assed Estefan, data 26 de setembro de 2022. Decisão em: 26 de setembro de 2022.).

82. BRASIL. Superior Tribunal de Justiça. CC nº 183.402/MG. Relator: Min. Paulo de Tarso Sanseverino, 13 de setembro de 2022.

83. Conforme decisão judicial proferida no processo nº 0405866-57.2016.8.19.0001, em 26 de setembro de 2022 (RIO DE JANEIRO. Tribunal de Justiça do Estado do Rio de Janeiro. *Processo nº 0405866-57.2016.8.19.0001*. Juízo da 4ª Vara Empresarial da Comarca do Rio de Janeiro. Juiz de Direito Paulo Assed Estefan, data 26 de setembro de 2022. Decisão em: 26 de setembro de 2022.).

n.º 0203711-65.2016.8.19.0001), o juízo da 7ª Vara Empresarial do Rio de Janeiro decidiu atuar para além das relações concursais, estabelecendo uma forma eficiente de pagamento de créditos extraconcursais paralelamente ao cumprimento do plano.

Em suma, após a aprovação do plano de recuperação judicial, o juízo solicitou à presidência do tribunal a expedição de "aviso" aos juízos individuais sobre a possibilidade de prosseguimento dos processos, anotando a necessidade de extinção daqueles cujos créditos seriam pagos na forma do plano, bem como a possibilidade de prosseguimento das execuções de verbas extraconcursais, ressalvada a competência do juízo da recuperação judicial para decidir sobre o cabimento de atos constritivos.

Diante das centenas de solicitações recebidas dos juízos individuais indagando sobre a possibilidade de satisfação de verbas extraconcursais, o juízo fluminense, embora ciente de que a matéria "fugia" de sua competência originária, homologou uma proposta apresentada pelo devedor que previa uma forma eficiente e racional de satisfação de créditos extraconcursais. Com isso, passou a coordenar as investidas intentadas pelos juízos individuais a requerimento dos credores extraconcursais, as quais poderiam comprometer a manutenção das atividades e o comprimento do plano aprovado.[84]

Os juízos impactados pela medida foram novamente comunicados, via "aviso da presidência", sobre a homologação da proposta e seus pedidos de pagamento passaram a ser direcionados a um incidente específico, instaurado com o objetivo de tratamento paralelo dessa questão, sob a fiscalização do administrador judicial.

É relevante notar que a validade dos critérios de pagamento empregados pelo juízo da recuperação judicial foi confirmada pelo STJ. Em sede de recurso especial extraído de um cumprimento de sentença de crédito extraconcursal, a Corte Superior consignou que os encargos previstos no art. 523 do CPC passariam a incidir somente após o recebimento da comunicação do juízo da recuperação judicial autorizando o depósito[85].

Até se poderia argumentar que o ato ultrapassou os limites da competência do juízo recuperacional, que não poderia decidir sobre a satisfa-

---

84. Em suma, nos termos da proposta, o devedor comprometeu-se a disponibilizar R$ 4 milhões mensalmente para pagamento dos credores extraconcursais, de acordo com a relação confeccionada pelo administrador judicial, a partir do recebimento dos ofícios oriundos dos juízos responsáveis pelo processamento das execuções, organizados por ordem cronológica de recebimento. Uma vez definidos os credores contemplados em cada mês, o administrador judicial comunicava o devedor para que efetuasse os depósitos judiciais nos respectivos juízos individuais (Processo nº 0203711-65.2016.8.19.0001, decisão judicial proferida em 2 de maio de 2018).
85. BRASIL. Superior Tribunal de Justiça (3. Turma). REsp n. 1.953.197/GO. Relatora: Min. Nancy Andrighi, 5 de outubro de 2021. *Diário de Justiça Eletrônico:* 8 de outubro de 2021.

ção de créditos não submetidos ao concurso. A nosso sentir, essa visão é limitada e não se coaduna com a visão cooperativa de processo. Além de desconsiderar a competência implícita do juízo recuperacional para proteger o patrimônio do devedor mesmo após o fim do *stay period*, ignora toda a extensão do concurso cooperativo que se forma a partir do deferimento do pedido, o qual exige do magistrado a adoção de técnicas de gestão capazes de equilibrar os interesses envolvidos e proteger os fins almejados com o processo recuperacional.

Por evidente, em caso de ausência de consenso entre os órgãos jurisdicionais envolvidos na prática colaborativa ou de descumprimento do ato cooperado, o conflito de competência será a medida cabível para que se observe a competência do juízo mais adequado para a análise de cada questão[86].

Em todo caso, na hipótese em concreto, a proposta homologada pelo juízo recuperacional – e bem recepcionada pelos juízos individuais (do que se constata que poderia ter sido celebrada mediante cooperação judiciária) – evitou centenas de conflitos de competência, viabilizando uma forma de cumprimento das obrigações extraconcursais sem prejudicar o processo de soerguimento da atividade e a manutenção da empresa. Nessa perspectiva, a medida é louvável, ainda, sob o prisma da administração da Justiça, eis que evitou a prática de atos processuais desnecessários, imprimindo celeridade ao tratamento das questões.

3.3. À GUISA DE CONCLUSÃO: A NECESSÁRIA SUPERAÇÃO DOS ENTRAVES DE ORDEM BUROCRÁTICA E CULTURAL PARA O ADEQUADO DESENVOLVIMENTO DAS PRÁTICAS COOPERATIVAS

Antes mesmo da inclusão dos §§ 7º-A e 7º-B no art. 6º da LREF, o uso da cooperação já era recomendado como meio adequado para resolver questões envolvendo a recuperação de empresas. Os incisos IV e V do § 2º do art. 69 do CPC já previam, dentre as hipóteses exemplificativamente arroladas, o uso da cooperação para "efetivação de medidas e providências para recuperação e preservação de empresas" e "facilitação de habilitação de créditos na falência e na recuperação judicial"[87].

Desse modo, é seguro afirmar que o dever específico de cooperação previsto nos §§ 7º-A e 7º-B no art. 6º da LREF está inserido em um contexto

86. CUNHA, Leonardo Carneiro da. O conflito de competência no âmbito da cooperação judiciária nacional. *In*: DIDIER JR., Fredie; CABRAL, Antonio do Passo (Coord.). *Cooperação judiciária nacional*. São Paulo: Juspodivm, 2021. p. 621.

87. DIDIER JR., Fredie. *Cooperação judiciária nacional*: esboço de uma teoria para o direito brasileiro (arts. 67-69, CPC). São Paulo: Juspodivm, 2020. p. 91-92.

mais amplo de cooperação entre os órgãos julgadores, que deve ser explorado para garantir a melhor coordenação dos juízos em todas as situações em que se concluir, a partir da análise da melhor cognição, que deve ser atribuída competência *ad actum* ao juízo recuperacional, evitando-se a materialização de conflitos[88].

A despeito da alta potencialidade das ferramentas disponíveis no sistema nacional de cooperação judiciária, a sua aplicabilidade pelos juízes ainda é incipiente após anos de vigência do CPC – o que se afirma sem qualquer intenção de minimizar a louvável atuação dos órgãos julgadores que vêm se engajando no uso das técnicas cooperativas, conforme os diversos exemplos citados ao longo do presente livro.

À guisa de conclusão, podemos apontar, sem pretensão exaustiva, algumas razões para o uso incipiente da cooperação judiciária, acompanhadas de medidas que podem modificar esse quadro.

O implemento das múltiplas possibilidades de cooperação, tal como sugerido pelo CNJ na Resolução nº. 350/2020, depende primordialmente de uma mudança cultural dentro do Poder Judiciário, especialmente dos magistrados, que estão acostumados a atuarem sozinhos, como o único dono dos processos que lhes são distribuídos[89].

Nesse sentido, é compreensível a resistência inicial em aceitar a cooperação como técnica que pressupõe, ainda que temporariamente ou para a prática episódica de atos, o compartilhamento de competências jurisdicionais. Por evidente, a receptividade da cultura da cooperação depende do desenvolvimento de uma maior confiança nos mecanismos informais, concebidos a partir das peculiaridades do caso concreto.

Por anos, as formalidades verificadas no curso do processo sedimentaram a ideia de que as garantias das partes somente podem ser alcançadas mediante a observância rígida dos procedimentos preestabelecidos em lei, o que, naturalmente, gera para o julgador a ideia de que a criação de um procedimento por ato cooperado pode ser fonte de questionamentos. Nesse ponto, as mesmas razões que levaram a uma maior instrumentalidade e valoração das formas pelos princípios constitucionais[90], possibilitando a

---

88. Embora sem referência ao instituto da cooperação judiciária, Renata Dezem destaca que questões envolvendo o pagamento de créditos não submetidos à recuperação judicial devem envolver "a melhor coordenação entre os juízos", cabendo ao juízo da recuperação judicial agir de forma ativa na promoção desse objetivo. (DEZEM, Renata Mota Maciel Madeira; SCAFF, Ricardo Felício. A recuperação judicial e o ativismo judicial. *In*: DIDIER JR., Fredie *et al.* (Coord.). *Ativismo Judicial e Garantismo Processual*. São Paulo: Juspodivm, 2013. p. 562).

89. CABRAL, Antonio do Passo. *Juiz natural e eficiência processual:* flexibilização, delegação e coordenação de competências no processo civil. São Paulo: Thomson Reuters, 2021, p. 457.

90. Por todos, veja-se as observações de Carlos Alberto de Oliveira sobre o necessário equilíbrio entre as formas e os valores a serem atingidos pelo processo: "Ao meditar-se nos fatores externos do

redução do rigor formal dos procedimentos, devem justificar a informalização e flexibilização das interações jurisdicionais, ampliando as formas de colaboração à luz das peculiaridades do caso concreto.

Para além da necessidade de superação desses entraves de ordem cultural, a ampliação do uso da cooperação judiciária depende da participação ativa do Núcleo de Cooperação e dos Magistrados e Magistradas de Cooperação, instituídos pelo CNJ na forma da Resolução nº 350/2020, tanto para incentivar a adoção dos meios de cooperação (mediante a promoção de palestras ou divulgação de cartilhas virtuais, por exemplo) quanto para criar bancos de dados com os litígios que podem demandar um maior engajamento dos juízos em cooperar, no que se inserem os processos concursais (ações coletivas em geral, vale dizer)[91].

Nesse sentido, são extremamente proveitosas as iniciativas de alguns tribunais de criar bancos com os processos falimentares e recuperacionais em curso como forma de facilitar a consulta do público e de outros juízos e autoridades aos principais dados dos processos[92]. Inobstante isso, é possível pensar em formas ainda mais eficientes de divulgação de dados envolvendo a tramitação de processos concursais.

Ilustrativamente, imaginando-se que uma empresa ajuíze o pedido de recuperação na Comarca da Capital do Rio de Janeiro, poderia o juízo recuperacional contar com a intermediação do Núcleo de Cooperação do respectivo tribunal para que este oficiasse os Núcleos de Cooperação dos tribunais nos quais possam existir ações em curso contra o devedor (por exemplo, os foros dos locais onde estão sediadas as fábricas do devedor, que podem não ser o mesmo local da sede economicamente mais importante).

Uma vez informado sobre o ajuizamento da recuperação judicial, cada Núcleo poderia oficiar os seus respectivos juízos, solicitando e recomendando a adoção de determinadas providências nos seus respectivos processos – a

---

formalismo, o pensamento desde logo tende, em formulação esquemática inicial bastante ampla, a fixar-se nos fins do processo, e a noção de fim entrelaça-se, necessariamente, com o valor ou valores a serem idealmente atingidos por meio do processo. Impõe-se, portanto, a análise dos valores mais importantes para o processo: por um lado, a realização de justiça material e a paz social, por outro, a efetividade, a segurança e a organização interna justa do processo (*fair trail*). Os dois primeiros estão mais vinculados aos fins do processo, os três últimos ostentam uma face instrumental em relação àqueles". (OLIVEIRA, Carlos Alberto Alvaro de. O formalismo-valorativo no confronto com o formalismo-excessivo. *Revista de Processo*, São Paulo, v. 137, p. 7-31, jul., 2006).

91. A criação de bancos de dados com processos concursais a nível nacional também é uma sugestão apresentada por Renata Dezem. (DEZEM, Renata Mota Maciel Madeira. A universalidade do juízo da recuperação judicial. São Paulo: Quartier Latin, 2017. p. 365).

92. A título ilustrativo, menciona-se o Banco de Falência e Recuperação Judicial, fruto de trabalho conjunto entre a Corregedoria Nacional de Justiça, a Corregedoria Geral da Justiça do Trabalho e o Tribunal de Justiça de São Paulo. (CORREGEDORIA-GERAL DA JUSTIÇA DO TRABALHO. Banco de Falências e Recuperações Judiciais. Justiça do Trabalho, Brasília, DF, [2022]).

exemplo da necessidade de suspensão das execuções de verbas já liquidadas e de remessa de recursos penhorados ao juízo recuperacional.

Em caso de dúvidas sobre o andamento do processo, os juízos poderiam consultar os seus respectivos Núcleos, que se comprometeriam a buscar as informações pertinentes ou mesmo a entrar em contato com o juízo recuperacional em busca de esclarecimentos e informações adicionais. Por evidente, não há prejuízo de o contato ser realizado diretamente entre os juízos, mas, considerando-se que a tramitação dos processos concursais interessa a mais de um órgão julgador, pode fazer sentido centralizar a colheita de informações para, depois, repassar a todos os possíveis interessados.

Veja-se que, mediante a participação ativa do denominado Comitê Executivo da Rede Nacional de Cooperação Judiciária, também instituído pela Resolução nº 350/2020 do CNJ (a quem compete promover a reunião periódica dos núcleos e dos juízes de cooperação de todos os tribunais), eventual prática cooperativa em matéria falimentar promovida no âmbito de um tribunal pode chegar ao conhecimento dos demais Núcleos e Magistrados e Magistradas de Cooperação. O compartilhamento de experiências em nível nacional é indispensável ao aprimoramento do uso das ferramentas de cooperação e à difusão da cultura da cooperação entre os magistrados.

Nesse passo, para que vejamos, na prática, a potencialidade do sistema de cooperação judiciária no contexto da recuperação judicial, esperamos que os nossos magistrados e magistradas e servidores do Poder Judiciário se convençam das vantagens de um atuar coordenado e colaborativo. Embora não se ignore que o engajamento em cooperar exige dedicação dos julgadores – invariavelmente assoberbados com diversas outras questões do dia a dia da vara judicial –, os benefícios a longo prazo e a nível sistêmico são inegáveis, sem contar o potencial de modificar comportamentos e reeducar os profissionais da justiça e também os jurisdicionados.

CONSIDERAÇÕES FINAIS

À luz de todo o exposto ao longo do presente livro, entendemos que as propostas inicialmente apresentadas estão satisfatoriamente comprovadas. Em atenção à nossa primeira proposta, cuidamos de evidenciar que o tratamento adequado de questões controversas envolvendo bens e interesses do devedor carece de maior interação entre o juízo da recuperação judicial e os juízos individuais, visto não ser possível ignorar que, na recuperação judicial, diversos juízos exercem, simultaneamente, cognição sobre tais controvérsias.

Enquanto o juízo da recuperação judicial assume importante papel na condução da reestruturação, auxiliado pelo administrador judicial e sob a fiscalização dos credores e do Ministério Público, outras questões, não raramente influenciadas pela recuperação judicial e capazes de comprometer a consecução de seus objetivos, permanecem submetidas à cognição de outros julgadores, ressalvada a necessidade de suspensão de determinados atos e processos na forma da LREF.

Por outro lado, paralelamente à constatação de que a cognição é fragmentada no contexto recuperacional, referendamos, a partir da complexidade e da multipolaridade que são inerentes a esse tipo de processo, a natureza coletiva e estrutural da recuperação judicial. Em síntese, como ferramenta destinada à manutenção de empresas viáveis, a recuperação judicial tem como objetivo interromper a corrida desenfreada pelos bens do devedor para que o valor agregado do conjunto organizado desses bens seja preservado, permitindo-se, com isso, a aprovação do plano de recuperação judicial e a superação do estado de crise que, momentaneamente, acomete o devedor.

Adicionalmente, restou claro que, apesar de nem todos os créditos estarem submetidos aos efeitos do plano, o patrimônio do devedor é apenas um, de modo que todos aqueles que se relacionam com o devedor são afetados, em alguma medida, pelo estado de crise e devem, por conseguinte, colaborar com a consecução dos objetivos gerais da recuperação judicial (assumindo que a reorganização é o melhor caminho frente à possibilidade de quebra). Daí porque demonstramos ser possível concluir que a recuperação judicial produz efeitos dentro e fora do processo, formando uma espécie de concurso cooperativo que pode, eventualmente, ensejar o sopesamento de interesses privados com a função social da empresa.

A partir da compreensão da natureza estrutural da recuperação judicial e da feição cooperativa do concurso, chegamos à inarredável conclusão de que o juízo recuperacional – o mais hábil cognitivamente por estar mais próximo do devedor e conhecer profundamente todos os aspectos envolvendo o estado de crise – deve participar de processos decisórios que exijam uma visão universal da reestruturação e da situação financeira-econômica do devedor.

Nesse ponto, não há precisamente uma novidade, na medida em que essa é a *ratio* da universalidade do juízo recuperacional que foi concebida ao longo dos anos pela jurisprudência do STJ, segundo a qual caberia ao juízo recuperacional conhecer de causas em que estejam envolvidos interesses e bens do devedor, em proteção ao resultado útil do processo de soerguimento.

A questão é que, muito embora a divisibilidade do juízo recuperacional não deva ser um óbice ao pleno exercício da sua função gerencial, a quantidade de conflitos positivos de competência que continuam chegando ao STJ revelam que há uma acentuada descoordenação entre os órgãos julgadores, que costuma ser remediada *impositivamente* pelo STJ, *após* a prática de atos processuais que potencialmente colocam em risco os objetivos da reestruturação.

Quer dizer, a mera concepção de uma universalidade para o juízo recuperacional, desacompanhada de ferramentas destinadas à sua consecução pelos próprios órgãos envolvidos, não tem se revelado suficiente para mediar eventuais efeitos negativos da fragmentação da cognição judicial (aferidos sempre à luz da hipótese em concreto).

A partir desse cenário, comprovamos a segunda proposta de nossa obra: em vez de aguardar uma atribuição impositiva de competência, os prejuízos (se existentes) decorrentes da cognição simultânea de questões por mais de um juízo podem e devem ser mediados por meio da cooperação judiciária, permitindo uma verdadeira virada de chave no modo de reconhecimento e implementação da universalidade na recuperação judicial.

O uso da cooperação no contexto recuperacional partiu da acertada premissa de que cooperação judiciária encontra especial afinidade com os processos estruturais, que não raras vezes exigem dos magistrados a adoção de soluções jurídicas criativas e elásticas, com o fim de adaptar o procedimento e melhor equilibrar as diversas zonas de interesse que se apresentam – exatamente como ocorre na recuperação judicial, em que é preciso sopesar constantemente a função social da empresa com direitos individuais tidos como absolutos.

A partir dessas ideias, concluímos que, uma vez constatado pelos próprios juízos, no exame de suas competências (*Kompetenz-Kompetenz*), que o processo decisório sobre determinada questão envolvendo bens e interesses do devedor exige uma visão universal sobre a recuperação judicial, a universalidade do juízo recuperacional deve ser implementada sob um prisma combinatório, compatível com a divisibilidade, que é característica desse órgão julgador, mas que deve ser informada pela visão cooperativa de processo.

Em suma, a cooperação deve ter como objetivo garantir que a visão universal do juízo recuperacional seja considerada em processos decisórios (internos ou externos ao Poder Judiciário) envolvendo o devedor sem que seja necessário centralizar impositivamente, nesse juízo, toda e qualquer questão que seja relevante à preservação da empresa.

Ao longo do capítulo 3, demonstramos, sem pretensão exaustiva, que repensar a universalidade pela cooperação judiciária significa admitir a formação dos mais diversos arranjos cooperativos no contexto recuperacional para, por exemplo, (i) repartir a prática do ato decisório, considerando-se as aptidões cognitivas de cada juízo; (ii) transferir o exercício da competência de forma episódica; (iii) formular consulta ao juízo recuperacional sobre questão técnica envolvendo a situação econômico-financeira do devedor; (iv) estabelecer procedimento para habilitação de créditos após liquidação no juízo individual, dentre outras.

Por tratar-se de técnica marcada pela atipicidade, os limites e as possibilidades do ato cooperado devem ser definidos conforme as necessidades do caso concreto, considerando-se as aptidões cognitivas dos juízos para o tratamento de cada uma das questões controversas e os objetivos almejados por ambos os juízos cooperantes.

A atuação dialogada não apenas garante o exercício da competência pelo juízo recuperacional sobre a questão afeta à recuperação, como evita a sua interferência em questões que devem permanecer no campo de análise do juízo individual. Nesse sentido, a solução cooperada é especialmente indicada para as hipóteses em que for nebuloso deliminar o campo de análise do juízo recuperacional, nas quais até mesmo o STJ enfrenta dificuldades no momento de afastar ou reconhecer uma espécie de universalidade.

Quaisquer que sejam o objeto e os objetivos da cooperação, o diálogo franco e recíproco entre os juízos coloca-se como o arremate à implementação eficiente de uma universalidade para a recuperação judicial, de modo a garantir o tratamento adequado e coordenado das questões e a evitar a prática de atos processuais desnecessários (no que se inserem os conflitos que poderiam ser evitados) e prejuízos concretos à consecução dos objetivos do processo recuperacional.

REFERÊNCIAS

AHDIEH, Robert B. Between dialogue and decree: international review of national courts. *New York University Law Review*, Nova Iorque (EUA), vol. 79, n. 6, p. 2.029-2.163, 2004.

ALMEIDA, Amador Paes de. *Curso de falência e recuperação de empresa*. 26. ed. São Paulo: Saraiva, 2012.

ANDRADE, Juliana Melazzi. A cooperação judiciária nacional como instrumento de descentralização da execução. *In*: DIDIER JR., Fredie; CABRAL, Antonio do Passo (Coord.). *Cooperação judiciária nacional*. São Paulo: Juspodivm, 2021. p. 775-798.

ANDRADE, Juliana Melazzi; VOGT, Fernanda Costa. Cooperação judiciária nacional nos processos de execução. *In*: ASSIS, Araken de; BRUSCHI, Gilberto Gomes (Coord.). *Processo de execução e cumprimento da sentença:* temas atuais e controvertidos. São Paulo: Thomson Reuters Brasil, 2021. v. 2, p. 187.

ARAGÃO, Nilsiton Rodrigues de Andrade. Potencialidades e limites da cooperação judiciária nacional. *In*: DIDIER JR., Fredie; CABRAL, Antonio do Passo (Coord.). *Cooperação judiciária nacional*. São Paulo: Juspodivm, 2021.

ARAGÃO, Nilsiton Rodrigues de Andrade. A atuação dos sujeitos processuais na cooperação judiciária. *In*: DIDIER JR., Fredie; CABRAL, Antonio do Passo (Coord.). *Cooperação judiciária nacional*. São Paulo: Juspodivm, 2021.

ARAUJO, Gilvandro Vasconcelos Coelho de; ARAUJO, Rodrigo Vasconcelos Coelho de. Arbitragem e recuperação judicial. *In*: DIDIER JR., Fredie; CUEVA, Ricardo Vilas Bôas. *Processo civil empresarial e o Superior Tribunal de Justiça*. São Paulo: Juspodivm, 2021.

ARENHART, Sérgio Cruz; OSNA, Gustavo; JOBIM, Marco Félix. *Curso de Processo Estrutural*. São Paulo: Thomson Reuters, 2021.

ARGUELHES, Diego Werneck; LEAL, Fernando. Pragmatismo como [meta] teoria normativa da decisão judicial: caracterização, estratégias e implicações. *In*: SARMENTO, Daniel (Coord.). *Filosofia e teoria constitucional contemporânea*. Rio de Janeiro: Lumen Juris, 2009.

ASSOCIAÇÃO BRASILEIRA DE JURIMETRIA (ABJ). Fase 3: Falências no Estado de São Paulo. *Observatório da Insolvência*, São Paulo, 18 de outubro de 2020. Disponível em: https://abjur.github.io/obsFase3/. Acesso em: 25 fev. 2023.

ATAIDE JÚNIOR, Vicente de Paula. *Processo civil pragmático*. 2013. Tese (Doutorado em Direito) – Faculdade de Direito, Universidade Federal do Paraná, Curitiba, 2013.

AVELINO, Murilo Teixeira. Disposição de competência decisória por ato concertado entre juízos cooperantes. *In*: DIDIER JR., Fredie; CABRAL, Antonio do Passo (Coord.). *Cooperação judiciária nacional*. São Paulo: Juspodivm, 2021.

ÁVILA, Humberto. O que é "devido processo legal"? *Revista de Processo*, São Paulo, vol. 163, p. 50-59, 2008. Disponível em: www.thomsonreuters.com.br/pt/juridico/webrevistas/repro-revista-de-processo.html. Acesso em: 19 fev. 2023.

AYOUB, Luiz Roberto; CAVALLI, Cássio. *A construção jurisprudencial da recuperação judicial de empresas*. 3. ed. Rio de Janeiro: Forense, 2017.

BAPTISTA FILHO, Sílvio Neves. *Atos concertados e a centralização de processos repetitivos*. Londrina: Thoth, 2023. p. 75.

BARBOSA MOREIRA, José Carlos. A expressão "competência funcional" no art. 2º da Lei da Ação Civil Pública. *In*: BARBOSA MOREIRA, José Carlos. *Temas de direito processual:* nona série. São Paulo: Saraiva, 2007.

BARRETO FILHO, Oscar. *Teoria do estabelecimento comercial*. São Paulo: Max Limonad, 1969.

BASILIO, Ana Tereza; ALÓ, Nicole. Reflexões sobre o conflito de competência entre o juízo da recuperação judicial e o juízo arbitral, a respeito de disposição do plano de recuperação judicial, no âmbito do julgamento do CC nº 157.099/RJ. *In*: DIDIER JR., Fredie; CUEVA, Ricardo Vilas Bôas. *Processo civil empresarial e o Superior Tribunal de Justiça*. São Paulo: Juspodivm, 2021.

BATISTA, Felipe Vieira. *A recuperação judicial como processo coletivo*. 2021. Dissertação (Mestrado em Direito) – Faculdade de Direito, Universidade Federal da Bahia, São Paulo, 2021.

BEZERRA FILHO, Manoel Justino. *Lei de recuperação de empresas e falência – Lei 11.101/2005:* comentada artigo por artigo. 15. ed. rev., atual. e ampl. São Paulo: Thomson Reuters, 2021.

BOMFIM, Daniela Santos; LAMÊGO, Guilherme Cavalcanti; LAMÊGO, Gustavo Cavalcanti. Execução de créditos extraconcursais em face de devedores em recuperação: impacto da Lei nº 14.112/2020 nos entendimentos firmados no CC 114.987/SP e no RESp 1.512.118/SP. *In*: DIDIER JR., Fredie; CUEVA, Ricardo Vilas Bôas. *Processo civil empresarial e o Superior Tribunal de Justiça*. São Paulo: Juspodivm, 2021.

BRAGA, Paula Sarno. Competência adequada. *Revista de Processo*, São Paulo, n. 219, p. 13-41, maio, 2013. Disponível em: www.thomsonreuters.com.br/pt/juridico/webrevistas/repro-revista-de-processo.html. Acesso em: 19 fev. 2023.

BRASIL. *Lei nº 556, de 25 de junho de 1850*. Código Comercial. Rio de Janeiro: Chancelaria do Império, 1850. Disponível em: www.planalto.gov.br/ccivil_03/leis/lim/lim556.htm. Acesso em: 19 fev. 2023.

BRASIL. *Decreto nº 917, de 24 de outubro de 1890*. Reforma o codigo commercial na parte III. Rio de Janeiro: Governo Provisório, 1890. Disponível em: https://www2.camara.leg.br/legin/fed/decret/1824-1899/decreto-917-24-outubro-1890-518109-publicacaooriginal-1-pe.html. Acesso em: 19 fev. 2023.

BRASIL. *Lei nº 859, de 16 de agosto de 1902*. Reforma a lei sobre fallencias. Rio de Janeiro: Presidência da República, 1902. Disponível em: www2.camara.leg.br/legin/fed/lei/1900-1909/lei-859-16-agosto-1902-584407-republicacao-108160-pl.html#:~:text=Art.,o%20estado%20de%20seus%20negocios. Acesso em: 19 fev. 2023.

BRASIL. *Decreto nº 4.885, de 13 de julho de 1903*. Crêa uma brigada de infantaria e uma de cavallaria de Guardas Nacionaes na comarca de Itaberaba, no Estado da Bahia. Rio de Janeiro: Presidência da República, 1903. Disponível em: www2.camara.leg.br/legin/fed/decret/1900-1909/decreto-4885-13-julho-1903-522740-publicacaooriginal-1-pe.html. Acesso em: 19 fev. 2023.

BRASIL. *Lei nº 2.024, de 17 de dezembro de 1908*. Reforma a lei sobre falências. Rio de Janeiro: Presidência da República, 1908. Disponível em: www2.camara.leg.br/legin/fed/lei/1900-1909/lei-2024-17-dezembro-1908-582169-publicacaooriginal-104926-pl.html. Acesso em: 19 fev. 2023.

BRASIL. *Decreto nº 5.746, de 9 de dezembro de 1929*. Modifica a Lei de Fallencias. Rio de Janeiro: Presidência da República, 1929. Disponível em: www2.camara.leg.br/legin/fed/decret/1920-1929/decreto-5746-9-dezembro-1929-538569-norma-pl.html. Acesso em: 19 fev. 2023.

BRASIL. *Decreto-lei nº 7.661, de 21 de junho de 1945*. Lei de Falências. Rio de Janeiro: Presidência da República, 1945. Disponível em: www.planalto.gov.br/ccivil_03/decreto-lei/del7661.htm. Acesso em: 19 fev. 2023.

BRASIL. *Lei nº 11.101, de 9 de fevereiro de 2005*. Regula a recuperação judicial, a extrajudicial e a falência do empresário e da sociedade empresária. Brasília, DF: Presidência da República, 2005. Disponível em: www.planalto.gov.br/ccivil_03/_ato2004-2006/2005/lei/l11101.htm. Acesso em: 19 fev. 2023.

BRASIL. *Resolução nº 125, de 29 de novembro de 2010*. Dispõe sobre a Política Judiciária Nacional de tratamento adequado dos conflitos de interesses no âmbito do Poder Judiciário e dá outras providências. Brasília, DF: Conselho Nacional de Justiça, 2010. Disponível em: https://atos.cnj.jus.br/atos/detalhar/156. Acesso em: 19 fev. 2023.

BRASIL. *Lei nº 13.105, de 16 de março de 2015*. Código de Processo Civil. Brasília, DF: Presidência da República, 2015a. Disponível em: www.planalto.gov.br/ccivil_03/_ato2015-2018/2015/lei/l13105.htm. Acesso em: 19 fev. 2023.

BRASIL. *Resolução Nº 350, de 27 de outubro de 2020*. Estabelece diretrizes e procedimentos sobre a cooperação judiciária nacional [...] Brasília, DF: Conselho Nacional de Justiça, 2020. Disponível em: https://atos.cnj.jus.br/atos/detalhar/3556. Acesso em: 19 fev. 2023.

BRASIL. *Lei nº 14.112, de 24 de dezembro de 2020*. Altera as Leis [...] para atualizar a legislação referente à recuperação judicial, à recuperação extrajudicial e à falência do empresário e da sociedade empresária. Brasília, DF: Presidência da República, 2020. Disponível em: www.planalto.gov.br/ccivil_03/_ato2019-2022/2020/lei/l14112.htm. Acesso em: 19 fev. 2023.

BRASIL. *Lei nº 14.193, de 6 de agosto de 2021*. Institui a Sociedade Anônima do Futebol e dispõe sobre [...] Brasília, DF: Presidência da República, 2021. Disponível em: www.planalto.gov.br/ccivil_03/_ato2019-2022/2021/lei/l14193.htm. Acesso em: 19 fev. 2023.

BRASIL. *Resolução Nº 499, de 10 de maio de 2023*. Altera a Resolução CNJ n. 350/2020, que estabelece diretrizes e procedimentos sobre a cooperação judiciária nacional [...]. Brasília, DF: Conselho Nacional de Justiça, 2023. Disponível em: https://atos.cnj.jus.br/atos/detalhar/5107. Acesso em: 10 mai. 2023

BUCAR, Daniel. *Superendividamento:* reabilitação patrimonial da pessoa humana. São Paulo: Saraiva, 2017.

CABRAL, Antonio do Passo. *Nulidades no processo moderno*: contraditório, proteção da confiança e validade *prima facie* dos atos processuais. 2. ed. Rio de Janeiro: Forense, 2010.

CABRAL, Antonio do Passo. Pré-eficácia das normas e a aplicação do código de processo civil de 2015 ainda no período de *vacatio legis*. *Revista de Processo*, São Paulo, vol. 246, p. 335-345, ago., 2015. Disponível em: www.thomsonreuters.com.br/pt/juridico/webrevistas/repro-revista-de-processo.html. Acesso em: 19 fev. 2023.

CABRAL, Antonio do Passo. Per un nuovo concetto di giurisdizione. *In*: BRIGUGLIO, Antonio; MARTINO, Roberto; PANZAROLA, Andrea; SASSANI, Bruno (org.). *Scritti in onore di Nicola Picardi*. Pisa (Itália): Pacini Giuridica, 2016. Tomo 1, p. 366.

CABRAL, Antonio do Passo. *Segurança jurídica e regras de transição nos processos judicial e administrativo:* introdução ao art. 23 da LINDB. São Paulo: Juspodivm, 2020. p. 46-47.

CABRAL, Antonio do Passo. *Juiz natural e eficiência processual:* flexibilização, delegação e coordenação de competências no processo civil. São Paulo: Thomson Reuters, 2021.

CABRAL, Antonio do Passo. Fundamentos para uma teoria da cooperação judiciária: a revolução que se avizinha. *In*: DIDIER JR., Fredie; CABRAL, Antonio do Passo (Coord.). *Cooperação judiciária nacional*. São Paulo: Juspodivm, 2021.

CABRAL, Antonio do Passo. Cooperação judiciária e execução de quotas sociais. *In*: DIDIER JR., Fredie; CUEVA, Ricardo Vilas Bôas. *Processo civil empresarial e o Superior Tribunal de Justiça*. São Paulo: Juspodivm, 2021.

CABRAL, Antonio do Passo. *Jurisdição sem decisão:* non liquet e consulta jurisdicional no direito processual civil. 2022. Tese (Professor Titular de Direito) – Faculdade de Direito, Universidade do Estado do Rio de Janeiro, Rio de Janeiro, 2022.

CÂMARA, Alexandre Freitas. *Manual de Direito Processual Civil*. Barueri: Atlas, 2022.

CAMARGO, Luiz Henrique Volpe. *A centralização de processos como etapa necessária do Incidente de Resolução de Demandas Repetitivas*. 2017. Tese (Doutorado em Direito) – Faculdade de Direito, Pontifícia Universidade Católica de São Paulo, São Paulo, 2017.

CAMPINHO, Sérgio. *Falência e recuperação de empresa*: o novo regime da insolvência empresarial. 4. ed. Rio de Janeiro: Renovar, 2009.

CAMPINHO, Sérgio. *Falência e recuperação de empresa*. 5. ed. Rio de Janeiro: Renovar, 2010.

CAMPINHO, Sérgio Murilo Santos. *Temas relevantes e controvertidos decorrentes da reforma da Lei de Falências e Recuperação de Empresas (Lei n. 14.112/2020)*. São Paulo: Expressa, 2021. *Kindle Edition*.

CAMPOS, Maria Gabriela. *O compartilhamento de competências no processo civil*: um estudo do sistema de competências sob o paradigma da cooperação nacional. São Paulo: Juspodivm, 2020.

CARPENTER, Marcelo Lamego; LORETTI, Ricardo; FUCCI, Rafaela. O direito societário e a recuperação judicial – interseções e limites. *In*: CELIDÔNIO, Luciana Santos; BACELAR, Luiz Gustavo; AMADO, Renata Martins de Oliveira (Coord.). *Direito empresarial*: estudos jurídicos em homenagem a Maria Salgado. Rio de Janeiro: Lumen Juris, 2019.

CAVALLI, Cassio. *Levando as preferências creditórias a sério:* a suspensão das execuções fiscais contra empresa em recuperação judicial e a jurisprudência das Cortes Superiores. *Cássio Cavalli Advogados*, [S.l.], 28 de setembro de 2022. Disponível em: www.cassiocavalli.com.br/levando-as-preferencias-creditorias-a-serio-a-suspensao-das-execucoes-fiscais-contra-empresa-em-recuperacao-judicial-e-a-jurisprudencia-das-cortes-superiores. Acesso em: 19 fev. 2023.

CEARÁ (Estado). Tribunal de Justiça do Ceará. *AI nº 0622773-21.2018.8.06.0000*. 1. Câmara de Direito Privado. Relator: Des. Heraclito Vieira de Sousa Neto, 10 de outubro de 2018.

CEREZETTI, Sheila Christina Neder. *A recuperação judicial de sociedade por ações*: o Princípio da Preservação da Empresa na Lei de Recuperação e Falência. São Paulo: Malheiros, 2012.

CHAYES, Abram. The Role of the Judge in Public Law Litigation. *Harvard Law Review*, Massachusetts, EUA, vol. 89, p. 1281-1316, maio, 1976.

CHIOVENDA, Giuseppe. *Instituições de direito processual civil*. Campinas: Bookseller, 1998. v. II.

COELHO, Fabio Ulhoa. O credor colaborativo na recuperação judicial. *In*: TOLEDO, Paulo Fernando Campos Salles de; SATIRO, Francisco. *Direito das Empresas em Crise*: problemas e soluções. São Paulo: Quartier Latin, 2012.

COELHO, Fábio Ulhoa. O princípio da preservação da empresa na interpretação da lei de recuperação de empresas. *Revista Electrónica de Direito*, Portugal, n. 2, jun., 2014. Disponível em: https://cij.up.pt/pt/red/ultima-edicao/. Acesso em: 19 fev. 2023.

COELHO, Fábio Ulhoa. *Comentários à Lei de Falências e de Recuperação de Empresas*. 14. ed., rev., atual. e ampl. São Paulo: Thomson Reuters, 2021.

COMPARATO, Fábio Konder. *O seguro de crédito:* estudo jurídico. São Paulo: Editora Revista dos Tribunais, 1968.

COMPARATO, Fabio Konder. *Aspectos jurídicos da macro empresa*. São Paulo: Editora Revista dos Tribunais, 1970.

CORREGEDORIA-GERAL DA JUSTIÇA DO TRABALHO. Banco de Falências e Recuperações Judiciais. *Justiça do Trabalho*, Brasília, DF, [2022]. Disponível em: www.tst.jus.br/web/corregedoria/banco-de-falencias. Acesso em: 23 fev. 2023.

COSTA, Eduardo José da Fonseca. As noções jurídico-processuais de eficácia, efetividade e eficiência. *Revista de Processo*, São Paulo, v. 121, p. 275-301, mar., 2005. Disponível em: www.thomsonreuters.com.br/pt/juridico/webrevistas/repro-revista-de-processo.html. Acesso em: 19 fev. 2023.

COSTA, Juliana Hinterlang dos Santos. É possível a recuperação judicial ou extrajudicial para as sociedades em comum? *Revista de Direito Empresarial*, São Paulo, v. 3, n. 8, p. 111-132, mar./abr., 2015.

CUNHA, Leonardo José Carneiro da. *Jurisdição e competência*. 2. ed. São Paulo: Revista dos Tribunais, 2013.

CUNHA, Leonardo Carneiro da. A previsão do princípio da eficiência no Projeto do Novo Código de Processo Civil Brasileiro. *Revista de Processo*, São Paulo, n. 233, ano 39, p. 65-84, jul., 2014. Disponível em: www.thomsonreuters.com.br/pt/juridico/webrevistas/repro-revista-de-processo.html. Acesso em: 19 fev. 2023.

CUNHA, Leonardo Carneiro da. O conflito de competência no âmbito da cooperação judiciária nacional. *In*: DIDIER JR., Fredie; CABRAL, Antonio do Passo (Coord.). *Cooperação judiciária nacional*. São Paulo: Juspodivm, 2021.

DAVID, Fernanda Rocha. A incorporação de técnicas processuais diferenciadas da Lei 11.101/2005 aos processos estruturais. *Revista de Processo*, São Paulo, vol. 328, ano 47, p. 253-283, jun., 2022.

DEZEM, Renata Mota Maciel Madeira; SCAFF, Ricardo Felício. A recuperação judicial e o ativismo judicial. *In*: DIDIER JR., Fredie *et al*. (Coord.*)*. Ativismo Judicial e Garantismo Processual. São Paulo: Juspodivm, 2013.

DEZEM, Renata Mota Maciel Madeira. *A Universalidade do Juízo da Recuperação Judicial*. São Paulo: Quartier Latin, 2017.

DIDIER JR., Fredie. Os três modelos de direito processual: inquisitivo, dispositivo e cooperativo. *Revista de Processo*, São Paulo, vol. 198, p. 213-225, ago. 2011. Disponível em: www.thomsonreuters.com.br/pt/juridico/webrevistas/repro-revista-de-processo.html. Acesso em: 19 fev. 2023.

DIDIER JR., Fredie; ZANETI JR., Hermes; OLIVEIRA, Rafael Alexandria de. Elementos para uma teoria do processo estrutural aplicada ao processo civil brasileiro. *Revista do Ministério Público do Estado do Rio de Janeiro*, Rio de Janeiro, n. 75, p. 101-136, jan./mar., 2020.

DIDIER JR., Fredie. *Cooperação judiciária nacional:* esboço de uma teoria para o direito brasileiro (arts. 67-69, CPC). São Paulo: Juspodivm, 2020.

DIDIER JR., Fredie; CUNHA, Leonardo Carneiro da. *Curso de Direito Processual Civil*. 18. ed. São Paulo: Juspodivm, 2020. v. 3.

DIDIER JR., Fredie; ZANETI JR., Hermes. *Curso de direito processual civil:* processo coletivo. 15. ed., rev., atual. e ampl. São Paulo: Juspodivm, 2021.

DIDIER JR., Fredie. *Curso de direito processual civil:* introdução ao direito processual civil, parte geral e processo de conhecimento. 23. ed. São Paulo: Juspodivm, 2021.

DIDIER JR., Fredie; CABRAL, Antonio do Passo (Coord.). *Cooperação judiciária nacional*. São Paulo: Juspodivm, 2021.

DIDIER JR. Fredie. *Sobre a Teoria Geral do Processo, essa desconhecida*. 6. ed. São Paulo: Editora Juspodivm, 2021.

DIDIER JR., Fredie; BRAGA, Paula Sarno; BATISTA, Felipe Vieira. A recuperação judicial como jurisdição voluntária: um ponto de partida para estruturação do procedimento. *Revista do Ministério Público do Estado do Rio de Janeiro*, Rio de Janeiro, n. 79, p. 119-142, jan./mar., 2021.

DIDIER JR., Fredie; EID, Elie Pierre; ARAGÃO, Leandro Santos de. Recuperação judicial, execução fiscal, *stay period*, cooperação judiciária e preservação da empresa: compreendendo o § 7º-B do art. 6º da Lei 11.101/2005. *Revista de Processo*, São Paulo, v. 47, n. 323, jan., 2022.

DINAMARCO, Cândido Rangel. *Instituições de direito processual civil*. 6. ed. São Paulo: Malheiros Editores, 2009. v. I.

EID, Elie Pierre. Multilateralidade no processo civil: divergência de interesses em posições jurídicas. *Revista do Ministério Público do Estado do Rio de Janeiro*, Rio de Janeiro, n. 74, out./dez., 2019.

ESTEVEZ, André Fernandes. A Assembleia-Geral de Credores no Direito Brasileiro: Razões para a criação da concordata-sentença no Decreto-Lei nº 7.661/1945. *Revista Síntese: Direito Empresarial*, Porto Alegre, v. 7, n. 36, p. 64–77, jan./fev., 2014.

FERRARO, Marcella Pereira. *Do processo bipolar a um processo coletivo-estrutural*. 2015. Dissertação (Mestrado em Direito das Relações Sociais) – Faculdade de Direito, Universidade Federal do Paraná, Curitiba, 2015.

FERREIRA, Gabriela Macedo. O ato concertado entre juízes cooperantes: esboço de uma teoria para o Direito brasileiro. *Civil Procedure Review*, [*S.l.*], v. 10, n. 3, p.

11–48, set./dez., 2019. p. 27-31. Disponível em: https://cpr.emnuvens.com.br/revista/article/view/297. Acesso em: 19 fev. 2023.

FERREIRA, Gabriela Macedo. *Ato concertado entre juízes cooperantes:* esboço de uma teoria para o direito brasileiro. 2021. Dissertação (Mestrado em Direito) – Faculdade de Direito, Universidade Federal de Bahia, São Paulo, 2021. p. 159.

GALDINO, Flavio. Título III: Da competência interna. *In*: CABRAL; Antonio do Passo; CRAMER, Ronaldo (Coord.). *Comentários ao novo Código de Processo Civil*. 2. ed. Rio de Janeiro: Forense, 2016.

GAJARDONI, Fernando da Fonseca. *Flexibilidade procedimental:* um novo enfoque para o estudo do procedimento em matéria processual. 2007. Tese (Doutorado em Direito Processual) – Faculdade de Direito, Universidade de São Paulo, São Paulo, 2007.

GONÇALVES, Marcelo Barbi. *Teoria Geral da Jurisdição*. São Paulo: Editora Juspodivm, 2020.

GRECO, Leonardo. Garantias Fundamentais do processo: o processo justo. *In*: GRECO, Leonardo. *Estudos de direito processual*. Campos dos Goytacazes: Ed. Faculdade de Direito, 2005. p. 225-286.

GRECO, Leonardo. Os atos de disposição processual – primeiras reflexões. *Revista Eletrônica de Direito Processual,* Rio de Janeiro, out./dez., 2007. Disponível em: www.uerj.br/revista-cientifica/revista-eletronica-de-direito-processual/. Acesso em: 19 fev. 2023.

GRECO, Leonardo. Publicismo e Privatismo no processo civil. *Revista de Processo*, São Paulo, v. 164, out., 2008. Disponível em: www.thomsonreuters.com.br/pt/juridico/webrevistas/repro-revista-de-processo.html. Acesso em: 19 fev. 2023.

GRINOVER, Ada Pellegrini. Competência territorial funcional em matéria de falência. *Revista Síntese Direito Civil e Processual Civil*, Brasília, DF, v. 4, n. 23, p. 5-14, maio/jun., 2003. p. 11.

GUERRA, Luiz. Sociedades simples e o direito à recuperação judicial e extrajudicial: o equívoco da Súmula 49 do TJSP. *Revista de Direito Bancário e do Mercado de Capitais*, São Paulo, v. 15, n. 55, p. 177–191, jan./mar., 2012.

HARTMANN, Guilherme Kronemberg. *Competência no processo civil*: da teoria tradicional à gestão judicial da competência adequada. São Paulo: Juspodivm, 2021.

JUPETIPE, Fernanda Karoliny Nascimento; MARTINS, Eliseu; MÁRIO, Poueri do Carmo; CARVALHO, Luiz Nelson Guedes de. Custos de falência no Brasil comparativamente aos estudos norte-americanos. *Revista Direito GV*, São Paulo, v. 13, n. 1, p. 20-48, jan./abril, 2017.

JUSTEN FILHO, Marçal. Art. 20 da LINDB: Dever de transparência, concretude e proporcionalidade nas decisões públicas. *Revista de Direito Administrativo*, Rio de Janeiro, Edição Especial: Direito Público na Lei de Introdução às Normas de Direito Brasileiro – LINDB (Lei nº 13.655/2018), p. 13-41, nov., 2018.

LAMÊGO, Gustavo. Técnicas de cooperação judiciária nacional aplicadas a processos estruturais. *In*: DIDIER JR., Fredie; CABRAL, Antonio do Passo (Coord.). *Cooperação judiciária nacional*. São Paulo: Juspodivm, 2021. p. 749-774.

LEITE, Clarisse Frechiani Lara. *Prejudicialidade no processo civil*. São Paulo: Saraiva, 2008. p. 106 e 245.

LIEBMAN, Enrico Tullio, *Manual de direito processual civil*. 3 ed. Tradução e notas de Cândido R. Dinamarco. São Paulo: Malheiros, 2005.

LISBOA, Marcos de Barros; DAMASO, Otávio Ribeiro; SANTOS, Bruno Carazza dos; COSTA, Ana Carla Abrão. A Racionalidade econômica da nova lei de falências e de recuperação de empresas. *In*: PAIVA, Luiz Fernando Valente de (coord.). *Direito falimentar e a nova lei de falências e recuperação de empresas*. São Paulo: Quartier Latin, 2005.

LOBO, Jorge. Recuperação judicial. *In*: TOLEDO, Paulo F. C. Salles de; ABRÃO, Carlos Henrique de (Coord.). *Comentários à lei de recuperação de empresas e falência*. São Paulo: Saraiva, 2005. p. 139.

LUCCA, Newton de. A reforma do direito falimentar no Brasil. *Revista do Tribunal Regional Federal da 3ª Região*, São Paulo, v. 40, p. 26–99, out./dez., 1999.

LUCCA, Newton de. *Comentários à nova Lei de Falência e Recuperação de Empresas*. Rio de Janeiro: Forense, 2009.

MACEDO, José Arthur Castilho de; PASCHOAL, Thaís Amoroso. Tutela Coletiva, cooperação e transfederalismo. *In*: DIDIER JR., Fredie; CABRAL, Antonio do Passo (Coord.). *Cooperação judiciária nacional*. São Paulo: Juspodivm, 2021. p. 501.

MANCUSO, Rodolfo de Camargo. A resolução dos conflitos e a função judicial no contemporâneo Estado de Direito (nota introdutória). *Revista de Processo*, São Paulo, v. 888, p. 9-36, out., 2009. Disponível em: www.thomsonreuters.com.br/pt/juridico/webrevistas/repro-revista-de-processo.html. Acesso em: 19 fev. 2023.

MANDEL, Júlio Kahan. Das disposições comuns. *In*: PAIVA, Luiz Fernando Valente de (Coord.). *Direito falimentar e a nova lei de falências e recuperação de empresas*. São Paulo: Quartier Latin, 2005.

MARÇAL, Felipe Barreto. Processos estruturantes (multipolares, policêntricos ou multifocais): gerenciamento processual e modificação da estrutura judiciária. *Revista de Processo*, São Paulo, vol. 44, n. 289, p. 423-448, mar., 2019. Disponível em: https://juslaboris.tst.jus.br/handle/20.500.12178/49. Acesso em: 10 fev. 2023.

MARTINS, Pedro Batista. Da ausência de poderes coercitivos e cautelares do árbitro. Aspectos fundamentais da lei de arbitragem. *In*: MARTINS, Pedro Batista. LEMES, Selma Ferreira. CARMONA, Carlos Alberto (Coord.). *Aspectos fundamentais da Lei de Arbitragem*. Rio de Janeiro: Forense, 1999.

MARTINS-COSTA, Judith. *A boa-fé no direito privado*: critérios para a sua aplicação. 2. ed. São Paulo: Saraiva, 2018. Livro eletrônico.

MATTOS, Eduardo da Silva. A falência como condição de efetividade da recuperação judicial: problemas econômicos e processuais de toda empresa ser (localmente) importante demais para quebrar. *In*: DIDIER JR., Fredie; NUNES, Dierle; MAZZOLA, Marcelo; LIMA, Sérgio Mourão Corrêa (Coord.). *Falência e recuperação empresarial*. São Paulo: Ed. Juspodivm, 2022.

MAZZEI, Rodrigo; GONÇALVES, Tiago Figueiredo. Exigência de regularidade fiscal para a concessão de recuperação judicial e conflitos de competência: afetação no REsp 1.712.484/SP e no REsp 1.757.145/RJ. *In*: DIDIER JR., Fredie; CUEVA, Ricardo Vilas Bôas. *Processo civil empresarial e o Superior Tribunal de Justiça*. São Paulo: Ed. Juspodivm, 2021.

MCGOVERN, Francis E. Rethinking cooperation among judges in mass tort litigation. *UCLA Law Review*, Los Angeles (EUA), vol. 44, p. 1.851-1.870, 1997.

MEDINA, José Miguel Garcia. *Novo código de processo civil comentado*. 4. ed. São Paulo: Revista dos Tribunais, 2016. Livro eletrônico.

MEIRELES, Edilton. Deslocamento de competência absoluta por cooperação judiciária. *In:* DIDIER JR., Fredie; CABRAL, Antonio do Passo (Coord.). *Cooperação judiciária nacional.* São Paulo: Juspodivm, 2021.

MEIRELES, Edilton. Notas introdutórias sobre a cooperação judiciária nacional. *In*: DIDIER JR., Fredie; CABRAL, Antonio do Passo (Coord.). *Cooperação judiciária nacional.* São Paulo: Juspodivm, 2021.

MEIRELES, Edilton. *Cooperação judiciária como instrumento de controle judicial da competência adequada.* Londrina: Thoth, 2024.

MINAMI, Marcos Youji. *Da vedação ao non factibile*: uma introdução às medidas executivas atípicas. 2. ed. rev. atual. e ampl. São Paulo: Editora Juspodivm, 2020.

MIRANDA, Pontes de. *Concurso de credores em geral*: privilégios, concurso de credores civil. Atualizado por Manoel Justino Bezerra Filho. São Paulo: Editora Revista dos Tribunais, 2012. Coleção Tratado de Direito Privado: parte especial, tomo XXVII.

MUNHOZ, Eduardo S. Artigo 56. *In*: SOUZA JUNIOR, Francisco Satiro de; PITOMBO, Antônio Sérgio A. de Moraes (coord.). *Comentários à Lei de Recuperação de Empresas e Falência.* São Paulo: Revista dos Tribunais, 2005.

NEGRÃO, Ricardo. *A eficiência do processo judicial na recuperação de empresa.* São Paulo: Saraiva, 2010.

NEGRÃO, Ricardo. *Comercial e de empresa*: recuperação de empresas, falência e procedimentos concursais administrativos. 14. ed. São Paulo: Saraiva Educação, 2020. v. 3.

NEVES, Douglas Ribeiro. *Limites do controle jurisdicional na recuperação judicial.* 2015. Tese (Doutorado em Direito Processual) – Faculdade de Direito, Universidade de São Paulo, São Paulo, 2015.

NEVES, Daniel Amorim Assumpção. *Manual de direito processual civil.* 13 ed. São Paulo: Juspodivm, 2021.

NUNES, Paulo André. Iniciativa instituída por magistrada do Amazonas é incluída no Repertório de Boas Práticas Processuais Brasileiras. *Tribunal de Justiça do Estado do Amazonas*, Sala de Imprensa, Manaus, 29 de março de 2022. Disponível em: www.tjam.jus.br/index.php/menu/sala-de-imprensa/5710-iniciativa-instituida--por-magistrada-do-amazonas-e-incluida-no-repertorio-de-boas-praticas-processuais-brasileiras. Acesso em: 19 fev. 2023.

OLIVEIRA, Carlos Alberto Alvaro de. *Do formalismo no processo civil*: proposta de um formalismo-valorativo. 3. ed. São Paulo: Saraiva, 2009.

OLIVEIRA, Carlos Alberto Alvaro de. O formalismo-valorativo no confronto com o formalismo-excessivo. *Revista de Processo*, São Paulo, v. 137, p. 7-31, jul., 2006. Disponível em: www.thomsonreuters.com.br/pt/juridico/webrevistas/repro-revista-de-processo.html. Acesso em: 19 fev. 2023.

PACHECO, José da Silva. *Processo de recuperação judicial, extrajudicial e falência.* 2. ed. Rio de Janeiro: Forense, 2007.

PACHECO, José da Silva. *Processo de recuperação judicial, extrajudicial e falência.* 4. ed. Rio de Janeiro: Forense, 2013.

PASSOS, José Joaquim Calmon de. *Comentários ao código de processo civil.* 4. ed. Rio de Janeiro: Forense, 1983. v. 3.

PEIXOTO, Ravi. O *forum non conveniens* e o processo brasileiro: limites e possibilidade. *Revista de Processo*, São Paulo, v. 279, p. 381-415, maio, 2018. Disponível em: www.

thomsonreuters.com.br/pt/juridico/webrevistas/repro-revista-de-processo.html. Acesso em: 19 fev. 2023.

PENTEADO, Mauro Rodrigues. Conceito de principal estabelecimento para fins de definição do juízo universal da falência e das recuperações: controvérsias. *In*: SOUZA JÚNIOR, Francisco Sátiro de; PITOMBO, Antônio Sérgio de A. de Moraes (Coord.). *Comentários à lei de recuperação de empresas e falência*. São Paulo: Revista dos Tribunais, 2005.

PENTEADO, Mauro Rodrigues. Capítulo 1: Disposições preliminares. *In*: SOUZA JUNIOR, Francisco Satiro de; PITOMBO, Antônio Sérgio A. de Moraes (Coord.). *Comentários à Lei de recuperação de empresas e falência*: Lei 11.101/2005. São Paulo: Revista dos Tribunais, 2007.

PIMENTEL, Carlos Barbosa. *Direito empresarial*. 8 ed. Rio de Janeiro: Elsevier, 2010.

PODER JUDICIÁRIO DO ESTADO DO RIO DE JANEIRO. TJRJ inova com instrumento que permite reunir processos de uma entidade familiar em uma só Vara de Família da Barra da Tijuca. *Assessoria de Imprensa*, Rio de Janeiro, 24 de junho de 2021. Disponível em: www.tjrj.jus.br/web/guest/noticias/noticia/-/visualizar-conteudo/5111210/9496667. Acesso em: 19 fev. 2023.

PODER JUDICIÁRIO DO ESTADO DO RIO DE JANEIRO. Tribunal de Justiça do Rio e TRT-1 assinam ato sobre processos de recuperação judicial. *Assessoria de Imprensa,* Rio de Janeiro, 24 de janeiro de 2023. Disponível em: https://www.tjrj.jus.br/noticias/noticia/-/visualizar-conteudo/5111210/135464719. Acesso em: 28 jun. 2024.

PODER JUDICIÁRIO DO ESTADO DE PERNAMBUCO. Presidência do Tribunal de Justiça do Estado de Pernambuco. *Termo de cooperação Judiciária*. Diário de Justiça Eletrônico, Ed. 58, 2023, Recife, 29 de março de 2023.

PROENÇA, José Marcelo Martins. Os novos horizontes do Direito Concursal. *In*: LUCCA, Newton de; DOMINGUES, Alessandra de Azevedo; ANTONIO, Nilva M. Leonardi (Coord.). *Direito recuperacional:* aspectos teóricos e práticos. São Paulo: Quartier Latin, 2012.

REQUIÃO, Rubens. *Curso de direito falimentar*. 15. ed., v. 1. São Paulo: Saraiva, 1993.

SACRAMONE, Marcelo Barbosa. Cláusula de vencimento antecipado na recuperação judicial. *Revista do Advogado*, São Paulo, v. 35, n. 131, p. 133-139, out., 2016.

SACRAMONE, Marcelo Barbosa. *Comentários à lei de recuperação de empresas e falência*. 2. ed., São Paulo: Saraiva, 2021.

SALOMÃO, Luis Felipe. A nova lei de recuperação de empresas: a declaração judicial da falência e a quebra requerida pelo próprio devedor (Lei no 11.101, de 9 de fevereiro de 2005). *In*: SANTOS, Paulo Penalva (Coord.). *A nova lei de falências e de recuperação de empresas*: Lei nº. 11.101/2005. Rio de Janeiro: Forense, 2006.

SALOMÃO, Luis Felipe; SANTOS, Paulo Penalva. *Recuperação judicial, extrajudicial e falência: teoria e prática*. Rio de Janeiro: Forense, 2012.

SANTOS, Paulo Penalva. Os contratos na recuperação judicial e na falência. *In*: SALOMÃO, Luis Felipe; SANTOS, Paulo Penalva. *Recuperação judicial, extrajudicial e falência:* teoria e prática. 6. ed. Rio de Janeiro: Forense, 2021.

SCHENK, Leonardo Faria. *Cognição Sumária:* Limites Impostos pelo Contraditório no Processo Civil. São Paulo: Saraiva, 2013.

SCHENK, Leonardo Faria. Comentários aos arts. 64-69 do CPC. *In*: ALVIM, Teresa Arruda; DIDIER JR., Fredie; TALAMINI, Eduardo; DANTAS; Bruno. *Breves comentários ao novo código de processo civil*. São Paulo: Editora Revista dos Tribunais, 2016.

SHIMURA, Sergio; BARROS, João Victor Carvalho. A constrição de bens do devedor em recuperação judicial para a satisfação de créditos extraconcursais. *Revista de Processo*, São Paulo, v. 304, p. 203-218, jun., 2020. Disponível em: www.thomsonreuters.com.br/pt/juridico/webrevistas/repro-revista-de-processo.html. Acesso em: 19 fev. 2023.

SILVA JÚNIOR, Moacir Ribeiro. Competência como situação jurídica processual e como conteúdo de relação jurídica processual. *Revista de Processo*, São Paulo, v. 47, n. 324, p. 59-72, fev., 2022. Disponível em: www.thomsonreuters.com.br/pt/juridico/webrevistas/repro-revista-de-processo.html. Acesso em: 26 fev. 2023.

SILVA JÚNIOR, Moacir Ribeiro. *Cooperação judiciária nacional*: o(s) dever(es) de engajamento e a relação jurídica processual entre juízos. Londrina, PR: Thoth, 2023. Livro digital.

SLAUGHTER, Anne-Marie. A typology of transjudicial communication. *University of Richmond Law Review*, Richmond (EUA), vol. 29, p. 99-137, 1994.

SOUZA JÚNIOR, Francisco Satiro de. Autonomia dos credores na aprovação do plano de recuperação judicial. *In*: CASTRO, Rodrigo R. Monteiro; WARDE JÚNIOR, Walfrido Jorge; TAVARES GUERREIRO, Carolina Dias (Coord.). *Direito empresarial e outros estudos em homenagem ao Professor José Alexandre Tavares Guerreiro*. São Paulo: Quartier Latin, 2013.

SOUZA JÚNIOR, Francisco Satiro de. O "dinheiro novo" como elemento de interpretação do conceito de "crédito existente" na recuperação judicial. *In*: WAISBERG, Ivo; RIBEIRO, José Horácio Halfeld Ribeiro (Coord.). *Temas de direito da insolvência*. São Paulo: IASP, 2017.

SZTAJN, Rachel. Comentário ao art. 49. *In*: Souza Junior, Francisco Satiro de; PITOMBO, Antônio Sérgio A. de Moraes (Coord.). *Comentários à lei de recuperação de empresas e falência*. 2. ed. São Paulo: Revista dos Tribunais, 2007.

SZTAJN, Rachel; FRANCO, Vera Helena de Mello. *Falência e recuperação da empresa em crise*. São Paulo: Campus, 2008.

TEIXEIRA, Tarcísio. *Direito Empresarial Sistematizado*. Saraiva: São Paulo, 2011.

TELLECHEA, Rodrigo; SCALZILLI, João Pedro; SPINELLI, Luis Felipe. *História do direito falimentar:* da execução pessoal à preservação da empresa. São Paulo: Almedina, 2018.

TEMER, Sofia. *Participação no processo civil:* repensando litisconsórcio, intervenção de terceiros e outras formas de atuação. São Paulo: Juspodivm, 2020.

THEODORO JÚNIOR, Humberto. *Curso de Direito Processual Civil*. 60. ed. Rio de Janeiro: Forense, 2019. v. 1.

TOLEDO, Paulo Fernando Campos Salles de. A reforma da Lei de Falências e a experiência do Direito Estrangeiro. *Revista do Advogado*, São Paulo, n. 36, p. 82-87, 1992.

TOLEDO, Paulo Fernando Campos Salles de. *Comentários à Lei de Recuperação empresas e falência*. 5 ed. São Paulo: Saraiva, 2009.

TOMAZZETE, Marlon. *Curso de direito empresarial:* Falência e recuperação de empresas. 5. ed. São Paulo: Atlas, 2017. v. 3, p. 36.

TRIBUNAL REGIONAL FEDERAL DA 2ª REGIÃO. *Acordo de cooperação judiciária nos Processos de Recuperação Judicial*. Rio de Janeiro, 23 de janeiro de 2024. Disponível em: https://static.trf2.jus.br/nas-internet/documento/transparencia/acordos/2024/03-acordo-cooperacao-judiciaria-trf2-trt1-tjrj.pdf. Acesso em: 28 jun. 2024.

TURNAROUND MANAGEMENT ASSOCIATION. *Assembleia de Credores em meio virtual tem efeito positivo*. São Paulo, 16 de junho de 2020. Disponível em: www.tmabrasil.org/blog-tma-brasil/artigos-noticias-em-geral/assembleia-de-credores-em-meio--virtual-tem-efeito. Acesso em: 19 fev. 2023.

TZIRULNIK, Luiz. *Direito falimentar*. 7. ed. São Paulo: Revista dos Tribunais, 2005.

VALVERDE, Trajano de Miranda. *Comentários à Lei de Falências*: (Decreto-Lei nº 7.661, de 21 de junho de 1945). 4. ed. atual. por J. A. Penalva Santos e Paulo Penalva Santos. Rio de Janeiro: Forense, 1999. v. I.

VAN RHEE, C. H., Gerenciamento de casos e cooperação na Europa: uma abordagem moderna sobre a litigância cível. *Civil Procedure Review*, [*S. l.*], v. 13, n. 2, p. 157-170, maio/ago. 2022. Disponível em: https://cpr.emnuvens.com.br/revista/article/view/297. Acesso em: 19 fev. 2023.

VASCONCELOS, Antonio Gomes de. As múltiplas dimensões da cooperação judiciária na administração da justiça brasileira. *In*: DIDIER JR., Fredie; CABRAL, Antonio do Passo (Coord.). *Cooperação judiciária nacional*. São Paulo: Juspodivm, 2021.

VITORELLI, Edilson. O devido processo legal processual nos precedentes da Suprema Corte dos Estados Unidos: um contributo para a história das garantias processuais. *Revista da Faculdade de Direito da UFMG*, Belo Horizonte, n. 72, p. 187-217, jan./jun., 2018.

VITORELLI, Edilson. *O devido processo legal coletivo:* dos direitos ao litígio coletivo. 2. ed. rev., atual. e ampl. São Paulo: Thomson Reuters, 2020. Livro eletrônico.

VITORELLI, Edilson. *Processo civil estrutural* – teoria e prática. 5. ed. rev., atual. e ampl. São Paulo: Juspodivm, 2024.

VOGT, Fernanda Costa. *Cognição do juiz no processo civil:* flexibilidade e dinamismo dos fenômenos cognitivos. 2. ed. rev. atual. e ampl. São Paulo: Editora Juspodivm, 2022.

WAISBERG, Ivo. Justiça do trabalho e recuperação judicial. *Revista de Direito Bancário e do Mercado de Capitais*, São Paulo, v. 37, p. 245-258, jul.-set. 2007. Disponível em: www.thomsonreuters.com.br/pt/juridico/webrevistas/rdb-revista-de-direito-bancario-e-do-mercado-de-capitais.html. Acesso em: 19 fev. 2023.

WALD, Arnoldo. O princípio fundamental da segurança jurídica. *In*: AMARAL, Antonio Carlos Rodrigues do; ROSAS, Roberto; VELLOSO, Carlos Mário da Silva (Coord.) *Princípios constitucionais fundamentais: estudos em homenagem ao professor Ives Gandra da Silva Martins*. São Paulo: Lex, 2005.

WARREN, Elisabeth. Bankruptcy Policymaking in an Imperfect World. *Michigan Law Review*, Michigan, EUA, v. 92, n. 2, p. 336-387, 1993. Disponível em: https://repository.law.umich.edu/mlr/vol92/iss2/4. Acesso em: 19 fev. 2023.

EDITORA JusPODIVM
www.editorajuspodivm.com.br

JUS3718